Leitfäden der angewandten Informatik

Bauknecht / Zehnder: **Grundzüge der Datenverarbeitung**
Methoden und Konzepte für die Anwendungen
2. Aufl. 344 Seiten. Kart. DM 28,80

Beth / Heß / Wirl: **Kryptographie**
205 Seiten. Kart. DM 24,80

Frevert: **Echtzeit-Praxis mit PEARL**
216 Seiten. Kart. DM 28,–

Gorny/Viereck: **Interaktive grafische Datenverarbeitung**
256 Seiten. Geb. DM 52,–

Hofmann: **Betriebssysteme: Grundkonzepte und Modellvorstellungen**
253 Seiten. Kart. DM 34,–

Hultzsch: **Prozeßdatenverarbeitung**
216 Seiten. Kart. DM 22,80

Kästner: **Architektur und Organisation digitaler Rechenanlagen**
224 Seiten. Kart. DM 23,80

Mresse: **Information Retrieval — Eine Einführung**
280 Seiten. Kart. DM 36,–

Müller: **Entscheidungsunterstützende Endbenutzersysteme**
253 Seiten. Kart. DM 26,80

Mußtopf / Winter: **Mikroprozessor-Systeme**
Trends in Hardware und Software
302 Seiten. Kart. DM 29,80

Retti et al.: **Artificial Intelligence — Eine Einführung**
X, 214 Seiten. Kart. DM 32,–

Schicker: **Datenübertragung und Rechnernetze**
222 Seiten. Kart. DM 28,80

Schmidt et al.: **Digitalschaltungen mit Mikroprozessoren**
2. Aufl. 208 Seiten. Kart. DM 23,80

Schmidt et al.: **Mikroprogrammierbare Schnittstellen**
223 Seiten. Kart. DM 32,–

Schneider: **Problemorientierte Programmiersprachen**
226 Seiten. Kart. DM 23,80

Schreiner: **Systemprogrammierung in UNIX**
Teil 1: Werkzeuge. 315 Seiten. Kart. DM 48,–

Singer: **Programmieren in der Praxis**
2. Aufl. 176 Seiten. Kart. DM 26,–

Specht: **APL-Praxis**
192 Seiten. Kart. DM 22,80

Vetter: **Aufbau betrieblicher Informationssysteme**
300 Seiten. Kart. DM 32,–

Weck: **Datensicherheit**
326 Seiten. Geb. DM 42,–

Wingert: **Medizinische Informatik**
272 Seiten. Kart. DM 23,80

Wißkirchen et al.: **Informationstechnik und Bürosysteme**
255 Seiten. Kart. DM 26,80

Zehnder: **Informationssysteme und Datenbanken**
255 Seiten. Kart. DM 32,–

Preisänderungen vorbehalten

 B. G. Teubner Stuttgart

Leitfaden der angewandten Informatik

C. A. Zehnder
Informationssysteme und Datenbanken

Leitfäden der angewandten Informatik

Herausgegeben von

Prof. Dr. L. Richter, Zürich
Prof. Dr. W. Stucky, Karlsruhe

Die Bände dieser Reihe sind allen Methoden und Ergebnissen der Informatik gewidmet, die für die praktische Anwendung von Bedeutung sind. Besonderer Wert wird dabei auf die Darstellung dieser Methoden und Ergebnisse in einer allgemein verständlichen, dennoch exakten und präzisen Form gelegt. Die Reihe soll einerseits dem Fachmann eines anderen Gebietes, der sich mit Problemen der Datenverarbeitung beschäftigen muß, selbst aber keine Fachinformatik-Ausbildung besitzt, das für seine Praxis relevante Informatikwissen vermitteln; andererseits soll dem Informatiker, der auf einem dieser Anwendungsgebiete tätig werden will, ein Überblick über die Anwendungen der Informatikmethoden in diesem Gebiet gegeben werden. Für Praktiker, wie Programmierer, Systemanalytiker, Organisatoren und andere, stellen die Bände Hilfsmittel zur Lösung von Problemen der täglichen Praxis bereit; darüber hinaus sind die Veröffentlichungen zur Weiterbildung gedacht.

Informationssysteme und Datenbanken

Von Dr. sc. math. Carl August Zehnder
o. Professor an der Eidg. Technischen Hochschule Zürich

3., neubearbeitete und erweiterte Auflage
Mit 113 Figuren und zahlreichen Tabellen

 Springer Fachmedien Wiesbaden GmbH

Prof. Dr. sc. math. Carl August Zehnder

1937 geboren in Baden (Aargau). Von 1957 bis 1962 Studium der Mathematik an der Eidgenössischen Technischen Hochschule (ETH) Zürich, anschließend Assistent am Institut für angewandte Mathematik bei Prof. Dr. E. Stiefel, Promotion 1965. Von 1966 bis 1967 Studienaufenthalt am Massachusetts Institute of Technology in Cambridge (USA) und Industrieberatungen. Seit 1967 wieder an der ETH Zürich tätig, zuerst Geschäftsführer im Institut für Operations Research, von 1969 bis 1974 Leiter der Koordinationsgruppe für Datenverarbeitung, von 1973 bis 1977 Delegierter des Rektors für Studienorganisation. 1970 Ass. Professor, 1973 a. o. Professor und 1979 o. Professor für Informatik, mit Schwergewicht auf Datenbanken und Anwendungen.

ISBN 978-3-519-02480-4   ISBN 978-3-663-14082-5 (eBook)
DOI 10.1007/978-3-663-14082-5

CIP-Kurztitelaufnahme der Deutschen Bibliothek

Zehnder, Carl August:
Informationssysteme und Datenbanken /
von Carl August Zehnder. – 3., neubearb. u. erw. Aufl. –
Stuttgart: Teubner, 1985.
   (Leitfäden der angewandten Informatik)
   ISBN 978-3-519-02480-4

Gesamtherstellung: Zechnersche Buchdruckerei GmbH, Speyer
Umschlaggestaltung: W. Koch, Sindelfingen

Einführung

Datenbanken bilden in der modernen Datenverarbeitung eines der grundlegenden Organisationskonzepte. Studenten wie Praktiker der Informatik müssen die Grundsätze der Datenbanktechnik sowie Methoden der Datenbeschreibung und -manipulation verstehen. Dabei können Beispiele einen guten Dienst leisten. Deren Auswahl mag sich je nach Interessentenkreis ändern; die Grundsätze haben sich in den letzten Jahren jedoch ziemlich stabilisiert.

Das vorliegende Buch ist primär auf den Fachunterricht ausgerichtet und soll dem Leser eine gute und solide Übersicht vermitteln; es ist auf Grund langjähriger Erfahrungen mit Vorlesungen an der ETH Zürich und Kursen für Praktiker entstanden. Dabei hat es sich gezeigt, dass die Hörer aus Hochschule und Praxis zwar meist über respektable Vorkenntnisse (etwa im Programmieren oder in bestimmten Anwendungen) verfügen. Diese Vorkenntnisse sind aber oft sehr unterschiedlich, je nach individueller Studienrichtung oder Arbeitsgebiet. Aus diesem Grund ist der Text ausführlicher, damit die Leser selbständig Lücken ergänzen können. Im allgemeinen werden aber Grundlagenkenntnisse der Datenverarbeitung vorausgesetzt, wie sie etwa im Buch "Grundzüge der Datenverarbeitung" [Bauknecht/Zehnder 83] zusammengestellt sind. In vielen Fällen wird explizit darauf hingewiesen, inwiefern Datenbankmethoden über die klassische Datenverarbeitung hinausgehen. Dabei dienen die erwähnten "Grundzüge" als Referenzpunkt.

Dieses Buch wird an der ETH Zürich als Unterlage für eine zweistündige Semestervorlesung (24-26 Lektionen) mit zusätzlichen Übungen benützt. In dieser Zeit kann keinesfalls der ganze vorliegende Stoff durchgearbeitet werden. Die parallele Darstellung mehrerer Datenmodelle und vor allem auch mehrerer Datenmanipulationssprachen (Abfragesprachen) dient vielmehr dem Überblick und Vergleich. Damit hebt sich dieses Buch grundlegend ab von einem Handbuch für irgendeines der modernen Datenbanksysteme. Nicht Detailkenntnisse für den Einzelfall (so wichtig diese für die Praxis auch sind), sondern Systematik und Zusammenhänge im Gebiet der Datenbanken stehen im Zentrum des Interesses.

Technische Probleme versteht meist derjenige am besten, der selber Lösungen erarbeitet, also z.B. konkret eine Datenbank aufbaut. Unsere Studenten erhalten dazu bereits in den Übungen Gelegenheit, wobei sie eine einfache *Datenbank-Entwurfsmethode* benützen, welche in diesem Buch ebenfalls beschrieben ist. Es ist erfreulich zu sehen, wie es so dem "Datenbankanfänger" nach einigen Stunden bereits gelingt, zuerst den logischen Entwurf eines Datensystems und später dessen Implementierung auf einem Dialogcomputersystem selbst durchzuführen. Dem Leser, der vielleicht nicht über eine derartige Übungsgelegenheit verfügt, wird angelegentlich empfohlen, einen logischen Entwurf wenigstens auf dem Papier mit einem Beispiel seiner Wahl praktisch durchzuführen.

Neben diesen zentralen Gebieten - Datenbankentwurf und -beschreibung, Daten-manipulationssprachen - kommen aber auch weitere Aspekte der Datenbanktechnik, vom Datenschutz bis zu verteilten Systemen, in eigenen Kapiteln zur Sprache. Der Leser kann damit je nach Bedürfnis verschiedenste Probleme im Datenbankbereich in den Grundzügen studieren und über die reichen Literaturverweise den Zugang zur Spezialliteratur finden.

Vorwort zur dritten Auflage

Seit der ersten Auflage hat das vorliegende Buch intensiv von den Beiträgen profitieren können, welche durch aktiv an Forschung und Unterricht beteiligte Assistenten geleistet worden sind. In unserer Forschungsgruppe entstanden in den Jahren seit 1977 die unterrichtsorientierten Datenbanksysteme RDBETH und LIDAS, welche die Datenbankausbildung an der ETH Zürich stark beeinflusst haben. Ich möchte dafür den Herren Richard Brägger, Andreas Diener, Andreas Dudler, Robert Marti, Fredy Oertly, Jürg Rebsamen, Manuel Reimer, Alfred Sohm, Bertram Thurnherr und Peter Ursprung herzlich danken.

Besonderer Dank für die Mitarbeit an diesem Buch gebührt aber Herrn Jürg Rebsamen, der seinerzeit die 1. und 2., sowie Herrn Alfred Sohm, der die 3. Auflage bearbeitete.

Für die 3. Auflage wurde der Text vollständig überarbeitet und erweitert, ein Teil der Beispiele wurde durch aktuellere ersetzt (z.B. RDBETH durch LIDAS, Pascal/R durch Modula/R). Der Grundaufbau des Buches konnte aber übernommen und weitergeführt werden, wobei in Gebieten, die noch nicht sehr gefestigt sind (Kap. 9 und 10), gelegentlich auch offene Entwicklungen angesprochen werden.

Die ersten beiden Auflagen erschienen ausschliesslich im Verlag der Fachvereine an den Schweizerischen Hochschulen und Techniken, Zürich. Die vorliegende 3. Auflage erscheint als Gemeinschaftsproduktion des Verlags der Fachvereine und des Verlags B.G. Teubner, Stuttgart. Beiden Verlagen sei für ihr aktives Interesse an dieser Veröffentlichung bestens gedankt.

Institut für Informatik der ETH Zürich,
im November 1984

Carl August Zehnder

Inhaltsverzeichnis

1   Übersicht und Grundlagen   **9**
1.1   Datenbank-Grundsätze   9
1.2   Datenbank oder traditionelle Datenverarbeitung   11
1.3   Betrachtungsebenen für Informationen und Daten   14
1.4   Logische Datenmodelle   16
1.5   Begriffe bei Datenbanken   19
       1.5.1 Systemübersicht   19
       1.5.2 Schlüssel   21
       1.5.3. Transaktionen   24
1.6   Datenmodelle und Datenmanipulationssprachen   26
1.7   Der logische Entwurf von Datenbanken   28
1.8   Informationssysteme   30

2   Logische Datenstrukturen und Relationenmodell   **34**
2.1   Entitäten, Entitätsmengen   35
2.2   Beziehungen zwischen Entitätsmengen   37
2.3   Attribute, Wertebereiche, Formatierung   39
2.4   Relationen, Identifikationsschlüssel, Abhängigkeiten   41
2.5   Der Normalisierungsprozess   44
2.6   Das klassische Relationenmodell   50
2.7   Beziehungen zwischen Relationen (Globales Datenmodell)   54
2.8   Weitere Konsistenzbedingungen   61
2.9   Entwurfsprozess für logische Datenstrukturen   63
2.10   Der Weg zum konzeptionellen Schema   69
2.11   Ein konkretes relationales Datenmodell: Modula/R   77

3   Andere logische Datenmodelle   **83**
3.1   Hierarchische und Netzwerkmodelle   83
       3.1.1 Direkte Darstellung der Beziehungen   83
       3.1.2 Hierarchien   84
       3.1.3 Netzwerke   87
3.2   Das CODASYL-DBTG-Modell   90
3.3   Theoretische (semantische) Modelle   93
3.4   Konstruktiv orientierte Modelle   95

4   Datenmanipulation   **98**
4.1   Abfragen und Benutzer   98
4.2   Datenmanipulationssprachen   105
       4.2.1 Klassierung von Datenmanipulationssprachen   105
       4.2.2 Eingebettete, prozedurale Sprachen   108
              Beispiel A: Interne Datenmanipulationssprache LIDAS-RDS   108

Beispiel B: CODASYL-DBTG-Datenmanipulationssprache 111
4.2.3 Selbständige, prozedurale Sprachen 111
Beispiel C: Relationenalgebra 112
4.2.4 Eingebettete, deskriptive Sprachen 118
Beispiel D: Modula/R 118
4.2.5 Selbständige, deskriptive Sprachen 121
Beispiel E: Kalkülorientierte Sprache: ALPHA 121
Beispiel F: Abbildungsorientierte Sprache: SQL 122
Beispiel G: Graphikorientierte Sprache: Query by Example 124
Beispiel H: Graphikorientierte Sprache für Hierarchien: HIQUEL 126
4.2.6 Benutzerschnittstellen bei vorbereiteten Abfragen 128
4.3 Externe Schemata 130
4.3.1 Benutzersichten 131
4.3.2 Operationen auf Sichtdaten 133
4.3.3 Benutzerführung und Datenschutz 134
4.3.4 Definition externer Schemata 135
4.4 Unpräzise Suchfragen 136

5 Physische Datenorganisation 142
5.1 Arbeits- und Sekundärspeicher 142
5.2 Einige Datenorganisationsformen 144
5.3 Verknüpfungen und Zugriffspfade 152
5.4 Internes Schema 155

6 Datenintegrität 157
6.1 Begriffe und Forderungen 157
6.2 Datenkonsistenz 160
6.2.1 Klassen von Konsistenzbedingungen, Transaktionen 160
6.2.2 Definition von Konsistenzbedingungen 166
6.2.3 Gewährleistung von Konsistenzbedingungen 169
6.3 Datensicherung 174
6.3.1 Allgemeine und datenbankspezifische Aspekte 174
6.3.2 Synchronisation von Datenzugriffen 174
6.3.3 Rekonstruktion von Datensystemen (recovery) 184
6.4 Datenschutz 187
6.4.1 Grundsätze des Datenschutzes 187
6.4.2 Datenverknüpfungen in Datenbanksystemen 188
6.4.3 Datenföderalismus 190

7 Aufbau und Betrieb einer Datenbank 193
7.1 Mitarbeiterfunktionen bei Datenbanken;
der Datenbankadministrator (DBA) 193
7.2 Bedeutung und Lebensdauer verschiedener Systemkomponenten 196
7.3 Vorbereitungsphase 199

7.3.1 Standard-Datenbank-System oder Eigenentwicklung   199
7.3.2 Kleinsysteme   203
7.3.3 Aufbau einer Datenbank als Eigenentwicklung   205
7.4   Betriebsphase   209

8   Architektur von Datenbankverwaltungssystemen   212
8.1   Anforderungen und Hauptvarianten   212
8.2   Das Zugriffssystem   214
8.2.1 Funktionsebenen   214
8.2.2 Speicher-Verwalter   215
8.2.3 Tupel-Verwalter   215
8.2.4 Relationen-Verwalter   218
8.3   Schema-Verwaltung   220
8.3.1 Verwendung der Datendefinitionen   220
8.3.2 Verwaltung der Definitionen in Beschreibungstabellen   221
8.3.3 Einsatz einer Datenbank für die Schemaverwaltung (Metadatenbank)   221
8.4.   Gesamtaufbau mit Konsistenzüberprüfungen   224

9   Verteilte Datenbanken   226
9.1   Gründe zur Dezentralisierung   226
9.2   Kommunikationssystem und Datenbanksystem   227
9.3   Grundformen und Begriffe der Dezentralisierung   229
9.3.1 Sichtbarkeit der Dezentralisierung für den Benutzer   229
9.3.2 Gleichwertigkeit der Teilsysteme   232
9.3.3 Homogene und heterogene Dezentralisierung   233
9.4   Aufbau verteilter Datenbanken   234
9.4.1 Redundante Daten, Systemkoordination   234
9.4.2 Bausteine und Hilfsmittel   236
9.4.3 Arbeitsplatzrechner und verteilte Datenbanken   237

10.   Ausblick   238
10.1   Die Technik kommt zum Anwender   238
10.2   Die Bedeutung der Daten steigt   239
10.3   Grosse Datensysteme müssen übersichtlich bleiben   240

Literatur   242

Stichwortverzeichnis   251

1 Übersicht und Grundlagen

Dieses Einführungskapitel gibt einen raschen und daher zum Teil auch nur oberflächlichen Einstieg in den ganzen Problembereich der Datenbanken und Informationssysteme. Der Leser erhält damit einen Überblick über Probleme und Begriffswelt und wird anschliessend umso leichter den vertiefenden späteren Kapiteln folgen können.

1.1 Datenbank-Grundsätze

Während in den Anfängen der Datenverarbeitung das programmgesteuerte *Bearbeiten* der Daten – also das Rechnen, Zählen, Schreiben – im Vordergrund stand, wird heute die Bedeutung der *permanenten Datenspeicherung* immer grösser. Datenbestände existieren über eine längere Zeit, verschiedene Interessenten benützen sie gemeinsam und sind somit an einem geregelten Datenunterhalt, an einer zentralen Datenverwaltung, interessiert.

Figur 1-1: Benutzer mit (teilweise) gemeinsamen Datenbeständen

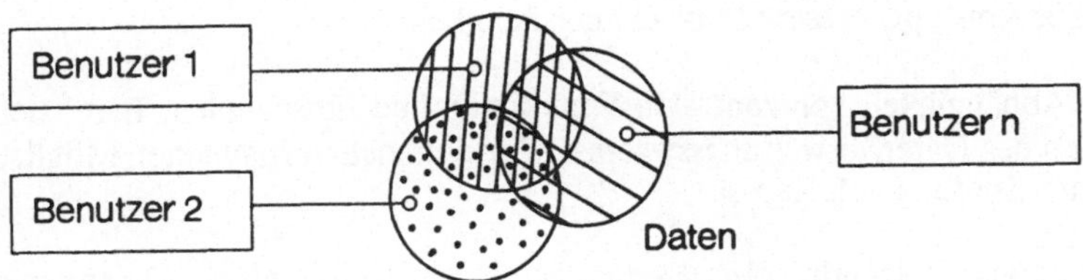

Wenn nun ein sogenanntes *Datenverwaltungssystem* einen auf Dauer angelegten *Datenbestand* organisiert, schützt und verschiedenen Benutzern (oder gleichbedeutend: Anwendern) zugänglich macht, bilden diese (Datenverwaltung *und* Daten) eine *Datenbank*.

Figur 1-2: Daten-Verwaltung zwischen Daten und Benutzer

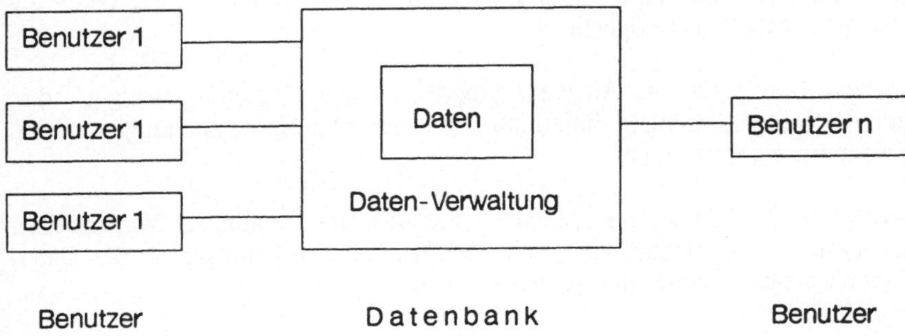

Mit dieser Organisation will man
- verhindern, dass jeder Anwender sich mit der inneren Organisation des Datenbestandes befassen muss,
- verhindern, dass jeder Anwender unkontrolliert an die Datenbestände gelangen kann und damit die Integrität der Daten gefährdet,
- ermöglichen, dass für die Organisation der Daten günstige Voraussetzungen geschaffen werden, wobei diese Organisation bei Bedarf *intern* geändert werden kann, ohne dass die Benutzer Inkonvenienzen erleiden.

Voraussetzung für diese Ziele ist eine strikte *Trennung* der Daten von den Benutzern: Die Daten werden nach *zentralen Ordnungsregeln* gespeichert, eine zentrale Stelle ist für die Speicherung und Ausgabe zuständig, jeder Benutzer erhält nur Zugang zu den Daten, die er braucht. In der ganzen Datenverarbeitung (Benutzer und Datenbank) bilden die Daten das *permanente Element* des Systems.

Die Einführung eines zentralen Datenverwaltungssystems hat folgende Konsequenzen:

- *Vorteile:* Zusammenfassung aller sonst mehrfach nötigen Funktionen für Datendefinition, Datenorganisation, Datenintegrität; Zugang zu Einzeldaten; einheitliches Konzept; bessere Entwicklungsfähigkeit.

- *Nachteile:* Abhängigkeit von zentralen Funktionen und Entscheiden; Bereitstellung und Betrieb des Datenverwaltungssystems. (Zur dennoch vorhandenen Möglichkeit der Dezentralisierung vgl. Kap. 9.)

Wir leiten daraus folgende *charakteristische Eigenschaften* einer Datenbank ab ("Datenbank-Grundsätze"):

- *Strukturierung der Daten:* Der Datenbestand hat einen überschaubaren inneren Aufbau, so dass ein Benutzer sich auf bestimmte Daten und Datengruppen beziehen kann; keine ungeordnete Mehrfachspeicherung (kontrollierte Redundanz).

- *Trennung* der Daten und ihrer Organisation von den Anwendungen, was beidseitig unabhängiges Arbeiten ermöglicht:

  - *Datenunabhängigkeit:* Die Anwenderprogramme sind "datenunabhängig", d.h. interne Reorganisationen innerhalb des Datenbanksystems tangieren die Anwenderprogramme nicht.

  - *Flexibilität:* Die Datenbank ist nicht nur für die momentan vorhandenen Anwendungen einsetzbar; auch neue Bedürfnisse der Benutzer an die Daten sollen nachträglich befriedigt werden können.

- *Datenintegrität:* Die zur Wahrung der Datenintegrität wichtigsten Massnahmen sind:

  - *Eingabekontrolle* zur Vermeidung der Aufnahme widersprüchlicher Daten (Datenkonsistenz).

  - *Datensicherung* gegen Verlust und Verfälschung der gespeicherten Daten (Hauptgefahr: technische und manuelle Fehler).

  - *Datenschutz* gegen missbräuchliche Verwendung der Daten (insbesondere durch Regelung der Zugriffs-Berechtigungen, Zweckkonformität der Datenverwendung etc.).

- *Zeitliche Permanenz:* Die Daten sollen auf die Dauer nutzbar sein.

Häufig kommt noch dazu:

- *Spezifische Datensicht* für verschiedene Benutzer: Der Benutzer muss nach Form und Menge nur den ihn betreffenden Ausschnitt der Datenbank sehen.

Die *Betreuung* des zentralen Datensystems benötigt eine spezielle, qualifizierte Dienstleistung; damit ist der *Datenbankadministrator* (DBA) beauftragt.

In der Praxis sind heute auch beim Einsatz von Datenbanken noch selten alle diese anzustrebenden Grundsätze voll erfüllt. So geht etwa das Postulat "Datenunabhängigkeit" von der Voraussetzung aus, dass die Anwendungsprogramme ihrerseits keine Rücksicht auf die interne Datenorganisation der Datenbank nehmen müssen. Das ist aber heute aus Gründen der effizienten Verarbeitung bei *grossen* Datenbeständen kaum möglich. Häufig muss man noch Kunstgriffe anwenden, um die Verarbeitung überhaupt mit tragbarem Aufwand durchführen zu können; die Verarbeitung ist dann von der Datenorganisation nicht unabhängig.

Die obigen charakteristischen Eigenschaften sind *Zielvorstellungen.* Wir werden aber auch Datensammlungen, welche heute diese Ziele erst teilweise erreichen, als Datenbanken bezeichnen dürfen.

1.2 Datenbank oder traditionelle Datenverarbeitung

Im obigen Abschnitt kam zum Ausdruck, welche Überlegungen hinter der Benützung von Datenbanken stehen. Deren Vorteile sind aber nicht so absolut, dass daneben die herkömmliche Datenverarbeitung, welche primär eine sequentielle Datei-Verarbeitung ist, zum vornherein ausgespielt hätte. Auch sind die Verhältnisse bei grossen, langlebigen Computeranwendungen anders als bei einmaligen

Berechnungen. Sie können auch abhängig sein von den verfügbaren Computersystemen vom Grossrechner bis zum Arbeitsplatzsystem (wobei aber gerade diese Unterscheidung nicht von zentraler Bedeutung ist). Es folgen deshalb einige Hinweise auf wesentliche Unterschiede sowie einige Entscheidungskriterien für die Wahl zwischen Datei-Verarbeitung und datenbankorientiertem Computereinsatz.

Wir betrachten dazu ein einfaches Lohnsystem:

Figur 1-3: Lohnabrechnung mit sequentieller Datei-Verarbeitung

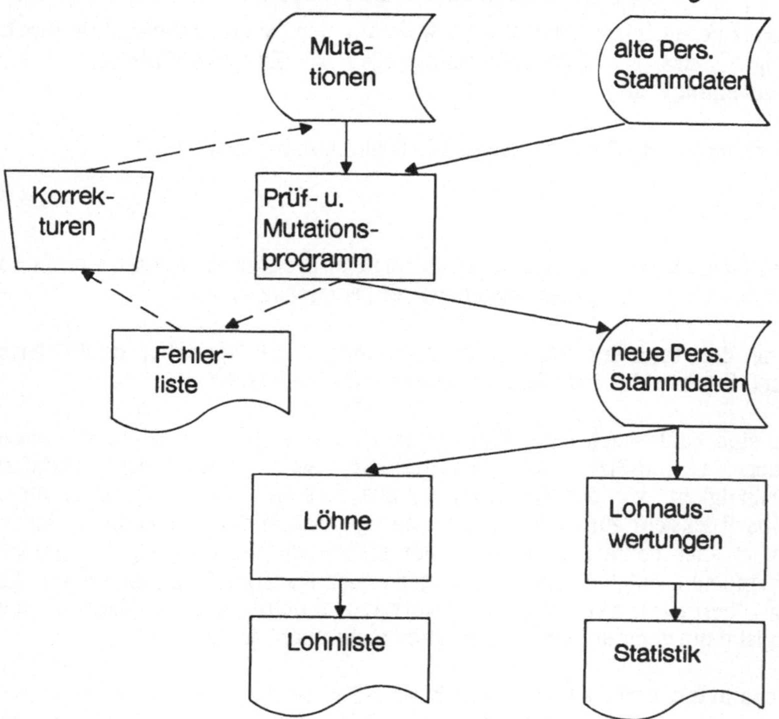

Dieses Systemflussdiagramm zeigt typische Eigenschaften der traditionellen Datei-Verarbeitung:

- Prozesse (Programme) und Dateien alternieren, wobei die Daten als (normierbare) Schnittstellen zwischen den einzelnen Programmen fungieren.
- Die Dateien werden i.a. sequentiell und in ihrer Gesamtheit durchlaufen.
- Pfeile bedeuten Datenfluss *und* logischen Ablauf
- Die ganze Denkweise ist verarbeitungsorientiert und sequentiell.

Dasselbe Problem Lohnabrechnung kann unter Verwendung einer Datenbank folgendermassen dargestellt werden:

Figur 1-4: Lohnabrechnung mit Einsatz einer Datenbank

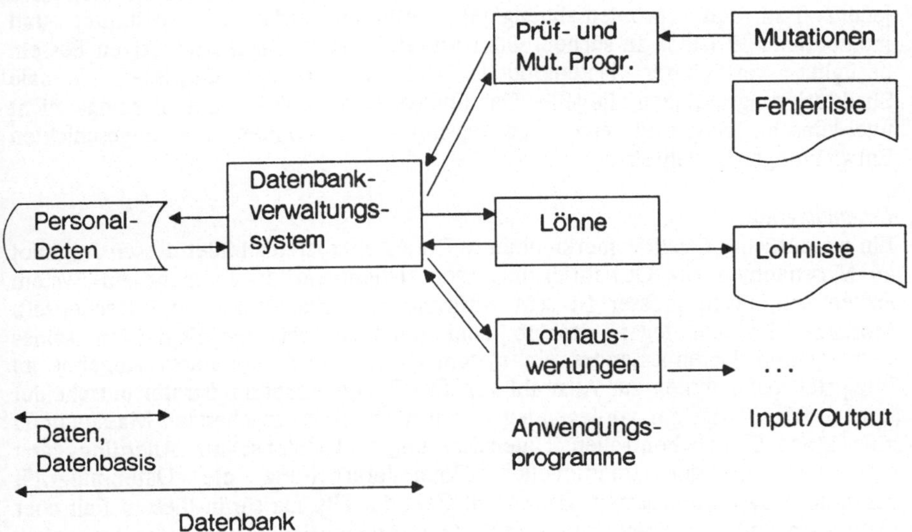

Typische Kennzeichen der Datenbanklösung:

- Zentrale Datenbasis, auf welche alle Prozesse über eine Kontroll- und Organisationsstelle, das Datenbankverwaltungssystem, einwirken bzw. zurückgreifen.
- Pfeile bedeuten (möglichen) Datenfluss, nicht Ablaufreihenfolge.
- Die ganze Denkweise ist datenorientiert. Das permanente Datensystem, die Datenbank, bietet für alle Anwendungen die einheitliche Anschlussstelle.

Entscheidungskriterien

- *Aufwand:*
Bei der Beurteilung des Aufwandes für ein System müssen alle Phasen (Entwicklung, Betrieb, Reorganisation) in Betracht gezogen werden. Sehr oft ist die Datenbanklösung in der Entwicklungsphase und bei Reorganisationen dank der global verbindlichen Datenstruktur den herkömmlichen Arbeitsmethoden überlegen, wogegen beim Standard-Betrieb das Datenbankverwaltungssystem zusätzlichen (Rechen-) Aufwand bewirkt. Analoge Überlegungen entscheiden auch bei anderen Gelegenheiten über die Verwendung von Standard-Software oder selbstentwickelter Programmpakete.

- *Flexibilität und Entwicklungsfähigkeit des Systems:*
Das System soll *offen* gegenüber zukünftigen Entwicklungen (auf Anwendungs- und Computersystem-Ebene) sein, wobei insbesondere Anschlussmöglichkeiten an andere Systeme (Kompatibilität) gewährleistet werden müssen. Grundsätzlich ist in jedem Fall das (problemabhängige) Optimum zwischen Flexibilität und momentaner Effizienz zu suchen. Dem Anwender sollten keine unnötigen Fesseln bezüglich verfügbarer Datenmodelle angelegt werden. Gewisse minimale Strukturierungsauflagen, die jedes Datenbanksystem bewirkt, sind allerdings nicht unerwünscht. Sie sind eine Führungshilfe und können vor ungeschickten Entwicklungen bewahren.

- *Datenintegrität:*
Ein wesentliches Qualitätsmerkmal eines Datenbanksystems bildet dessen Angebot an Massnahmen zur Gewährleistung der Datenintegrität. Je mehr ein System leisten soll, desto grösser ist sein Aufwand an Speicherplatz und Rechenzeit. Moderne Systeme legen deshalb dem Benutzer bei der Definition seines permanenten Datenbestandes ein systematisches, aber modulares Angebot an Integritätsmassnahmen zur Auswahl vor. Der Datenbankadministrator entscheidet je nach Sensitivität der vorliegenden Daten über die vorzusehenden Massnahmen hinsichtlich Eingabekontrollen, Datensicherung und Datenschutz. Allerdings lässt sich auch in der traditionellen Datei-Verarbeitung die Datenintegrität computermässig durchsetzen [Bauknecht/Zehnder 83]. Da sie in diesem Fall aber nicht zwingend von einem zentralen System vorgeschrieben und erzwungen wird, müssen diese schwierigen Aspekte von allem Anfang an und ständig bewusst in die Entwicklung einbezogen werden, sonst ist ihre Berücksichtigung überhaupt nicht mehr ökonomisch möglich.

1.3 Betrachtungsebenen für Informationen und Daten

Anwender und Informatiker verstehen unter "Daten" nicht immer dasselbe. Damit wir die "Strukturierung der Daten" praktisch durchführen können, müssen wir vereinbaren, *auf welcher Ebene* wir dies tun wollen (Fig. 1-5).

Die Ebene der *realen Welt*, also die sogenannte "Anwendung", steht in unserer Datenbetrachtung *zuoberst*; die reale Welt wird auf der nächsten Ebene durch *Informationen* beschrieben. Auf dieser Informationsebene sollen bestimmte Fragen der realen Welt beantwortet werden können. Dabei benützen wir zur Umschreibung der realen Welt *Bezeichnungen* oder *Namen.*

Figur 1-5: Betrachtungsebenen für Daten am Beispiel "Buchausleihe"

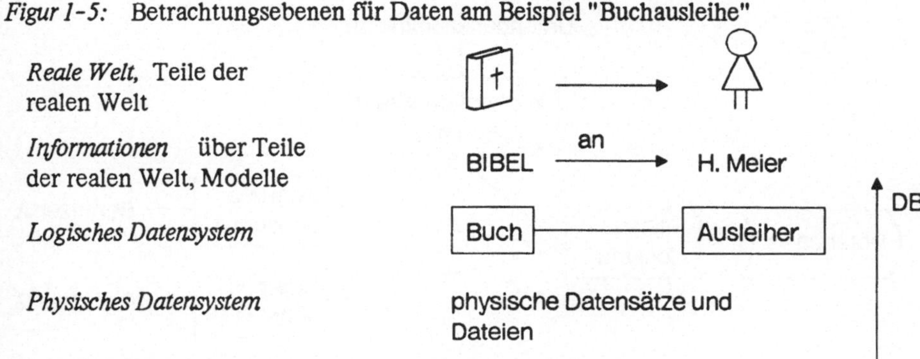

Reale Welt, Teile der
realen Welt

Informationen über Teile
der realen Welt, Modelle

Logisches Datensystem

Physisches Datensystem

Computer (Hardware und
Software

Von *unten,* von der Hardware her, sind wir gewohnt, Daten computermässig zu sehen. Wir sprechen von Plattenspeichern und Magnetbändern und ihren technischen Eigenschaften. Eine erste Abstraktion erlaubt uns den Schritt auf die Ebene der *physischen Datenorganisation,* wo wir uns etwas allgemeiner mit sequentiellen und invertierten Dateien, Tabellen etc. beschäftigen. Diese Ebene, das Arbeitsfeld des technischen Informatikers, ist für den Anwender kaum verständlich und auch uninteressant. (Viele heute funktionierende Datenbanksysteme sind aber auf dieser Ebene konzipiert und organisiert).

Auf der *logischen Ebene* sollten sich nun Benutzer und Informatiker treffen können. Auf dieser Ebene sind die technischen Datenbegriffe ersetzt durch Bezeichnungen (z.B. "Buch", "Standortnummer"), die dem Benutzer nahe stehen. Der Benutzer muss dafür sehr präzise Angaben über die von ihm verwendeten Begriffe liefern. (Zukünftige Datenbanken sollten allgemein auf dieser logischen Ebene definiert werden können).

Aus diesen Überlegungen entwickelte das *ANSI-SPARC-Komitee* [ANSI/SPARC 75] das *3-Schema-Konzept,* das besonders gut geeignet ist, die verschiedenen Aspekte einer Datenbank abzugrenzen und darzustellen.

Die Strukturbeschreibungen erfolgen in den entsprechenden Schemata, die je einer bestimmten *Sicht* (view) eines Beteiligten entsprechen:

- Das *konzeptionelle Schema* (conceptual schema) vermittelt einen Überblick auf der logischen Ebene und dient als Grundlage für Entwurf und Betreuung der übrigen Schemata.

Figur 1-6: Das 3-Schema-Modell

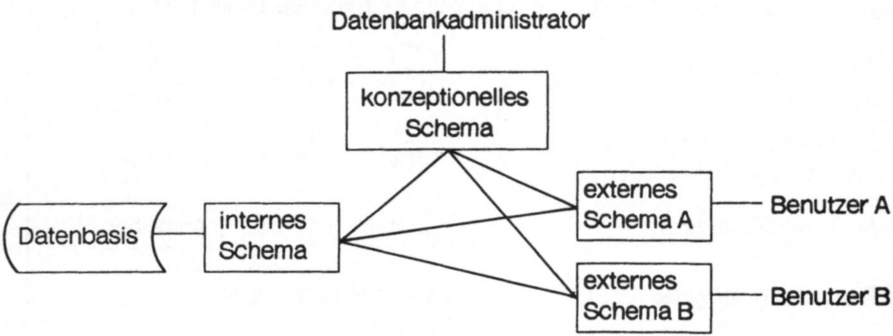

- Die Datenbank wird verschiedenen Benutzern zugänglich gemacht, bestimmte Benutzersichten entsprechen je einem *externen Schema* (external schema).

- Die Strukturen der physischen Speicherung sind im *internen Schema* (internal schema) beschrieben.

Die zentrale Stelle beim Entwurf nimmt der *Datenbankadministrator* ein, er ist verantwortlich für das *Gesamtkonzept* bei Entwurf, Änderung und Ergänzung und somit für Struktur und Systematik der Datenbank.

1.4 Logische Datenmodelle

Wer Daten und Datensysteme programmunabhängig beschreiben will, benötigt dazu geeignete Beschreibungswerkzeuge: Datenmodelle. Ein Datenmodell ist also eine *Datenbeschreibungssprache.* Auf der Grundlage der im vorhergehenden Abschnitt zusammengestellten Überlegungen wurden verschiedene Modelle entwickelt. Dabei haben sich drei Datenmodelle als besonders erfolgreich erwiesen, das hierarchische, das netzwerkartige und das tabellarische (relationale) Modell.

In den folgenden Darstellungen müssen immer die konkreten Datenbestände ("*Vorkommen*") und ihre *Struktur* auseinandergehalten werden. Modellbildung ist strukturorientiert. Als Beispiel nehmen. wir eine Datensammlung für Wasserstandsmessungen: Alle 5 Minuten werden an verschiedenen Bächen Pegelstände gemessen. Dieses Beispiel wird in den drei verschiedenen Modellen dargestellt.

Das hierarchische Modell

Hierarchische Gliederungen von Datenbeständen sind klassisch und werden in der Datenverarbeitung vielfach verwendet.

Figur 1-7:   Hierarchien

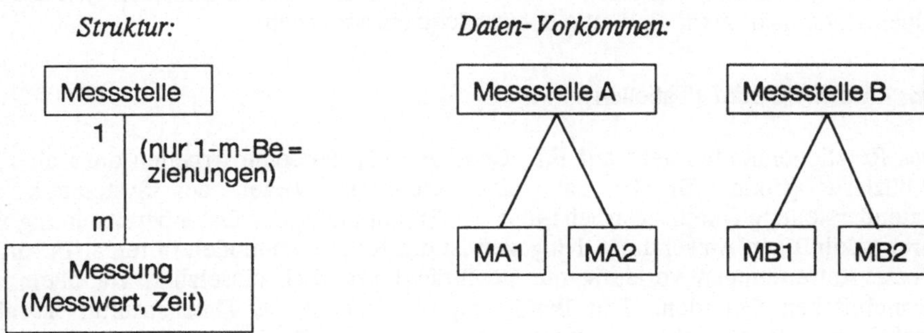

Die Strukturdarstellung 1-m (sprich "1 zu m") sagt aus, dass zu jeder Messstelle mehrere (m) Messungen (Söhne) gehören, zu jeder Messung aber genau eine (1) Messstelle (Vater).

Jede hierarchische Struktur (auch mehrstufige) erlaubt eine sehr rationelle und klare Organisation der Daten, nämlich *sequentiell.* Dabei erfolgt die Ordnung nach dem Satz "Alle Söhne nach dem Vater".

Hierarchische Strukturen erlauben aber nicht, alle wichtigen in der Praxis vorkommenden Datenstrukturen (z.B. die m-m-Beziehung) direkt darzustellen. Das kann erst das Netzwerk.

Das Netzwerk-Modell

Figur 1-8:   Netzwerk

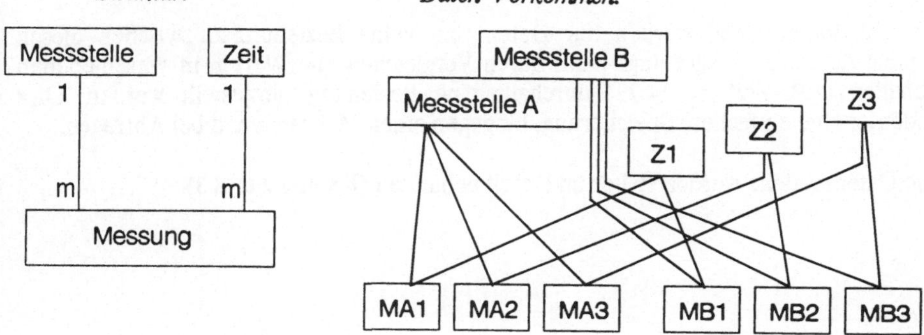

Die Strukturdarstellung gibt an, dass zu jeder Messstelle, aber auch zu jedem Messzeitpunkt mehrere Messungen gehören. Indirekt heisst das auch, dass zwischen Messstellen und Messzeitpunkten eine m-m-Beziehung (gelesen als "m-zu-m-Beziehung") besteht. Zu ihrer Darstellung werden die "Messungen" im Netzwerk gleichzeitig mehreren Hierarchien zugeordnet. Daher lassen sie sich aber im allgemeinen nicht mehr eindeutig in *einer* Sequenz anordnen.

Das Relationenmodell (Tabellen)

Das Relationenmodell geht auf E.F. Codd zurück, der seine Arbeiten dazu ab 1970 publizierte [Codd 70]. Es hat seine Bedeutung wegen der Systematik der Datendarstellung (math. Klarheit) und der Entkopplung der Datenbereitstellung von ihrer zukünftigen Anwendung. Hingegen ist das Relationenmodell in reiner Form für grosse Anwendungen vorläufig nur beschränkt praktisch einsetzbar, vor allem aus ökonomischen Gründen. Die Benützung der Tabelle als Datenstruktur ist aber unabhängig davon schon uralt und hat mit dem Relationenmodell eine neue Bedeutung erlangt.

Figur 1-9:   Relation (Tabelle)

Struktur: Messung (Messwert, Messstelle, Zeit)

Daten-Vorkommen: Messung:

Messwert	Messstelle	Zeit
24.5	A	14.18
24.7	A	14.20
24.6	A	14.22
19.3	B	14.18
19.7	B	14.20
19.1	B	14.22

(Pfeil → Tupel zeigt auf die Zeile 19.3 B 14.18; Pfeil ↑ Attribut zeigt auf die Spalte Zeit)

Im Relationenmodell werden nur Daten und keine Beziehungen zwischen diesen explizit dargestellt. Allerdings kann durch Vergleichen von Werten in verschiedenen Tabellen (z.B. Zeit = 14.22) durchaus eine Beziehung hergestellt werden. Dies bedeutet eine einfachere Speicherung, hingegen einen Mehraufwand bei Abfragen.

Die Datenmodelle werden später im Detail behandelt (Kapitel 2 und 3).

1.5 Begriffe bei Datenbanken

1.5.1 Systemübersicht

Die wichtigsten Komponenten eines computergestützten Datenbanksystems seien hier zusammengestellt. *Dick ausgezogen* in Fig. 1-10 sind jene Systemteile, die zum *Betrieb* nötig sind; dünn ausgezogen sind jene Komponenten, welche nur bei der Systemgenerierung (Initialisierung) eine Rolle spielen.

Figur 1-10: Komponenten für Systeminitialisierung und Betrieb

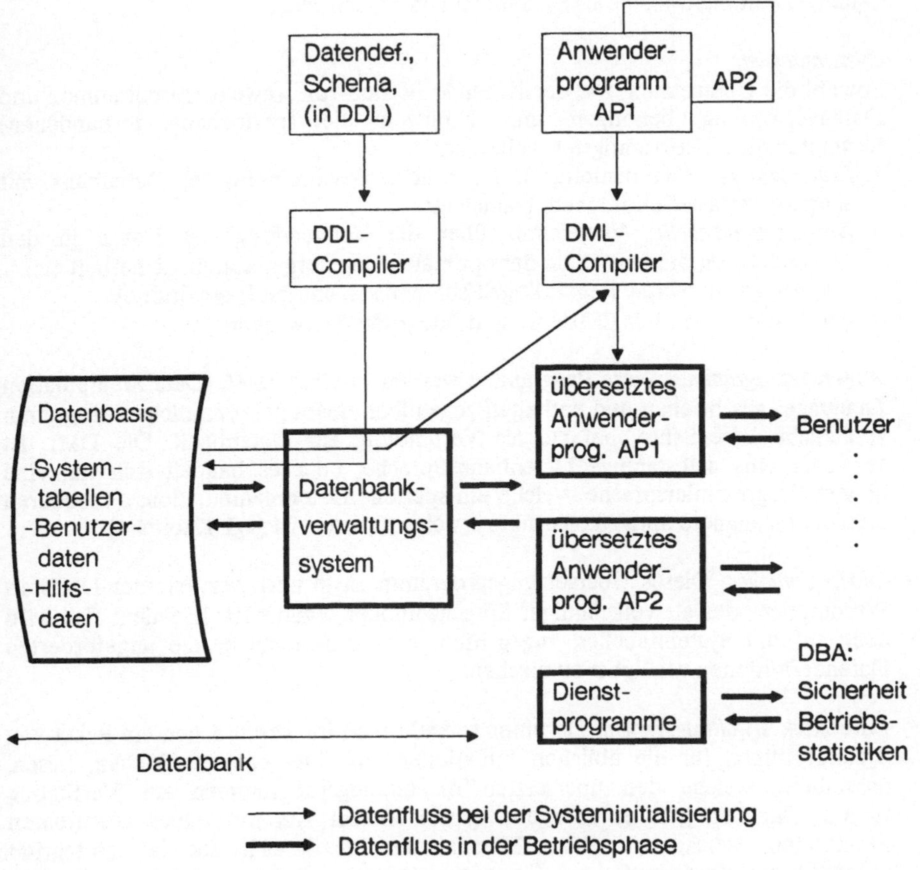

Die Komponenten aus Figur 1-10 werden im folgenden einzeln kurz charakterisiert

und ihr Zusammenwirken beschrieben. Die detaillierteren Diskussionen in den nächsten Kapiteln sollen damit in einem Gesamtzusammenhang verstanden werden können.

- *Datendefinition, Schema:*
  Die Struktur der aufzubauenden Datenbank muss in einem bestimmten Datenmodell beschrieben werden (*DDL = Data Definition Language*). Je nach System können die verschiedenen externen, internen und konzeptionellen Aspekte in je entsprechenden DDL direkt als unterschiedliche Schemata formuliert werden.

- *DDL-Compiler, ev. DDL-Interpreter:*
  Die Datendefinitionen (d.h. die einzelnen Schemata) werden von den Übersetzungsprogrammen analysiert und unter Benützung des Datenverwaltungssystems als Systemtabellen abgespeichert.

- *Systemtabellen:*
  Sowohl die Übersetzung wie der laufende Betrieb von Anwenderprogrammen und Datenverwaltung benötigen und benützen die (permanent vorhandenen) Systemtabellen. Die wichtigsten Teile sind:
  - *Datenkatalog* (data dictionary): Eigentliche Beschreibung der Datenbank mit allen Merkmals-Definitionen, Namen etc.
  - *Datenreferenztabelle:* Verzeichnis über die Verwendung der Daten in den Anwenderprogrammen; dient der optimalen Datenorganisation, Sicherheit etc.
  - *Zugriffsbefugnistabelle:* Regelt Zugriffsbefugnisse, enthält Passwörter etc.
  - *Betriebsstatistiken:* Für Effizienz- und Integritätsüberwachung.

- *Anwenderprogramme:* Diese Programme werden in einer *DML (Data Manipulation Language)* geschrieben und enthalten gegenüber einem herkömmlichen Programm zusätzliche Lese/Schreibbefehle als Verbindung zur Datenbank. Die DML ist entweder eine selbständige Datenbank-Sprache, oder es handelt sich um eine höhere Programmiersprache, welche um spezielle Datenmanipulations-Prozeduren und/oder geeignete Sprachkonstrukte erweitert worden ist (vgl. Kapitel 4).

- *DML-Compiler:* Dieses Übersetzungsprogramm ist je nach verwendeter DML als Precompiler oder als vollständiger Sprachcompiler organisiert. In jedem Fall wird aber auf die Systemtabellen zugegriffen, um dem Benutzer die angeforderten Datendefinitionen verfügbar zu machen.

- *Datenbankverwaltungssystem:* Darunter versteht man im wesentlichen ein Paket von Systemroutinen für die üblichen Funktionen auf Datenbanken (Suchen, Lesen, Schreiben), welche den übersetzten Anwendungsprogrammen zur Verfügung stehen. Daneben gibt es aber eine ganze Anzahl von nur intern aufrufbaren Funktionen, welche vor allem Massnahmen im Bereich der Datenintegrität unterstützen (automatische Eingabekontrollen, Rekonstruktionsprogramme, Zugriffskontrollen). DBMS (Data Base Management System) ist gleichbedeutend mit Datenbankverwaltungssystem.

Figur 1-11: Prozess-Hierarchie zur Laufzeit

Anwenderprogramm
Datenbankverwaltungssystem
Computer-Betriebssystem

Die Mehrschichtigkeit Betriebssystem-Datenbanksystem hat selbstverständlich Konsequenzen bezüglich Effizienz. Die Systeme sind jedoch derart komplex, dass jede Modularisierung nur erwünscht sein kann.

- *Benutzerdaten*:
Das ist der eigentliche Inhalt der Datenbank (Primärdaten).

- *Hilfsdaten*:
Nebst den Primärdaten braucht es für den effizienten und sicheren Betrieb einer Datenbank noch umfangreiche zusätzliche Daten, welche teilweise permanent gespeichert sind, teilweise erst zur Ausführungszeit aufgebaut werden. Die wichtigsten Kategorien sind Zugriffshilfen (sog. Beschleunigungsstrukturen) und Daten, welche der Rekonstruktion der Datenbank im Fehlerfalle dienen.

- *Dienstprogramme*:
Die Dienstprogramme besorgen verschiedenste Hilfsfunktionen beim Betrieb der Datenbank, insbesondere bei Reorganisation, zur Vorbereitung und allfälliger Ausführung einer Rekonstruktion im Schadenfall etc. Dienstprogramme erlauben, den gesamten Inhalt der Datenbank (inkl. Datenkataloge!) auf Archivdatenträger (spez. Magnetbänder) herauszuschreiben und von dort wieder einzulesen.

1.5.2 Schlüssel

In der Datenverarbeitung und insbesondere im Zusammenhang mit höheren Dateiorganisationen oder Datenbanken werden verschiedene Schlüsselbegriffe verwendet. Um Ordnung in diese Begriffswelt zu bringen, sollen bereits an dieser Stelle die verschiedenen Schlüsselarten definiert werden. (Die dabei verwendeten Begriffe "Entität" und "Datensatz" werden später genau definiert).

Ein *Schlüssel* (key) ist ein Merkmal oder eine Kombination von Merkmalen, womit Elemente (Entitäten, Datensätze etc.) in einer Menge von Elementen ausgezeichnet werden können.

Auf dieser grundlegenden Definition aufbauend, werden im folgenden *5 Schlüsselbegriffe* unterschieden. Die einzelnen Schlüsselbegriffe können dabei verschiedenen Ebenen (vgl. Abschnitt 1.3) zugeordnet werden.

Ein *Identifikationsschlüssel* (identification key) ist ein Schlüssel, dessen Wert jede Entität einer Entitätsmenge eindeutig identifiziert.

Ein Identifikationsschlüsselwert ist somit eindeutig einer Entität zugeordnet und kann diese vertreten.

Beispiel: Standortnummer (für Buch), Vorname (für Kinder einer Familie), Name und Vorname (normalerweise für Kinder einer Schulklasse).

Schon das letzte Beispiel zeigt, dass die *natürlichen* Merkmale, wie Name etc. nicht immer eindeutig sind, keine korrekten Identifikationsschlüssel darstellen und damit den Bedürfnissen der automatischen Datenverarbeitung (ADV hier ganz allgemein verstanden!) nicht genügen. Daher hat die Automatisierung schon sehr früh einer *künstlichen* zusätzlichen Identifizierung gerufen, welche immer und in allen Fällen eindeutig ist. Weil in der Frühzeit der ADV das Sortieren nach Buchstaben mühsam war, wählte man meist Ziffernsysteme; man "numerierte die Welt" (politisch-psychologisch kritisch: ich bin eine Nummer). Heute sind auch Buchstabengruppen als künstliche Identifikationsschlüssel technisch problemlos.

Wir fordern von einem *künstlichen Identifikationssystem*:

(a) *Eindeutigkeit*:
     Jede Entität hat einen Identifikationsschlüsselwert, der anderweitig nie vorkommt. Der Schlüssel ist unveränderlich.

(b) *Laufende Zuteilbarkeit*:
     Eine neuauftretende Entität erhält ihren Identifikationsschlüssel sofort.

(c) *Kürze, Schreibbarkeit*:
     Ein Identifikationsschlüssel soll (relativ) kurz sein und leicht geschrieben werden können.

Neben diesen drei notwendigen Eigenschaften treffen wir oft noch eine gelegentlich erwünschte, gelegentlich auch problematische:

(d) *Sprechender Schlüssel*: Aus dem Identifikationsschlüssel sollen gewisse Eigenschaften der Entität ersichtlich sein. (Das dürfen aber nur Merkmale sein, die selber die Eigenschaften a, b und c haben!).

Oft widerspricht jedoch die Eigenschaft d den Eigenschaften a, b, c, so dass ihre Berücksichtigung auf die Dauer schlechte Schlüsselsysteme bringt.

Beispiel: - *Schweiz. AHV-Nummer* (Sozialversicherungsnummer):
Form: 11 Dezimalziffern in der Form $\underline{999}.\underline{99}.\underline{999}.\underline{999}$
                         A B C D

Dabei bedeutet A einen Code für den Familiennamen (alphabetisch), B den Jahrgang, C Geschlecht und Geburtstag, D Ausländereigenschaften, Doublettenunterscheidung und Prüfziffer.
erfüllt: b (teilweise), c (gut), d (Name, Geburtsdatum, Ausländereigenschaft);
erfüllt nicht: a (Namensänderung, heiratende Frauen etc.).
Die Beibehaltung des AHV-Nummernsystems erfordert daher einen erheblichen Aufwand wegen "Schlüsselmutationen" (Widerspruch!).

- *Schweiz. Studenten Matrikel-Nummer:*
Form: 8 Dezimalziffern in der Form $\underline{99}$-$\underline{999}$-$\underline{999}$
                        A B C

Dabei bedeutet A das Jahr des Studienbeginns, während B und C eine fortlaufend und fest zugeteilte Nummer bei der Erstimmatrikulation an einer (Schweizer) Hochschule darstellt, ergänzt durch eine Prüfziffer.
erfüllt: a, b, c, hingegen d nur teilweise (Studienbeginn).

- *Bibliotheks-Standort-Nummer:*
erfüllt: a, b, c, d (bezüglich Standort)

Ein *Suchschlüssel* (search key) ist ein Schlüssel, dessen Wert mit den entsprechenden Merkmalswerten all der Entitäten übereinstimmt, die bei einer Abfrage gesucht werden.

Beispiel: Mit dem Suchschlüssel "Name, Wohnort" und dem Wert MEIER, ZUERICH, können alle Personen mit dem Namen MEIER, die in ZUERICH wohnen, gesucht werden. Der Suchschlüssel "AHV-Nr" ermöglicht das Suchen der Person mit der AHV-Nr 987.55.123.234.

Diese Beispiele zeigen, dass mit einem Suchschlüsselwert (im Gegensatz zu einem Identifikationsschlüsselwert) je nach Fragestellung mehr als eine Entität einer Entitätsmenge angesprochen werden kann.

Während Identifikationsschlüssel und Suchschlüssel auch logische Bedeutung haben, gehören die folgenden 3 Schlüsselbegriffe auf die *physische Datenebene.*

Ein *Sortierschlüssel* (sort key) bestimmt die physische Reihenfolge der Datensätze in einer Datei.

Beispiel: Im Telefonbuch ist "Name, Vorname, Adresse" der Sortierschlüssel. Die "Kundennummer" kann Sortierschlüssel einer Kundendatei sein.

Bei Sortierschlüsseln muss die *Reihenfolge* der Werte des Sortierschlüssels innerhalb ihres Wertebereichs genau definiert sein; oft geschieht dies durch die Benützung der wohldefinierten numerischen oder lexikografischen Ordnung. Fehlt eine solche, so muss eine Ordnung definiert werden (z.B. Reihenfolge der chemischen Elemente: H, He, Li, Be etc.).

> Ein *Primärschlüssel* (primary key) ist ein Schlüssel, der in die Speicherorganisation direkt einbezogen wird und darum für direkte Zugriffe besonders effizient benützt werden kann.

Beispiel: Bei indexsequentieller Organisation ist der Sortierschlüssel Primärschlüssel; bei Hash-Organisation ist der Hash-Begriff Primärschlüssel.

Die Begriffe Identifikations- und Primärschlüssel werden oft (fälschlicherweise) synonym verwendet, wohl deshalb, weil meist auch von Primärschlüsselwerten Eindeutigkeit gefordert wird.

> Ein *Sekundärschlüssel* (secondary key) ist ein Schlüssel, mit dem sekundär, d.h. über eine Hilfsorganisation, die die zugehörigen Primärschlüsselwerte liefert, auf die gespeicherten Datensätze zugegriffen werden kann.

Beispiel: Als Hilfsorganisation können z.B. invertierte Dateien verwendet werden. Der Sekundärschlüssel ist dann der Sortierschlüssel einer invertierten Datei.

Figur 1-12: Gegenüberstellung der Schlüsselbegriffe

	logisch	physisch	eindeutig
Identifikationsschlüssel	*	*	ja
Suchschlüssel	*	*	nein
Sortierschlüssel		*	nein
Primärschlüssel		*	meist ja
Sekundärschlüssel		*	nein

1.5.3. Transaktionen

Die Trennung der Daten von ihrer Verwendung - die Grundidee der Datenbanktechnik - verlangt ihrerseits nach geeigneten Mitteln für den Zugriff auf die Datenbank. Der Benutzer muss Daten speichern, allenfalls ändern oder auch bloss abfragen können, wobei er vom Datenbanksystem Unterstützung erwartet.

Gleichzeitig muss aber dafür gesorgt werden, dass der Benutzer die Datenbank nicht in unzulässiger Weise verwendet oder gar beschädigt oder zerstört. Der Zugang zur Datenbank ist daher genau zu regeln. Wir definieren dazu vorerst vier Arten von Aktivitäten, die sich aber zum Teil überlagern.

> Eine *Abfrage* (query) erlaubt, einen bestimmten Ausschnitt einer Datenbank abzugrenzen und diesen Inhalt in geeigneter Form abzulesen.

Beispiel: Mit dem Suchschlüssel "Name" = MARTIN wird in einem Schülerverzeichnis eine bestimmte Gruppe von Schülern abgegrenzt; von dieser Gruppe lässt sich darauf eine Liste oder auch bloss die Anzahl ausdrucken.

> Eine *Mutation* (modification, update) erlaubt, einen bestimmten Ausschnitt einer Datenbank abzugrenzen und darauf dessen Inhalt zu verändern oder neu zu definieren.

Beispiel: Mit dem Suchschlüssel "Schülernummer" = 1234 wird im Schülerverzeichnis ein bestimmter Schüler identifiziert, worauf seine Adresse geändert werden kann.

> Eine *Datenmanipulation* ist eine beliebige Operation auf einer Datenbank.

Beispiele: Abfragen, Mutationen.

> Eine *Transaktion* ist eine konsistenzerhaltende Operation auf einer Datenbank, d.h. sie lässt die Datenbank in konsistentem Zustand zurück, wenn diese vor Beginn der Transaktion schon konsistent war.

Beispiel: Wenn in einem Buchhaltungssystem ("Doppelte Buchhaltung") verlangt wird, dass die Summe aller SOLL-Buchungen dauernd gleich der Summe aller HABEN-Buchungen ist (= Konsistenzbedingung), dann dürfen immer nur solche Mutationen auf der Datenbank ausgeführt werden, die diesen Zustand *gesamthaft* nicht verletzen. Eine einzelne zusätzliche HABEN-Buchung wäre also keine Transaktion (nicht erlaubt), *zusammen* mit der zugehörigen SOLL-Buchung ergibt sich aber eine Transaktion.

Während die ersten drei Begriffe - Abfrage, Mutation, Datenmanipulation - nur angeben, was mit den Daten geschehen soll, steckt im Begriff der Transaktion zusätzlich noch ein ganz anderer Gedanke, nämlich die sog. Datenkonsistenz. Sie wird im Abschnitt 6.2 im einzelnen behandelt, wo Fig. 6-2 auch das obige Buchhaltungsbeispiel erläutert. Weil jedoch die Korrektheit der Daten in modernen Datensystemen von absolut zentraler Bedeutung ist, führen wir die entsprechenden Begriffe schon jetzt ein. Dazu gehört auch die "Konsistenz" selber:

Konsistenz (consistency, semantic integrity) ist die Freiheit von Widersprüchen innerhalb einer Datenbank. Diese Widerspruchsfreiheit ist dann gegeben, wenn alle vordefinierten Konsistenzbedingungen erfüllt sind.

Beispiel: Eine solche Konsistenzbedingung ist die Summengleichheit aller SOLL- und HABEN-Buchungen in einer Buchhaltung.

Mit dieser Konsistenz aufs engste verknüpft ist der Begriff der "Transaktion". Während "Datenmanipulation" der umfassende Begriff für Abfragen und Mutationen ist, solange es nur um die Beschreibung der technischen Möglichkeiten geht (Kap. 4), ist "Transaktion" der umfassende Begriff für Abfragen und *solche* Mutationen, die in einer konkreten Datenbank auch tatsächlich ausgeführt werden dürfen.

Figur 1-13: Oberbegriffe Transaktion und Datenmanipulation

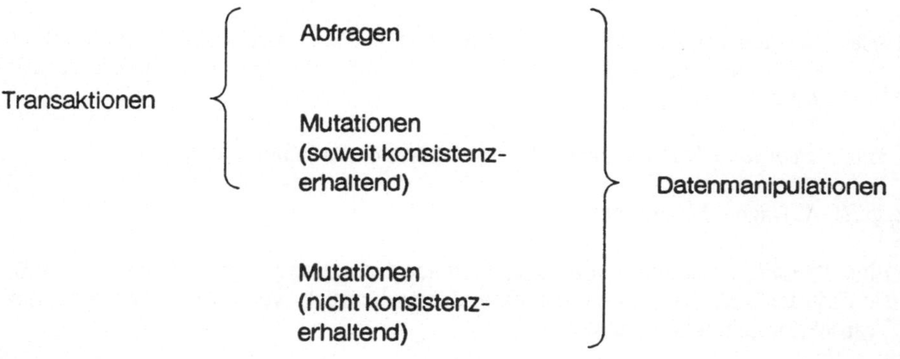

Dabei kommen die Einschränkungen keineswegs bloss von äusseren Auflagen (Bsp. Doppelte Buchhaltung), sondern auch vom Betrieb grosser Datensysteme (Bsp. parallele Zugriffe mehrerer Benutzer). Die Bedeutung des Transaktionenkonzepts ist in der Praxis so gross, dass Datenbanksysteme gelegentlich auch direkt als *Transaktionssysteme* bezeichnet werden.

1.6 Datenmodelle und Datenmanipulationssprachen

Im Unterabschnitt 1.5.1 sind wir erstmals den beiden Abkürzungen DDL und DML begegnet:
- DDL: Data Definition Language - Datenbeschreibungssprache
- DML: Data Manipulation Language - Datenmanipulationssprache

Es liegt nahe, Datenbanksysteme als optimale Kombination genau einer DDL mit einer bestimmten DML zu sehen. In der Praxis werden auch die meisten Datenbanksysteme heute als derartige Kombination angeboten. In Zukunft ist mehr Flexibilität zu erwarten. So entspricht es dem Datenbankkonzept, dass einerseits die gleichen Daten durchaus auf verschiedene Art manipuliert werden können (z.B. über Dialogsysteme für Einzelfälle neben der Stapelverarbeitung für Massenarbeiten), dass aber sogar die Daten selber nicht in allen Fällen gleich präsentiert werden müssen (z.B. einmal als Tabellen, ein andermal als Hierarchien).

Die gegenseitige Unabhängigkeit und Kombinierbarkeit von Datenbeschreibung und Datenmanipulation machen wir uns im folgenden zunutze, indem wir vorerst (Kap. 2 und 3) praktisch ausschliesslich die *Datenmodelle* im engeren Sinn (Datenbeschreibung) betrachten und anschliessend (Kap. 4) die *Datenmanipulation* nachholen. Diese separate Darstellung hat allerdings den Nachteil, dass wir gelegentlich vergessen könnten, wie stark doch beide Komponenten zusammengehören, damit eine Datenbank zustandekommt. Dazu schon hier drei typische Beispiele:

- Das *Coddsche Relationenmodell* umfasst einerseits eine systematische Datenbeschreibung (Abschnitte 2.4 "Relationen, Identifikationsschlüssel, Abhängigkeiten", 2.5 "Normalisierungsprozess", 2.6 "Klassisches Relationenmodell"), anderseits aber eine umfassende Datenmanipulationsmethode (Unterabschnitt 4.2.3, Beispiel C: "Relationenalgebra"). Um die Zusammengehörigkeit der beiden Komponenten zu verdeutlichen, werden in diesem Buch für Datenbeschreibung und -manipulation die gleichen Beispiele verwendet. Der Zusammenhang geht aber wesentlich weiter, indem ein "relationales Datenbanksystem" eben nicht nur die tabellarische Datendarstellung, sondern auch die wichtigsten relationalen Operationen (Projektion, natürlicher Verbund) anbieten sollte. Da dies nicht immer der Fall ist, können manche auf dem Markt angebotene Datenbanksysteme für Mikrocomputer nicht als "relational" verstanden werden, auch wenn sie als solche angepriesen werden.

- Als Beispiel für ein weiteres relationales System kommt die Datenbanksprache Modula/R zur Darstellung, eine Erweiterung der Programmiersprache Modula-2 um den Datentyp RELATION (Abschnitt 2.11) und entsprechende Mengenoperationen und Transaktionen (Unterabschnitt 4.2.4, Beispiel D).

- Das *CODASYL-DBTG-Netzwerkmodell* besteht aus einer Datenbeschreibungs-komponente (Abschnitt 3.2 "CODASYL-DBTG-Modell") und einer Datenmani-pulationssprache (Unterabschnitt 4.2.2, Beispiel B: "CODASYL-DBTG-Daten-manipulationssprache"), wobei in diesem Buch allerdings nur einige wenige Aspekte der Zusammenhänge dieses Modells vorgestellt werden können.

Neben diesen Beispielen direkter Entsprechung existieren jedoch offene Kombinationsmöglichkeiten, wobei weitere Datenmanipulationssprachen praktisch laufend dazukommen. Aus diesem Grunde werden wir im Kap. 4 eben nicht nur vorgegebene DDL-DML-Paare betrachten, sondern die Datenmanipulationssprachen nach allgemeinen Kriterien gruppieren und nur an einzelnen Beispielen im einzelnen untersuchen. Der Leser kann sich auf diese Weise allgemein orientieren (und nach Wunsch einzelne Beispiele auch überspringen). Wer aber ein konkretes Datenbanksystem bereits ausgewählt hat und einsetzen will, muss sich auf jeden Fall für dieses System zusätzliche Einzelheiten aus den entsprechenden Handbüchern beschaffen.

1.7 Der logische Entwurf von Datenbanken

Wer sich mit Datenbanken befasst, kommt früher oder später zur Frage, wie beim Aufbau einer Datenbank konkret vorzugehen sei. Die ersten Datenbanken, welche diesen Namen verdienten (etwa Flugreservationssysteme in den Sechzigerjahren), waren in erster Linie aufwendige Softwareentwicklungen für damals verfügbare Hardware, wobei alle Progammiertricks nötig waren, damit die Verarbeitungszeiten erträglich blieben. In der Zwischenzeit sind die Leistungsfähigkeit der Geräte, aber auch die Komplexität der Anforderungen und damit die Programmierkosten extrem gewachsen. Für grössere, produktiv eingesetzte Softwaresysteme hat sich daher bei der *Programmierung* die Verwendung "höhererer Programmiersprachen" gegenüber Assembler und anderen unstrukturierten Programmiersprachen definitiv durchgesetzt, auch wenn dafür gewisse (theoretische !) Effizienzeinbussen in Kauf zu nehmen sind.

Analog dazu müssen heute aber auch *Datensysteme* in einer "höheren Datensprache" konzipiert und formuliert werden, wenn im Laufe der Lebensdauer (vgl. Abschnitt 7.2) extreme Schwierigkeiten verhindert werden sollen, die sonst bei Unterhalt und allfälligen Erweiterungen auftreten können.

Voraussetzung für einen logischen Entwurf ist natürlich die Verfügbarkeit entsprechender Datensprachen (DDL) und Transaktionskonzepte. In dieser Richtung haben die letzten Jahre wesentliche Fortschritte gebracht, indem der Entwurf von Datenbanken heute mit der Modellbildung von Ausschnitten der realen Welt und nicht mehr mit Recordeinteilungen und Programmieren beginnt. Nur so kann sichergestellt werden, dass die auf Dauer ausgerichteten Datensysteme auch langfristig funktionieren und gewartet und modifiziert werden können.

Es ist ein Hauptziel dieses Buches, dem Leser eine *einfache Entwurfsmethode* samt dem zugehörigen Datenmodell direkt verfügbar zu machen. Der Grossteil des Kap. 2 (vor allem die Abschnitte 2.1 - 2.5 sowie 2.7) baut diese Entwurfsmethode auf, während Abschnitt 2.9 die Methode an einem Beispiel gesamthaft durchspielt. Obwohl diese Entwurfsmethode - eine Form des sog. Entitätenbeziehungsmodells - recht offen und einfach vorgeht (es gibt für die Praxis noch viel detailliertere Entwurfssysteme), lassen sich damit konkrete Datenbanken entwerfen. Ein solcher Entwurf hat dabei etwa die Form der Strukturdarstellungen, die wir in den Fig. 1-7 bis 1-9 angetroffen haben.

Dem Leser stellen sich jetzt zwei Fragen:
- Muss beim logischen Entwurf bereits auf das *Datenmodell* (Hierarchie, Netzwerk, Tabelle) Rücksicht genommen werden, das durch ein konkretes Datenbanksystem unterstützt wird? Die Fig. 1-7 bis 1-9 sind ja schliesslich auch unterschiedlich, obwohl sie die gleiche Realität darstellen.
- Kann der logische Entwurf *automatisch* gemäss Fig. 1-10 in eine produktive Datenbank umgesetzt werden?

Wir werden diesen Fragen in diesem Buch noch verschiedentlich begegnen (besonders im Kap. 7). Jetzt schon können wir aber wie folgt anworten:
- Beim logischen Entwurf soll *nicht* auf das Datenmodell des eingesetzten Datenbanksystems Rücksicht genommen werden, da dieses stark auf die aktuelle Computersituation ausgerichtet ist.
- Eine automatische Übersetzung des logischen Entwurfs in produktive Datenbankkomponenten ist möglich (Bsp. in Abschnitt 2.10 "LIDAS/GAMBIT"). Trotzdem wird heute in der Praxis die Übersetzung des allgemeinen logischen Entwurfs in das verfügbare logische Datenmodell des eingesetzten Datenbanksystems meist von Hand durchgeführt. Das ist aufwandmässig durchaus zu verantworten. Hingegen gehen dadurch wesentliche Vorteile des voll computerunterstützten Entwurfs verloren, so die automatische Syntax- und teilweise Semantiküberprüfung des allgemeinen logischen Entwurfs sowie die automatische Prototypengenerierung (Unterabschnitt 7.3.2).

Das Vorgehen beim Datenbankentwurf kann daher gemäss Fig. 1-14 skizziert werden.

Figur 1-14: Vorgehen beim Datenbankentwurf

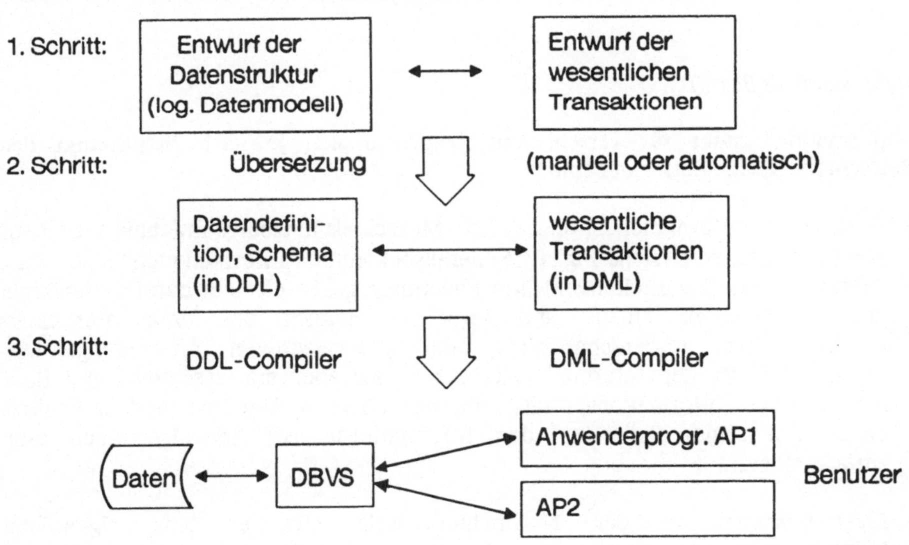

Und noch ein wesentlicher Punkt: Wenn sich im Laufe des Betriebs einer Datenbank Änderungsbedürfnisse ergeben, so dürfen Anpassungen keinesfalls nur auf den unteren Ebenen der Fig. 1-14 vorgenommen werden. Nur durch konsequenten Einstieg beim 1. Schritt auch für Modifikationen kann der langfristige Koordinationseffekt dieses Vorgehens genutzt werden!

1.8 Informationssysteme

Wie eingangs festgehalten, ist es der Zweck des Kapitels 1, einen raschen Einstieg in den ganzen Problemkreis der "Informationssysteme und Datenbanken" zu vermitteln. Dazu gehören:
- Abgrenzung des Datenbankkonzepts gegenüber der sequentiellen Datei-Verarbeitung (durch Trennung der Daten von ihrer Verwendung)
- Wichtigste Datenbank-Grundsätze
- Auszeichnung der verschiedenen Betrachtungsebenen (von der Anwendungsebene bis zum computertechnischen Detail)
- Datenmodelle als Werkzeuge zur Darstellung von logischen Datenstrukturen
- Einige Begriffe aus der Datenbankwelt
- Der Zusammenhang zwischen Datenstruktur und Datenmanipulation
- Das Vorgehen beim Entwurf von Datenbanken

In dieser Aufzählung ist sehr viel von Daten und nur selten von Informationen die Rede. Daher sollen zum Abschluss der Einführung auch noch einige Überlegungen zu den Begriffen "Information" und "Informationssystem" folgen.

Information als Begriff

"Information" steht für verschiedene Begriffsinhalte, je nach Standpunkt des Betrachters. Solche Betrachter sind:

- *Informatiker.* Information ist das, was ein Mensch als nutzbares Ergebnis aus einem Informationssystem (siehe Fig. 1-15) herausbekommt. "Informationen" sind somit Antworten auf Fragestellungen; ihre Bedeutung geht weit über den Problemkreis der Datentechnik hinaus und liegt im Bereich der organisatorischen, wirtschaftlichen, wissenschaftlichen oder andersgearteten Anwendung. Der Informatiker ist der Informationstechniker, der aber nur zusammen mit dem Anwender ein Informationsproblem überblicken kann. Der Informatiker benützt daher von seiner Seite aus den Informationsbegriff im allgemeinen sehr zurückhaltend.

- *Elektrotechniker.* In der Nachrichtentechnik gibt es eine eigentliche Informationstheorie, welche den Begriff der Information sehr speziell und quantitativ auffasst, also in einer Art, die weit vom allgemeinen Sprachgebrauch entfernt ist. Information lässt sich in diesem Sinn exakt definieren: Informationsgehalt $H = \log_2 N$ bit

> Dabei ist H der Informationsgehalt einer Nachricht, welche genau ein Objekt aus einer Liste von N Objekten, die alle a priori gleich wahrscheinlich auftreten, bezeichnet. Spezialfall: $N = 2$; Informationsgehalt der Nachricht: 1 bit.

Diese informationstheoretische Definition erlaubt analog präzise Formulierungen für weitere wichtige Begriffe, wie Redundanz, Entropie etc.
Wir benützen diesen Informationsbegriff im folgenden aber nicht weiter, der Interessierte findet bei Bedarf Literatur unter dem Begriff "Informationstheorie".

- *Informationswissenschafter.* Als solche bezeichnen sich vor allem Spezialisten aus dem Bibliotheks- und Dokumentationsbereich. Für sie ist Information die anwendungs- und anwenderbezogene eigentliche Substanz ihrer Tätigkeit.

- *Medienschaffende*: Die Kommunikationsmedien (Presse, elektronische Medien wie Fernsehen und Radio etc.) *vermitteln* Information, wiederum im Hinblick auf den Empfänger. Unterscheidungen wie "News", "Hintergrundinformation", "Kommentar" zeigen deutlich das Schwergewicht dieser Arbeit.

- *Öffentlichkeit*: Wenn der Bürger im Staat, der Mitarbeiter in der Firma "mehr Information" verlangt, dann meint er eine sehr umfassende, nicht formalisierte, aber Zusammenhänge vermittelnde Darstellung von Realitäten.

Im folgenden sei "Information" im Sinne des Informatikers verwendet.

Informationssystem

Im Grunde genommen bildet jeder Büro- und Verwaltungsbetrieb (ob öffentlich oder privat) vor allem auch ein Informationssystem. Solange der Handwerker oder Landwirt seine Aufträge und Betriebsabläufe im Kopf behalten konnte, war kaum eine formale Verwaltungstätigkeit (Büro) nötig. Arbeitsteilung und Komplizierung der betrieblichen Abläufe haben aber eine zusätzliche Informationstätigkeit und damit den Bürobetrieb nötig gemacht.

Ausgangspunkt jedes Informationssystems (Fig. 1-15) ist der *Benutzer*. Er stellt (explizit oder auch nur abwartend) Fragen, das Informationssystem gibt Antwort.

Figur 1-15: Informationssystem und Benutzer

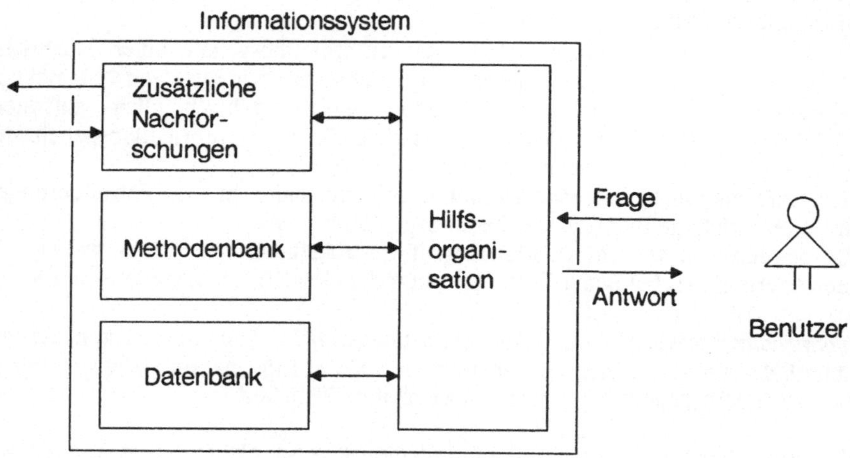

Das Informationssystem hat eine innere Struktur. Insbesondere verfügt es über zweckmässig bereitgestellte Unterlagen, die es im Falle einer Anfrage auszuwerten gilt: Das wäre die *Datenbank*! Einfache Anfragen können direkt aus der Datenbank beantwortet werden. Beispiele:

Datenbank	*Frage*
– Buchhaltung	Letztjähriger Umsatz?
– Lexikon	Geburtsjahr von Gottfried Keller?

Für kompliziertere Fragen braucht es zusätzliche *Methoden* zur intelligenten Kombination gewisser Daten aus der Datenbank. Beispiele:

Methodenbank	*Datenbank*	*Frage*
– Betriebsabrechnung	Buchhaltung	Vollkosten der Maschine x pro Stunde?
– Prognose-Methoden	Bevölkerungs-grunddaten	Erstklässler in 10 Jahren?

Manchmal sind sogar weitere *Nachforschungen* nötig. Beispiele:

Datenbank	*zusätzliche Nachforschungen*	*Frage*
- Buchhaltung	Geschäftsberichte der Konkurrenz	Personalkostenentwicklung im Vergleich zur Branche?
- Bevölkerungs- grunddaten plus bisherige Wahl- ergebnisse	Interviews bei Stichprobe	Wahlprognose?

Zentrales Element dieser geschickten Kombination von Datenbankabfrage, Methodeneinsatz und zusätzlicher (meist kostspieliger) Informationsbeschaffung ist aber eine *Hilfsorganisation*, welche die eigentlichen Informationsbedürfnisse eines Benutzers erkennen und in entsprechende, aber besser beantwortbare Teilfragen an die Datenbank, Methodenbank etc. umsetzen muss. Begreiflicherweise ist wiederum ein Mensch wohl unbestritten der flexibelste Gesprächspartner des menschlichen Benutzers; entsprechend existieren Ansätze zur Automatisierung der Hilfsorganisation erst in Ansätzen auf Spezialgebieten wie Dokumentationssystemen (Abschnitt 4.4) und Expertensystemen (Abschnitt 10.1).

Das hier vorgestellte Modell eines Informationssystems erlaubt die Strukturierung jeder Art von Informationsdiensten, vom Büro einer Fabrik über den militärischen Nachrichtendienst bis zu einer Presseagentur.

Informationssysteme im Betrieb

Wie wir schon bei den verschiedenen Betrachtungsebenen in Abschnitt 1.3 gesehen haben, wird die Realität in der Betriebsführung durch Informationen abgebildet, womit Entscheide und andere Führungstätigkeiten nicht mehr nur durch direkte Beobachtung des Betriebsablaufs, sondern abstrakt, im Büro, möglich sind. Soll aber diese Führungstätigkeit nicht an der Realität vorbeigehen, müssen die wesentlichen
- Informationsbedürfnisse
- Informationsflüsse
- Basisdaten
genau erforscht und zu einem kohärenten Informationssystem für einen bestimmten Anwendungsbereich (Betrieb, öffentliche Verwaltung, Medienbereich etc.) zusammengefügt werden. Mit dem Vorgehen beim Entwurf solcher Systeme befasst sich das Kapitel 7.

2 Logische Datenstrukturen und Relationenmodell

Für den Entwurf eines Datensystems braucht man ein Werkzeug, um auf der konzeptionellen Ebene einen Teil der realen Welt darzustellen: Man arbeitet mit einem *Datenmodell*. Durch die Modellbildung wird die Welt vereinfacht, diskretisiert, idealisiert, anderseits aber für eine systematische Darstellung zugänglich gemacht.

In der ersten Hälfte der Siebzigerjahre wurden die Vor- und Nachteile der bekanntesten drei Modelle (vgl. Abschnitt 1.4) für den Einsatz im Entwurfsprozess stark diskutiert. In den letzten Jahren hat sich aber die Tendenz verstärkt, für den Entwurf eines Datensystems ein separates (höheres) Modell heranzuziehen. Erst in einer zweiten Phase soll dieser Entwurf, je nach vorhandenem Datenbanksystem auf einem bestimmten Computersystem, auf eines der bekannten Modelle transformiert werden. Es wurden denn auch verschiedene konzeptionelle Modelle entwickelt, wobei nebst abstrakten Ansätzen aus den nachfolgenden Gründen insbesondere das *Relationenmodell als Ausgangspunkt* zahlreicher Verallgemeinerungen und Erweiterungen diente.

- Das Relationenmodell ist *einfach und leicht verständlich*, da es auf "naheliegenden" Konzepten basiert.

- Das Relationenmodell ermöglicht eine *systematische Analyse* der Daten, es bietet sinnvolle Hilfen bei der Gruppierung der Merkmale.

- Es ist nicht nur ein Modell für ein logisches Datensystem, sondern ist auch auf eine *redundanzfreie, physische Speicherung* ausgerichtet, ohne dass damit das vorgesehene physische Datenmodell oder gar die künftige Verwendung der Daten durch die Entwurfsarbeit präjudiziert würde.

- Das auf Relationenbasis entworfene Datensystem lässt sich *gut darstellen* und ist mit vernünftigem Aufwand auf heute vorhandene *DB-Systeme übertragbar*.

Auch das im folgenden verwendete konzeptionelle Datenmodell ist aus einer solchen Erweiterung des relationalen Ansatzes entstanden (vgl. [Thurnherr/Zehnder 79]) und wird hier als "erweitertes Relationenmodell" bezeichnet. Es gehört damit aber auch zur Klasse der Entitätsbeziehungsmodelle (Entity Relationship Models), eingeführt von P.P.S. Chen [Chen 76][Chen 81]. Diese basieren auf ähnlichen Überlegungen und verwenden teilweise dieselben Darstellungsmethoden. Das hier verwendete "erweiterte Relationenmodell" ist innerhalb dieser Familie bewusst einfach gehalten und damit besonders für konzeptionelle Überlegungen, langfristige Arbeiten und Schulungszwecke geeignet.

Das vorliegende Kapitel enthält die *grundlegenden Begriffe* des Datenmodells sowie eine Präsentation der *Darstellungsmittel.* Als praktische Anleitung für den Entwurf eines Datensystems werden parallel zum Modell *Strukturregeln* entwickelt.

2.1 Entitäten, Entitätsmengen

Eine *Entität* (entity) ist ein individuelles Exemplar von Elementen der realen oder der Vorstellungswelt. Sofern eine Beziehung zwischen Entitäten eine Bedeutung in der realen oder in der Vorstellungswelt hat, kann auch ein individuelles Exemplar einer solchen Beziehung als Entität aufgefasst werden.

Durch die Einführung des Begriffs Entität wird die *Welt diskretisiert.* Dabei muss in jedem einzelnen Fall entschieden werden, wie fein diese Diskretisation erfolgen soll. Die Beschreibung einer Entität erfolgt im allgemeinen durch *Merkmale,* wobei deren Werte angegeben werden (vgl. Abschnitt 2.3).

Beispiele: K.Meier
die Ausgabe der "Neuen Zürcher Zeitung" vom 14.April 1978
ein Jahrgang der Zeitschrift "Feld und Wald"
die Ehe A-B

Ein wesentlicher Schritt bei der Modellbildung, d.h. bei der Abstraktion von konkreten Sachverhalten, besteht in der Gruppierung von Entitäten mit gleichen oder ähnlichen Merkmalen, aber unterschiedlichen Merkmalswerten zu *Entitätsmengen* (entity sets).

Beispiele: Angestellte der Firma X
Einzelnummern der Zürcher Tageszeitungen
Jahresbände von Zeitschriften in der ETH-Bibliothek
Eheschlüsse auf dem Standesamt in Wil
Arbeitsverhältnisse zwischen der Firma X und ihren Angestellten.

Figur 2-1: Darstellung von Entitätsmengen als Kästchen

ANGESTELLTE

Ist die Gruppierung aller betrachteten Entitäten derart möglich, dass keine Entität in mehr als einer Entitätsmenge vorkommt, spricht man von *disjunkten Entitätsmengen.* Das ist der Normalfall, denn ANGESTELLTE, ZEITUNGSNUMMERN und EHEN sind selbstverständlich disjunkt.

Interessanter wird die Frage nach der allfälligen Zugehörigkeit einer Entität zu mehreren Entitätsmengen dort, wo Gruppenbildungen gleichartiger Entitäten möglich sind, also etwa bei verschiedenen Personengruppen wie KINDER, SCHUELER, FUSSBALLSPIELER etc. Diese können disjunkt sein, sie können sich aber auch überlappen. Für unsere datenmässige Darstellung der realen Welt ist das eine recht wichtige Unterscheidung, welche am Schluss von Abschnitt 2.7 als *Generalisierung* behandelt wird. Hier soll vorerst nur ein Beispiel einer Überlappung vorgestellt werden.

Überlappende Entitätsmengen resultieren dann, wenn gewisse Entitäten zu mehr als einer Entitätsmenge gehören.

Beispiel: An einer Hochschule überlappen sich die Entitätsmengen Studenten und Mitarbeiter: Gewisse Doktoranden sind sowohl Studenten als auch Mitarbeiter.

Figur 2-2: Überlappende und umfassende Entitätsmengen

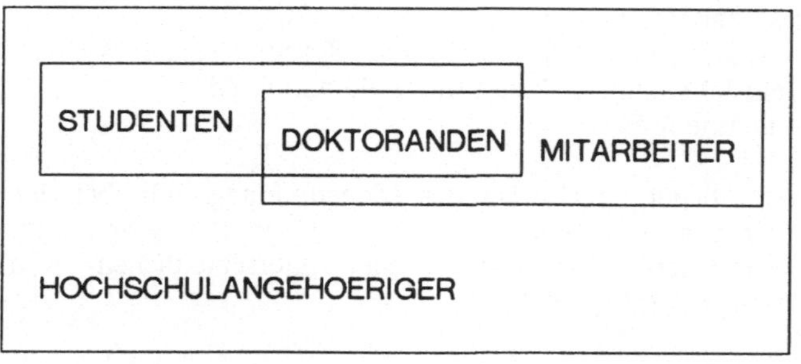

Bei überlappenden (endlichen) Entitätsmengen kann immer eine Entitätsmenge definiert werden, welche die überlappenden Mengen *umfasst* (im Beispiel die Entitätsmenge HOCHSCHULANGEHOERIGER). So können schwer zu kontrollierende Integritätsprobleme (z.B. Redundanzen) vermieden werden, was im Abschnitt 2.5 im Detail und an diesem Beispiel gezeigt werden wird.

2.2 Beziehungen zwischen Entitätsmengen

Zur Beschreibung einer Beziehung zwischen zwei Entitätsmengen EM1 und EM2 kann man von gerichteten *Assoziationen (EM1,EM2)* ausgehen. Eine solche Assoziation ergibt sich dadurch, dass man festlegt, wieviele Entitäten aus EM2 einer Entität aus EM1 zugeordnet sein können. Diese Zahl ist in vielen Fällen in einem gewissen Bereich variabel und kann für jede Anwendung mit Unter- und Obergrenze angegeben werden. Wir wollen im folgenden aber ganz grob nur 4 Typen von Assoziationen unterscheiden, die beim Datenbank-Entwurf von zentraler Bedeutung sind:

Figur 2-3:   Vier Assoziationstypen

Assoziationstyp (EM1,EM2)	Entitäten aus EM2, die jeder Entität aus der Menge EM1 zugeordnet sind
1: (einfache Assoziation)	genau eine
c: (konditionelle Assoziation)	keine oder eine (c = 0/1)
m: (multiple Assoziation)	mindestens eine (m >= 1)
mc: (multipel-konditionelle Ass.)	keine, eine oder mehrere (mc >= 0)

Kombiniert man eine Assoziation (EM1,EM2) mit ihrer Gegen-Assoziation (EM2,EM1), so ergibt sich die *Beziehung* (relationship) zwischen den beiden betrachteten Entitätsmengen.

Zur Darstellung von Beziehungen zwischen zwei Entitätsmengen EM1 und EM2 werden die Kästchen durch eine Linie verbunden und die Assoziationstypen an beide Enden geschrieben:

Figur 2-4:   Darstellung von Beziehungen

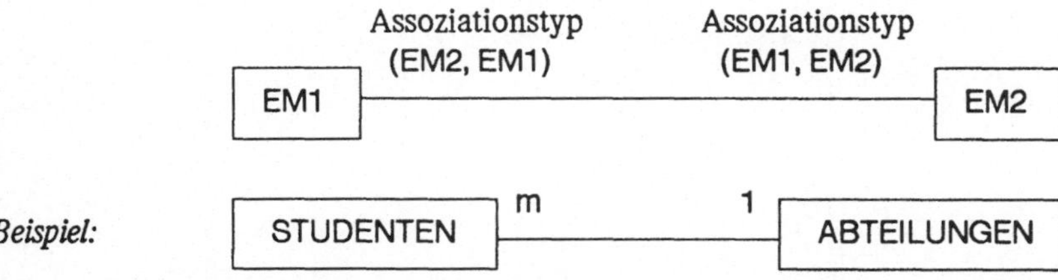

Beispiel:

Dieses Beispiel ist wie folgt zu verstehen: Zu jedem Studenten (=Entität aus der Entitätsmenge STUDENTEN) existiert genau eine Abteilung, der er zugeordnet ist. Umgekehrt gibt es zu jeder einzelnen Abteilung m zugehörige Studenten. Diese 1-m-

("1 zu m")-Beziehung kann auch benannt werden, sofern dies nötig und nicht selbstverständlich ist, hier etwa die "Abteilungszugehörigkeit". In besonderen Fällen lautet der Name der Beziehung sogar unterschiedlich je nach Blickrichtung (etwa "Vaterschaft" und "Nachkommenschaft").

Nun sollen aber einmal alle überhaupt möglichen Beziehungstypen in unserer groben Klassierungsweise aufgezählt werden. Bei 4 Assoziationstypen ergeben sich 16 mögliche Arten der Beziehung zwischen 2 Entitätsmengen, davon 10 unter sich verschiedene (ohne Symmetrien).

Figur 2-5: Beispiele von Beziehungen (ohne Symmetrien)

Entitäts- menge 1	Entitäts- menge 2	Beziehungs- typ	Beziehung
rechte Schuhe	linke Schuhe	1 - 1	Paare
Abteilungen	Personal	c - 1	Abteilungsleiter
Personal	Abteilungen	m - 1	Abteilungszugeh.
Kinder	Ehepaare	mc - 1	Familienzugeh.
Frauen	Männer	c - c	Heirat
Personen	Parteien	m - c	Parteizugeh.
Projekte	Projekte	mc - c	ist Unterprojekt
Standorte	Standorte	m - m	Distanz
Vorlesungen	Studenten	mc - m	Einschreibung
Personen	Personen	mc - mc	Freundschaften

Entitätsmengen und ihre Beziehungen bilden die eigentliche Struktur von Datenbeständen; ein Beispiel einer solchen Struktur zeigt Figur 2-21.

2.3 Attribute, Wertebereiche, Formatierung

In diesem Abschnitt werden einige grundlegende Begriffe definiert, welche zur datenmässigen Beschreibung von Entitätsmengen benötigt werden.

Ein *Wertebereich* (domain) ist eine Menge von verschiedenen Datenwerten desselben skalaren Datentyps.

Beispiele: - ganze Zahlen eines bestimmten Rechners (integer)
- Zeichen des ASCII-Zeichensatzes
- 'MO','DI','MI','DO','FR','SA','SO'
- 1..23
- ASCII-Zeichenfolgen der Länge 10

Ein *Attribut* ist einerseits die Beschreibung einer bestimmten Eigenschaft der Entitäten einer Entitätsmenge. Anderseits definiert das Attribut (implizit) auch die Rolle, die ein Wertebereich in der Entitätsmengen-Beschreibung spielt.

Beispiel: Das Attribut Lohnklasse beschreibt einerseits eine Eigenschaft in der Entitätsmenge PERSONEN und definiert anderseits die Rolle, die der Wertebereich 1..23 als "Lohnklasse" in der Beschreibung der Entitätsmenge PERSONEN spielt.

"Attribut" und "Merkmal" werden als synonyme Begriffe verwendet; den Begriff Attribut benützt man v.a. im Zusammenhang mit dem Relationenmodell.

Formatierte und unformatierte Beschreibungen

Die meisten Datenbanksysteme unterstützen ausschliesslich die *formatierte* Darstellung von Attributen, welche durch die Angabe einer oder mehrerer erlaubter Ausprägungen (Werte) aus dem Wertebereich (Beispiele s.o.) des Merkmals erfolgt.

Beispiele: Lohnklasse: 17
Wirtesonntag: 'DI'
Kinder: 'Felix   ', 'Regula   '

Dabei spielt es prinzipiell keine Rolle, ob der Wertebereich wenige oder viele Werte umfasst und ob er scharf oder unscharf definiert ist. Als Name wird vielleicht "jede Zeichenkombination der Länge 10" akzeptiert, obwohl 'XXXXXX   ' oder 'P R G L ' kaum vernünftige Werte sind. Eine Einschränkung des Wertebereichs auf gültige Namen hätte zwar Vorteile (falsche Namen ausschliessbar), aber auch grosse Nachteile. (Wie soll man bei 64^{10} Möglichkeiten die zulässigen Namen festhalten? Und 'MEIER   ' statt 'MEYER   ' wäre trotzdem nicht als Fehler entdeckbar.)

Eine *unformatierte* Beschreibung eines Merkmals wird vom Datenverwaltungssystem einfach als Text betrachtet; die innere Struktur des Wertebereichs ist nicht von Interesse; die Beschreibung muss lediglich in einer im Kontext selbständig verständlichen Form erfolgen.

Beispiele: bes.Merkmale: 'Narbe über rechtem Auge, spricht
                                 fliessend Englisch'
       Zusammenfassung:'The paper describes a new language
                                 for structured . . . . .   '
       Messwerte: '17.9 18.2 17.8 16.9 17.9 . . . . '.

Die unformatierte Beschreibung ist überall dort nützlich, wo es sich nicht lohnt, eine formatierte (und damit relativ starre) Organisation vorzubereiten. Dies ist einerseits der Fall bei seltenen oder schlecht zu klassierenden Eigenschaften, aber auch wenn innere, ev. komplizierte Strukturen vorhanden sind, mit welchen man das Verwaltungssystem nicht belasten will (z.B. Texte, Messreihen). Die *Auswertung* unformatierter Merkmale erfolgt normalerweise nicht mit den üblichen Datenbankoperationen, sondern entweder manuell oder mit separaten Programmen (Text-Editor, sequentielle Datei-Verarbeitung).

Verwaltungsdaten, vor allem ihr Grundbestand, sind sehr häufig in formatierter Form vorhanden (Formulare, Karteikarten schon in manuellen Systemen), und nur Ausnahmevermerke sind unformatiert. Es wäre aber falsch, die Bedeutung der unformatierten Daten zu unterschätzen. So gehören Rechtssammlungen (Gesetzestexte, Urteile etc.) und Textverarbeitung schon heute in den Bereich, wo formatierte und unformatierte Beschreibungen derselben Entitätsmenge mit einem einzigen System verwaltet werden. Dabei dient der formatierte Bereich meist zum Kennzeichnen und Aufsuchen der Datensätze, während der unformatierte Teil (ev. sogar nicht-digitalisierte Teil, wie Zeichnungen, Buchbände) den eigentlichen Inhalt ausmachen.

2.4 Relationen, Identifikationsschlüssel, Abhängigkeiten

Im folgenden benützen wir zur Illustration ein zusammenhängendes Beispiel, welches folgendermassen umrissen werden kann:

Beispiel: Eine Firma bestehe aus Abteilungen mit je einem Abteilungsnamen (Abt-Nm) und einer Abteilungsnummer (Abt#). Jedes Projekt in der Firma wird im allgemeinen von mehreren Angestellten (P-Nm) bearbeitet und hat einen Projektnamen (Pjt-Nm) und eine Projektnummer (Pjt#). Alle Angestellten (P-Nm) haben eine Personalnummer (P#) und sie arbeiten teilweise an mehreren Projekten (P-Pjt), wobei jeweils bekannt ist, wieviel Arbeitszeit die einzelnen Angestellten für die einzelnen Projekte aufwenden (P-Pjt-Zeit).

Hinweis: Das Zeichen # ist immer als "Nummer" zu lesen.

Relationen

Entitätsmengen können leicht durch Relationen im Sinne des Relationenmodells dargestellt werden. Dabei wird jede Entitätsmenge durch eine Relation und darin durch eine Gruppe ihrer Merkmale oder Attribute repräsentiert. Fig 2-6 zeigt diese Parallelität deutlich.

Figur 2-6: Entitätsmengen und Relationen

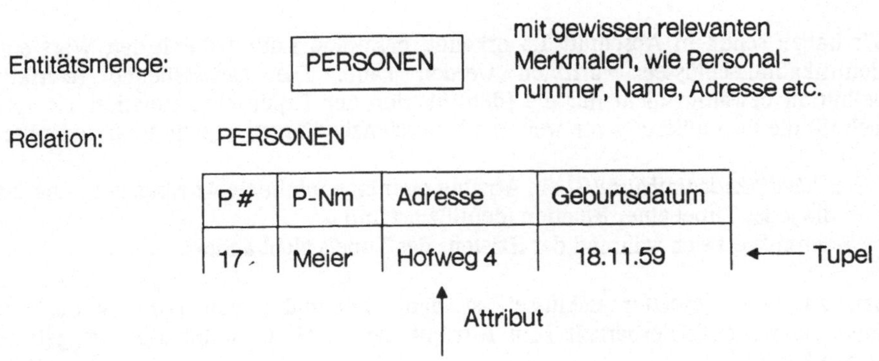

Aus den früheren Definitionen geht hervor, dass für Attribute immer je zwei Grundlagen, nämlich der *Name des Attributs* und der *Wertebereich der Attributswerte*, notwendig sind. Damit lässt sich eine mengentheoretische Definition der Relation geben.

Ausgehend von n Wertebereichen Wi, die nicht notwendigerweise disjunkt sein müssen (d.h. dieselben Werte dürfen in mehreren Wertebereichen vorkommen), ist eine *Relation R* als Teilmenge eines kartesischen Produkts definiert:

$$R \subset W1 \times W2 \times ... \times Wn$$

Eine Relation ist somit eine Menge von *Tupeln* der Form

$$(w1, w2, ..., wn) \text{ mit } wi \in Wi \quad (wi = \text{Element von Wi})$$

Eine Relation mit n Attributen besteht also aus einer (unbestimmten) Anzahl von Tupeln, die alle unter sich verschieden sind (keine Doubletten möglich!). Der Begriff "Tupel" ist eine Abkürzung von "n-tupel", eine Verallgemeinerung von "Paar, Tripel, Quadrupel, ...". Jede *Zeile* einer Relation bildet ein solches Tupel und repräsentiert eine Entität. Die gesamte Relation repräsentiert eine Entitätsmenge.

Eine *Datenbasis* besteht aus (mehreren) Relationen.

Der Zusammenhang zwischen mehreren Relationen einer Datenbasis (d.h. die Beschreibung ihrer Beziehungen untereinander) wird im Abschnitt 2.7 detailliert besprochen.

Identifikationsschlüssel

Wir haben schon in Abschnitt 1.5 erkannt, dass eine Entität durch den Wert eines Identifikationsschlüssels vertreten werden kann. Die nachstehende restriktive Definition bewältigt nicht nur die Identifikation der Tupel einer Relation, sie spielt auch für die Formulierung von weiteren Konsistenzbedingungen eine zentrale Rolle:

Ein *Identifikationsschlüssel* ist ein Attribut oder eine minimale Attributskombination,
- die jedes Tupel einer Relation identifiziert und
- deren Wert sich während der Existenz des Tupels nicht ändert.

Eine zusammengesetzter Schlüssel ist dann minimal, wenn ohne Verlust der eindeutigen Identifizierbarkeit kein Attribut der Attributskombination weggelassen werden kann.

Gelegentlich bieten sich mehrere Attribute oder Attributskombinationen als Kandidaten für Identifikationsschlüssel an; das bringt keine Probleme.

Eine erste Strukturregel für Datenbasen besagt nur, dass bei der Definition von Relationen *a priori* ein Identifikationsschlüssel festgelegt werden muss:

(SR 1) Bei der Darstellung von Entitätsmengen durch Relationen muss für jede Relation ein Identifikationsschlüssel existieren.

Sprechende Schlüssel sind durchaus erlaubt, doch muss darauf geachtet werden, dass die zweite Forderung der obigen Definition nicht verletzt wird (Unveränderlichkeit!). Unter Umständen ist es deshalb notwendig, zusätzliche Schlüsselattribute einzuführen: *künstliche Schlüssel*. Bei der formalen Beschreibung wird im folgenden zur Verdeutlichung der gewählte Identifikationsschlüssel in der Liste der Attribute unterstrichen.

Abhängigkeiten

Die Rolle des Identifikationsschlüssels kann formal auch mittels der funktionalen Abhängigkeit folgendermassen beschrieben werden:

Funktionale Abhängigkeit: Das Attribut bzw. die Attributskombination B ist *funktional abhängig* vom Attribut bzw. von der Attributskombination A derselben Relation R, wenn zu einem bestimmten Wert von A höchstens ein Wert von B möglich ist.

Darstellung: $R.A \rightarrow R.B$

Identifikationsschlüssel: Der Identifikationsschlüssel ist ein Attribut oder eine Attributskombination, so dass gilt: Jedes Attribut einer Relation ist vom Identifikationsschlüssel funktional abhängig, und kein Attribut aus dem Identifikationsschlüssel ist von den übrigen Attributen des Identifikationsschlüssels funktional abhängig.

Beispiel: Bei der Relation PERSON ist das Attribut P-Nm von P# funktional abhängig.

Für die Untersuchung der Bedeutung einzelner Attribute einer Relation benötigt man weitere Abhängigkeitsbegriffe. Da in der Folge lediglich die Abhängigkeiten vom Identifikationsschlüssel einer Relation benötigt werden, schränken wir bereits die Definitionen auf diese Situation ein.

Seien A ein zusammengesetzter Identifikationsschlüssel und B ein Attribut oder eine Attributskombination der gleichen Relation R.
B ist genau dann *voll abhängig* von A, wenn B von der Attributskombination A funktional abhängig ist ($R.A \rightarrow R.B$), aber nicht bereits von Teilen der Attributskombination A.

Darstellung: $R.A \Rightarrow R.B$

Beispiel: Das Attribut Pjt-P-Zeit ist voll abhängig von der Attributskombination (P#,Pjt#).

"Voll abhängig" kann daher so umschrieben werden: Das voll abhängige Attribut bezeichnet eine spezifische Eigenschaft genau dieser Entitätsmenge.

A sei der Identifikationsschlüssel einer Relation R. B und C seien zwei weitere Attribute oder Attributskombinationen von R derart, dass die drei Attribute (Attributskombinationen) untereinander je distinkt sind. C ist *transitiv abhängig* von A, falls jederzeit gilt:

$$R.A \rightarrow R.B \qquad R.B \nrightarrow R.A$$
$$R.B \rightarrow R.C$$

Beispiel: In der Relation PERSON (P#,P-Nm,Abt#,Abt-Nm) ist Abt-Nm transitiv abhängig von P#, da Abt# funktional von P# und Abt-Nm funktional von Abt# abhängt, während P# nicht funktional von Abt# abhängt.

"Transitiv abhängig" ist also gleichbedeutend mit "abhängig auch über schlüsselfremde Umwege".

Diese Definitionen von Abhängigkeiten werden nun anschliessend direkt für den sog. Normalisierungsprozess verwendet.

2.5 Der Normalisierungsprozess

Redundanz ist in einem Datenbestand genau dann vorhanden, wenn ein Teil davon ohne Informationsverlust weggelassen werden kann. Dieser weglassbare Teil heisst entsprechend "redundante Information". Datenbank-Ueberlegungen beabsichtigen in vielen Fällen die Elimination unnötiger Redundanz, insbesondere wegen des Speicheraufwandes und weil sog. *Mutationsanomalien* auftreten können, wenn redundant gespeicherte Daten nicht mitmutiert werden. Auf der konzeptionellen Ebene ist Redundanz zu vermeiden. Daher geht es bei der konzeptionellen Datenbeschreibung um *Erkennen und Eliminieren* von allfälliger Redundanz.

Mit der Erkennung von Abhängigkeiten wird ersichtlich, welche Attributswerte aus anderen Attributswerten abgeleitet werden können. Dadurch werden allfällige Redundanzen und Mutationsanomalien sichtbar.

Ziel der *Normalisierung* ist es, die Attribute so zu Entitätsmengen (und damit zu Relationen) zuzuordnen, dass innerhalb einer Relation keine Redundanzen auftreten. Diese Redundanzfreiheit der Relationen ist aber durchaus nicht für alle Zwecke der

Arbeit mit Daten zweckmässig, sowohl auf der physischen (internen) Ebene wie auch auf der (externen) Seite des Benutzers. Wir werden später (Unterabschnitt 4.2.5) benutzerfreundliche Datendarstellungen kennenlernen, welche Redundanz aufweisen. Redundanz existiert auch in der Organisation effizienter Zugriffspfade (Kap. 5) und in verteilten Systemen (Kap. 9).

Die Normalisierung andererseits ist aber Voraussetzung für eine saubere Datenanalyse. Also wollen wir sie schrittweise durchführen.

Eine Relation befindet sich in *1. Normalform*, wenn ihre Attribute nur einfache Attributswerte aufweisen.

Durch die 1. Normalform werden die Relationen formatiert: Es werden *nur einfache (skalare) Attribute* zugelassen; Mengen werden als Attribut ausgeschlossen (Beispiel: Man kann nicht unter dem Attribut "Kinder" mehrere Namen aufzählen).

Die 1. Normalform impliziert aber auch, dass die Attribute *keine innere Struktur* haben dürfen bzw. dass eine allfällige innere Struktur bei der Benützung nicht ausgenützt werden darf. Wenn die AHV-Nummer beispielsweise als ein Attribut eingeführt wird, so muss sie als Ganzes betrachtet werden. Natürlich lässt sich daraus das Geburtsjahr ausrechnen, aber "Geburtsjahr" ist damit noch kein Attribut.

Figur 2-7:   PERSONAL-Tabelle, nicht in 1. Normalform

(P#	P-Nm	Abt#	Abt-Nm	Pjt#	Pjt-Nm	P-Pjt-Zeit)
101	Hans	1	Physik	11,12	A,B	60,40
102	Rolf	2	Chemie	13	C	100
103	Urs	2	Chemie	11,12,13	A,B,C	20,50,30
104	Paul	1	Physik	11,13	A,C	80,20

Die obige Tabelle PERSONAL ist keine Relation in erster Normalform, da Pjt#, Pjt-Nm und P-Pjt-Zeit keine einfachen Attribute sind.

Diese Tabelle muss deshalb umgeschrieben werden, wobei sich die Bedeutung der Tupel ändern kann (in Fig. 2-7: Tupel = Person, in Fig. 2-8: Tupel = Person-Projekt-Beziehung). Der Informationsgehalt im Gesamten bleibt aber erhalten.

Fig. 2-8 zeigt jetzt eine definitionsgerechte Relation (in 1. Normalform). Die Attributskombination (P#, Pjt#) ist ein Schlüssel dieser Relation.

Man sieht sofort, dass die Relation in Fig. 2-8 *Redundanzen* enthält: Der Personenname ist aus der Personalnummer bestimmbar (=abhängig) und müsste eigentlich nicht für

Figur 2-8: PERSON-PROJEKT-Relation in 1. Normalform

(P#	P-Nm	Abt#	Abt-Nm	Pjt#	Pjt-Nm	P-Pjt-Zeit)
101	Hans	1	Physik	11	A	60
101	Hans	1	Physik	12	B	40
102	Rolf	2	Chemie	13	C	100
103	Urs	2	Chemie	11	A	20
103	Urs	2	Chemie	12	B	50
103	Urs	2	Chemie	13	C	30
104	Paul	1	Physik	11	A	80
104	Paul	1	Physik	13	C	20

jedes Projekt wiederholt werden. Das kostet Platz und/oder Arbeitsaufwand. Bei dieser Relation kann aber auch eine sog. Mutationsanomalie auftreten: Aendert der Name (Hans zu John) der Person mit P# = 101, so wird die Relation widersprüchlich, wenn die Namensänderung nur bei einem Tupel (z.B. beim ersten) ausgeführt würde. Das Problem liegt offensichtlich darin, dass die eine Relation in Fig. 2-8 verschiedene Sachverhalte (Personalien, Abteilungszugehörigkeit und Projektzuordnung der Personen) beschreibt, die jedoch unabhängig voneinander und zu unterschiedlichen Zeitpunkten ändern können. Es muss deshalb eine Aufspaltung in mehrere Relationen angestrebt werden.

Eine Relation ist in *2. Normalform,* wenn sie in 1. Normalform ist und jedes nicht zum Identifikationsschlüssel gehörige Attribut *voll* von diesem abhängig ist. (Für eine noch differenziertere Darstellung siehe Abschnitt 2.6).

Die 2. Normalform erzwingt damit eine erste Gruppierung der Attribute in einer Relation nach Sachgebieten und eliminiert dadurch Redundanzen.

Beispiel: Die Relation aus Fig. 2-8

PERSON-PROJEKT (P#,P-Nm,Abt#,Abt-Nm,Pjt#,Pjt-Nm,P-Pjt-Zeit)

mit dem Schlüssel (P#,Pjt#) ist nicht in 2. Normalform, weil die Attribute P-Nm, Abt#, Abt-Nm, Pjt-Nm nicht voll abhängig sind von diesem Schlüssel.

Für den 2. Normalisierungsschritt ist die Relation deshalb aufzuspalten in die folgenden drei Relationen (Schlüssel unterstrichen):

Figur 2-9: Datenbasis in 2. Normalform

PROJEKT(<u>Pjt#</u>,Pjt-Nm)

11	A
12	B
13	C

PERSONAL (<u>P#</u>, P-Nm, Abt#, Abt-Nm)

101	Hans	1	Physik
102	Rolf	2	Chemie
103	Urs	2	Chemie
104	Paul	1	Physik

PROJEKTZUGEHOERIGKEIT(<u>P#</u>, <u>Pjt#</u>, P-Pjt-Zeit)

101	11	60
101	12	40
102	13	100
103	11	20
103	12	50
103	13	30
104	11	80
104	13	20

Die Gesamtheit der drei Relationen hat den gleichen Informationsgehalt wie die Relation in Fig. 2-8. Die *Verbindung* dieser Relationen erfolgt *implizit durch korrespondierende Attribute*, sog. globale Attribute. Die Relationen PERSONAL und PROJEKTZUGEHOERIGKEIT sind z.B. über das in beiden Relationen vorkommende Attribut P# verbunden. Daraus ergibt sich, dass zwischen Attributen, die über eine Relation hinaus von Bedeutung sind, und solchen, die nur innerhalb einer Relation eine Rolle spielen, zu unterscheiden ist. Diese Unterscheidung geschieht weiter unten (globale, lokale Attribute), wobei dann gewisse Mischfälle auszuschliessen sind.

Die Relationen PROJEKT und PROJEKTZUGEHOERIGKEIT enthalten nun keine innere Redundanz mehr. In der Relation PERSONAL dagegen ist für jeden Angestellten der Abteilungsname gespeichert, obwohl sich dieser Name bereits aus der Abteilungsnummer ergibt. Aendert der Abteilungsname (oder irgendeine andere Eigenschaft der Abteilung), könnten somit noch immer Mutationsanomalien auftreten. Um dies zu verhindern, ist ein 3. Normalisierungsschritt nötig.

Eine Relation befindet sich in *3. Normalform*, wenn sie in 2. Normalform ist und kein Attribut, das nicht zum Identifikationsschlüssel gehört, transitiv von diesem abhängt.

Die 3. Normalform bringt ein weiteres Kriterium zum Auftrennen von Relationen und eliminiert die beim 2. Normalisierungsschritt verbliebenen Redundanzen von

Attributen.

Beispiel: Die Relation

PERSONAL (P#,P-Nm,Abt#,Abt-Nm)

ist zwar in 2., nicht aber in 3. Normalform, weil das Attribut Abt-Nm über Abt# transitiv vom Schlüssel P# abhängt (oder umgekehrt auch Abt# über Abt-Nm).

Eine Aufspaltung von PERSONAL in Fig. 2-9 liefert zwei Relationen in 3. Normalform in Fig. 2-10.

Figur 2-10:   Datenbasis in 3. Normalform

PERSONAL(P#, P-Nm, Abt#)

101	Hans	1
102	Rolf	2
103	Urs	2
104	Paul	1

ABTEILUNG(Abt#, Abt-Nm)

1	Physik
2	Chemie

PROJEKT(Pjt#, Pjt-Nm)

11	A
12	B
13	C

PROJEKTZUGEHOERIGKEIT(P#, Pjt#, P-Pjt-Zeit)

101	11	60
101	12	40
102	13	100
103	11	20
103	12	50
103	13	30
104	11	80
104	13	20

Relationen in 3. Normalform (3. NF, englisch TNF) heissen oft auch kurz "normalisiert".

Wenn wir eine Relation in 3. Normalform betrachten, so lässt sich daraus direkt keine weitere Umformung begründen. Dennoch können mehrere Relationen gemeinsam noch weitere Redundanzen aufweisen. Um diese zu erkennen, führen wir die Begriffe der *globalen* bzw. *lokalen Attribute* ein.

- Ein Attribut heisst *global*, wenn es mindestens in einer Relation im Identifikationsschlüssel vorkommt.

- Ein Attribut heisst *lokal*, wenn es nur in einer Relation und dort nicht im Identifikationsschlüssel vorkommt.

In einer Datenbasis kann es nun aber Attribute geben, welche weder global noch lokal sind. Das ist dann der Fall, wenn die gleiche Eigenschaft einer Entität in zwei verschiedenen Relationen beschrieben wird. Diese Situation tritt bei *überlappenden Entitätsmengen* auf (vgl. das früher in Abschnitt 2.1 genannte Beispiel aus dem Hochschulbereich: Wenn Name und Adresse gewisser "Hochschulangehöriger", nämlich mancher Doktoranden, sowohl bei den "Studenten" als auch bei den "Mitarbeitern" geführt werden, führt das zu Redundanz). In einer solchen Datenbasis treten Redundanzen und Schwierigkeiten bei den Mutationen auf, obwohl alle Relationen je in 3. Normalform sind.

Man löst dieses Problem durch die Einführung einer *übergeordneten Entitätsmenge*, so dass man die gemeinsamen Merkmale der überlappenden Entitätsmengen (hier also von Namen und Adresse) einer einzigen Relation zuordnen kann. Diese Massnahme ist gleichwertig mit der "Elimination von Attributen, die weder global noch lokal sind".

Beispiel: Die beiden Relationen

        STUDENTEN (S#,Nm,Adr,Abt,Dozent)
        MITARBEITER (M#,Nm,Adr,Lohnklasse)

werden in folgende Relationen übergeführt:

        HOCHSCHULANGEHOERIGER (P#,Nm,Adr)
        STUDENTEN (P#,S#,Abt,Dozent)
        MITARBEITER (P#,M#,Lohnklasse)

Die in diesem Abschnitt entwickelte Vorgehensweise lässt sich in einer weiteren Strukturregel zusammenfassen:

(SR 2)   Die Datenbasis muss aus Relationen in dritter Normalform bestehen, welche nur Global- und Lokal-Attribute enthalten.

Mit den Normalisierungsschritten werden die häufigsten Fälle von Redundanz durch das Verbot lokaler transitiver Abhängigkeit beseitigt, und durch das Konzept der Global- und Lokal-Attribute kann man auch auf globaler Ebene Redundanzlosigkeit erzwingen.

2.6 Das klassische Relationenmodell

E.F.Codd hat 1969/70 seine grundlegenden Arbeiten über das Relationenmodell publiziert [Codd 70], und schon kurz nachher wurden von anderen, teilweise in enger Zusammenarbeit mit Codd, weitere wesentliche Gedanken speziell zur Normalisierung beigetragen [Date 72], [Kent 73]. Die Bedeutung dieser Arbeiten für die theoretische Begründung der Datenanalyse ist so gross, dass auch hier kurz auf Original-Formulierungen eingegangen werden soll.

Das Coddsche Modell stellt einen (mathematischen) Formalismus auf der Ebene der Daten dar. Es kennt den Begriff der (zu beschreibenden) Entität und die Entitätsmenge nicht. Es beschäftigt sich nur mit den Daten und mit Mengen davon, im weiteren auch mit Abhängigkeiten zwischen Daten, welche berechenbaren Funktionen entsprechen.

- Wertebereich   domain $D = \{x1, x2, \ldots, xn\}$ xi skalar
  (alle $xi \neq xk$ für $i \neq k$)

- Relation   relation $R \subset D1 \times D2 \times \ldots \times Dk$
  (Kreuzprodukt, kartesisches Produkt)

- Tupel   tuple $T \in R; \; T = (d1, d2, \ldots, dk)$
  mit $d1 \in D1$, $d2 \in D2, \ldots$

- Attribut   attribute Ai; in R auftretende Werte aus Di.

Figur 2-11:   Relation R

A1		Ai		Ak	
d1	...	di	...	dk	← Tupel

↑
Attribut

Aus den Definitionen folgt direkt, dass Relationen automatisch *immer in 1.Normalform* sind und dass sich die verschiedenen Tupel einer Relation paarweise unterscheiden (es sind keine identischen Tupel möglich). Eine Relation im Coddschen Sinn besteht aus den darin konkret enthaltenen Tupeln und Datenwerten und ist damit eine klar bestimmte mathematische Struktur; ein weiterer Sinngehalt (etwa "Entitätsmenge") steht *nicht* dahinter. Daher muss nun der zentrale Begriff des *Identifikationsschlüssels* - anders als im Kapitel 2.4 - allein aus den Daten (aus dem aktuellen Inhalt der Relation) abgeleitet werden:

> *Schlüsselkandidat*: Attribut oder minimale Attributskombination, welche jedes Tupel einer Relation identifiziert. ("Minimal" heisst, dass im Fall einer Attributskombination kein Attribut daraus weggelassen werden kann, ohne dass die verbleibenden Attribute zur Identifikation nicht mehr ausreichen.)

Auf Grund dieser Definition sind in der gleichen Relation durchaus mehrere Schlüsselkandidaten möglich, in unseren bisherigen Beispielen (Fig. 2-10) sind z.B. für ABTEILUNG sowohl *Abt#* wie *Abt-Nm* Schlüsselkandidaten. Das wirkt sich nun aus bei der Definition weiterer Normalformen.

Normalisierung geschieht auch hier durch *Aufspaltung* von Relationen (Beispiele siehe Abschnitt 2.5). Die Normalisierungsschritte basieren auf den drei bereits in Abschnitt 2.4 eingeführten *Abhängigkeiten* zwischen Attributen (bzw. Attributskombinationen), deren Definitionen hier nicht wiederholt werden (siehe Seiten 43 und 44). Wir benützen zur Darstellung der Attribute folgende Schreibweise:

R.(A1, A2, ...)   sei jener Teil der Relation, der nur die genannten Attribute A1, A2, ... umfasst.

R.A   ist der Spezialfall mit einem einzigen Attribut.

In der Kurzschreibweise lauten

- Funktionale Abhängigkeit (A nach B)   R.A $\rightarrow$ R.B
- Volle Abhängigkeit (A nach B)   R.A $\Rightarrow$ R.B
- Transitive Abhängigkeit (A nach C)   R.A $\rightarrow$ R.B und
    R.B $\nrightarrow$ R.A und
    R.B $\rightarrow$ R.C

Codd hat die 2.Normalform (2.NF) wie folgt definiert [Codd 71]:

> 2. *Normalform (Codd)*: Eine Relation R befindet sich in 2.NF, wenn sie in 1.NF ist und jedes Nicht-Primärattribut von R von jedem Schlüsselkandidaten von R voll abhängig ist. (Dabei wird mit *Nicht-Primärattribut* ein Attribut definiert, das keinem Schlüsselkandidaten angehört.)

Diese Definition ist nun aber in Fällen, wo mehrere Schlüsselkandidaten zu betrachten sind, nicht so rigoros, wie es wünschbar wäre, gerade auch vom theoretischen

Standpunkt aus (während es für die praktische Datenanalyse kaum eine Rolle spielt). Eine bessere Definition stammt von W.Kent [Kent 73].

> *2. Normalform (Kent)*: Eine Relation R in 1.NF befindet sich auch in 2.NF, wenn jedes Attribut im Komplement eines Schlüsselkandidaten von diesem Schlüsselkandidaten voll abhängig ist. (Das Komplement des Schlüsselkandidaten umfasst alle Attribute von R, die nicht zum Schlüsselkandidaten gehören.)

Diese Definition ist offensichtlich enger, wie folgendes Beispiel zeigt: Wir nehmen an, dass in einer bestimmten Bevölkerungsgruppe Name, Vorname und Geburtsdatum eine Person eindeutig identifizieren; das gleiche gilt natürlich für die Sozialversicherungsnummer (AHV-Nr), die ihrerseits in der Schweiz aus mehreren Teilen A, B, C aufgebaut ist (Namencode, Jahrgang, Geschlecht-Geburtstag-Code etc.). In der Relation

PERSON (Name, Vorname, Geburtsdatum, AHV-A, AHV-B, AHV-C)

gibt es kein Nicht-Primärattribut. Hingegen hängt AHV-B vom Geburtsdatum ab. Die Relation PERSON ist somit wohl nach Codd, nicht aber nach Kent in 2.NF.

Auch bei der Definition der 3.Normalform ergeben sich ähnliche Varianten. Beginnen wir wiederum mit Codd und vergleichen mit Kent:

> *3. Normalform (Codd)*: Eine Relation R ist in 3.NF, wenn sie sich in 2.NF befindet und kein Nicht-Primärattribut transitiv abhängig von einem Schlüsselkandidaten ist.

> *3. Normalform (Kent)*: Eine Relation R in 2.NF ist auch in 3.NF, wenn jedes Attribut im Komplement eines Schlüsselkandidaten nicht von diesem Schlüsselkandidaten transitiv abhängig ist.

Auch auf der Stufe der 3.NF ist die Kentsche Definition restriktiver, aber auch zweckmässiger, denn sie erlaubt die Analyse der Abhängigkeiten sofort auf Grund jedes bekannten Schlüsselkandidaten.

Und noch eine weitere Fassung der 3.NF sei zitiert, welche auf der Kentschen Definition aufbaut, die Zwischenstufe der 2.NF aber nicht benötigt:

> *3. Normalform (Boyce/Codd)*: Eine Relation R in 1.NF ist auch in 3.NF, wenn jede Determinante in R ein Schlüsselkandidat ist. (Determinante heisst ein Attribut oder eine Attributskombination, von welchem irgend ein anderes Attribut von R voll abhängig ist.)

Diese Stufe der Normalisierung von Relationen (3.NF) war im wesentlichen 1974 stabilisiert. Seither sind aber immer wieder Versuche zu weiteren

Normalisierungsschritten und zu anderen Transformationen von Relationen unternommen worden, alle mit dem Zweck, die Systematik der Datenanalyse, die Codd eingeführt hat, noch weiter zu treiben. Ohne auf Einzelheiten einzugehen, sei hier auf wenigstens drei solche Entwicklungsrichtungen hingewiesen.

- *4. Normalform (ev. höhere Normalformen)*: Hierbei geht es um die Untersuchung von Redundanzen, welche auch in Relationen in 3.NF noch enthalten sein können. Durch die 3.NF sind zwar Abhängigkeiten der Attribute, die nicht im betrachteten Schlüsselkandidaten stehen, geregelt, aber nicht jene innerhalb eines Schlüsselkandidaten. Allerdings sind solche Fälle weitaus seltener als die Redundanzen, welche bis zur 3.NF eliminiert werden können [Date 81].

- *Optimale Normalformen*: Schon in seinen ersten Arbeiten hat Codd den Begriff der optimalen (2. und 3.) Normalformen eingeführt. Es geht dabei um ein Aufspalten in *möglichst wenige* Relationen der höheren Normalisierungsstufe, da die Normalisierung keineswegs ein eindeutiger Prozess ist. Aber schon Wedekind stellt fest [Wedekind 74], dass die Optimierung nur lokalen Charakter hat (und somit nicht etwa global für eine ganze Datenbasis gilt), und dass damit zur Normalisierungsidee fremde Aspekte aufgenommen werden.

- *Globale Zusammenhänge*: Die "Normalisierung" von Daten in einer Relation führt mit jedem Normalisierungsschritt zwar zur Aufspaltung von Relationen, damit aber auch zu einer immer lokaleren Betrachtung der dargestellten Sachverhalte. Nur eine bewusste Überwindung dieser lokalen Betrachtungsweise erlaubt den Einbezug von globalen Beziehungen in die Datenanalyse. In diese Richtung führen Entitätsmodelle [Chen 76], [Thurnherr/Zehnder 79], wie sie auch anschliessend in diesem Buch (Abschnitte 2.7, 2.9) zur Darstellung kommen.

Zum Abschluss dieses Exkurses sei auch auf die Bedeutung der frühen Lehrbuchdarstellungen, etwa von Date und Wedekind hingewiesen, welche für die Entwicklung des Relationenmodells eine direkte Bedeutung hatten [Date 72], [Wedekind 74].

Für Operationen auf den Relationen siehe Abschnitt 4.2.3, Beispiel C "Relationenalgebra".

2.7 Beziehungen zwischen Relationen (Globales Datenmodell)

Eine wesentliche Leistung des Relationenmodells nach Codd ist die Elimination von Redundanz bei Attributen, welche nicht Teil eines Identifikationsschlüssels sind. Das zentrale Konzept der funktionalen Abhängigkeit, angewendet bei der Normalisierung von Relationen, bewirkt nämlich, dass lokale Attribute mit der kleinstmöglichen Redundanz gespeichert werden.

Für die Darstellung von Beziehungen zwischen Entitätsmengen bzw. Relationen verwendet das Relationenmodell keine speziellen Konzepte, die Beziehungen werden vielmehr implizit durch gleiche Attribute in verschiedenen Relationen ausgedrückt; darüber wird nichts weiter ausgesagt.

Wenn nun aber eine grosse Anzahl von Relationen in einer Datenbasis zusammengefasst sind, ist nicht mehr ohne weiteres ersichtlich, ob solche Beziehungen eventuell mehrfach oder widersprüchlich festgehalten sind. Der Grund für diesen unbefriedigenden Sachverhalt liegt darin, dass beim Normalisierungsprozess jede Relation einzeln betrachtet wird, und dass keinerlei direkte Möglichkeiten bestehen, Bedingungen festzulegen, welche mehr als eine Entitätsmenge betreffen. Dazu müssen wir das Konzept der globalen Attribute (Abschnitt 2.5) einführen, womit allein allerdings Widersprüche noch keineswegs ausgeschlossen sind:

Beispiel: Offensichtlich hat in der Relation PROJEKTZUGEHOERIGKEIT (Fig. 2-10) ein Tupel mit einer bestimmten Wertekombination ($P\#$,$Pjt\#$) nur dann einen Sinn, wenn die dahinterstehenden Entitäten (PERSONAL $P\#$ und PROJEKT $Pjt\#$) existieren und sowohl $P\#$ in der Relation PERSONAL als auch $Pjt\#$ in der Relation PROJEKT dort je ein Tupel definieren. (Ein Tupel (105, 12, 30) dürfte also nicht in die Relation PROJEKTZUGEHOERIGKEIT einfügt werden, obwohl die einzelnen Attributswerte vom Datentyp her den Vorschriften entsprechen würden.)

Diese Überlegungen zeigen, dass einem Attribut einer bestimmten Relation verschiedene Arten von Wertebereichen zugrundeliegen können:

- Ein *statischer Wertebereich* ist eine Menge von Werten, welche bei der Definition der Datenbasis festgelegt wird und sich im Verlaufe der Zeit nicht ändert.

- Ein *dynamischer Wertebereich* ist eine Menge von Werten oder Wertkombinationen, die in einer Relation als *Identifikationsschlüsselwerte* auftreten. Diese andere Menge kann sich im Verlaufe der Zeit ändern.

Jeder dynamische Wertebereich umfasst zu jedem Zeitpunkt genau so viele Werte (oder Wertkombinationen bei zusammengesetzten Schlüsseln) wie Tupel in der zugehörigen Relation existieren.

Beispiele für statische Wertebereiche: 1..24, ('MO', 'DI', 'MI', 'DO', 'FR', 'SA', 'SO')

Beispiele für dynamische Wertebereiche:
- Die Werte 101, 102, 103 und 104 des Identifikationsschlüssels P# der Relation PERSONAL in Fig. 2-10.
- Die Wertkombinationen (101,11), (101,12) etc. des Identifikationsschlüssels (Pjt#,P#) in der Relation PROJEKTZUGEHOERIGKEIT.

Damit lässt sich nun die Beziehung zwischen Relationen definieren:

> *Zwei Relationen* stehen genau dann in (direkter) *gegenseitiger Beziehung*, wenn ein Attribut (oder eine Kombination von Attributen) in der einen Relation auf dem dynamischen Wertebereich basiert, der durch den Identifikationsschlüssel, gebildet aus demselben Attribut (oder aus derselben Attributskombination), in der anderen Relation definiert wird.

Beispiel: Die Relationen PERSONAL und ABTEILUNG stehen in gegenseitiger Beziehung, indem der durch ABTEILUNG.Abt# definierte dynamische Wertebereich für PERSONAL.Abt# verwendet wird.

Damit können nun Beziehungen zwischen Relationen auf der konzeptionellen Ebene sichtbar gemacht werden. Für den Entwurfsprozess liefert das Konzept der statischen und dynamischen Wertebereiche eine präzise Grundlage:

(SR 3) - Lokal-Attribute müssen statische Wertebereiche verwenden.
- Jedes Global-Attribut darf nur in einer Relation auf einem statischen Wertebereich basieren und muss in dieser Relation Identifikationsattribut sein. In allen anderen Relationen muss es auf einem dynamischen Wertebereich basieren.

Wir wollen nun auf diese Weise konkrete Datenstrukturen aufbauen. Im Abschnitt 2.2 wurde darauf hingewiesen, dass ausgehend von den vier Assoziationstypen (1,c,m,mc) zwischen zwei Relationen 16 verschiedene Beziehungstypen möglich sind:

Figur 2-12: Beziehungstypen zwischen Relationen

	1	c	m	mc	
1	1-1	c-1	m-1	mc-1	hierarchische Bez.
c	1-c	c-c	m-c	mc-c	konditionelle Bez.
m	1-m	c-m	m-m	mc-m	netzwerk-
mc	1-mc	c-mc	m-mc	mc-mc	förmige Bez.

Einige dieser Beziehungstypen, und zwar genau die *hierarchischen*, lassen sich nun direkt mit den angegebenen Strukturregeln darstellen. In der Beziehung 1-.. wird durch die "1" verlangt, dass in der entsprechenden Entitätsmenge genau ein Element pro Beziehung vorhanden und einbezogen werden muss, was exakt einem *dynamischen Wertebereich* entspricht.

In der Sprechweise von *Hierarchien* können wir diesen Sachverhalt noch einfacher ausdrücken: Zwei Relationen stehen dann in direkter hierarchischer Beziehung, wenn jedes Sohntupel in einem bestimmten Attribut (bzw. -kombination) auf dem dynamischen Wertebereich basiert, der durch die Identifikationsschlüssel der Vaterrelation gebildet wird.

Figur 2-13: Von vornherein hierarchische Beziehungen

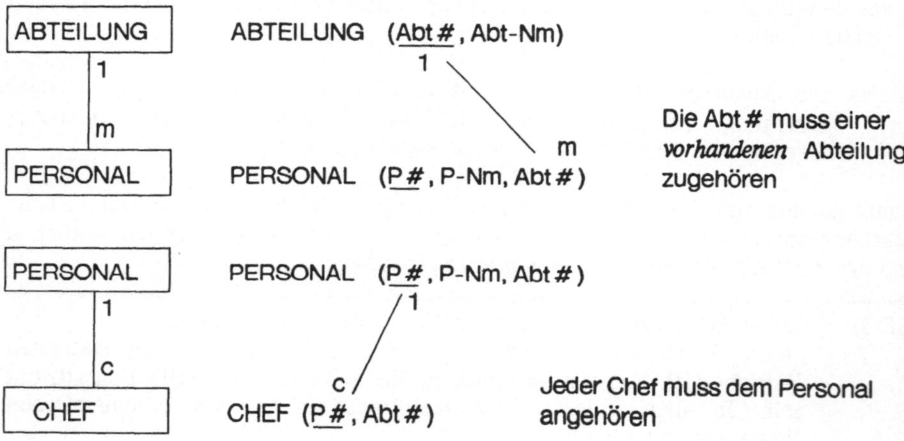

Bei den *konditionellen* Beziehungstypen ist die Einführung einer zusätzlichen Relation notwendig, weil sonst den verbindenden Attributen in gewissen Fällen (c = 0) kein Attributswert zugeordnet werden könnte. Das lässt sich in der Praxis zwar mit einem Trick umgehen (sog. Nullwerte "?" in Fig. 2-14a), was für ein allgemeines Modell jedoch nicht zulässig wäre.

Fig. 2-14 zeigt ein Beispiel.

Figur 2-14a: Konditionelle Beziehung vor Transformation

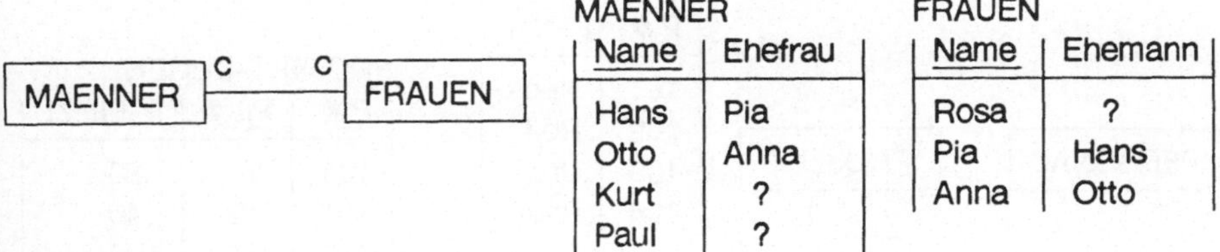

MAENNER

Name	Ehefrau
Hans	Pia
Otto	Anna
Kurt	?
Paul	?

FRAUEN

Name	Ehemann
Rosa	?
Pia	Hans
Anna	Otto

Figur 2-14b: Konditionelle Beziehung nach Transformation

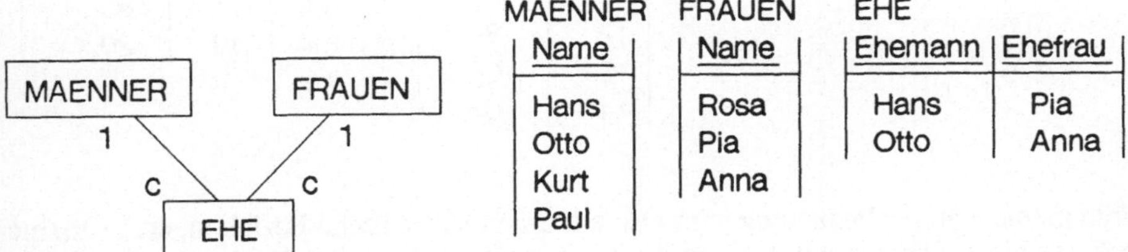

MAENNER

Name
Hans
Otto
Kurt
Paul

FRAUEN

Name
Rosa
Pia
Anna

EHE

Ehemann	Ehefrau
Hans	Pia
Otto	Anna

Bei den *netzwerkförmigen* Zuordnungen ist ebenfalls eine zusätzliche Relation notwendig. Hier lässt sich zwar die Information über die Zuordnungen direkt in relationale Form bringen (Fig2-15a), aber ebenfalls in unsauberer Form, indem eine Relation (hier PERSONAL) mehr Tupel aufweist, als "Personen" existieren; auch ist diese Relation nicht einmal in 2.NF. Durch die Transformation lösen sich all diese Probleme sofort auf.

Beispiel:

Figur 2-15a: Netzwerkförmige Beziehung vor Transformation

PERSONAL

P #	Pjt #	P-Pjt-Zeit	P-Nm
101	11	60	Hans
101	12	40	Hans
102	13	100	Rolf
103	11	20	Urs
103	12	50	Urs
103	13	30	Urs
104	11	80	Paul
104	13	20	Paul

PROJEKT

Pjt #	Pjt-Nm
11	A
12	B
13	C
14	D

Figur 2-15b: Netzwerkförmige Beziehung nach Transformation

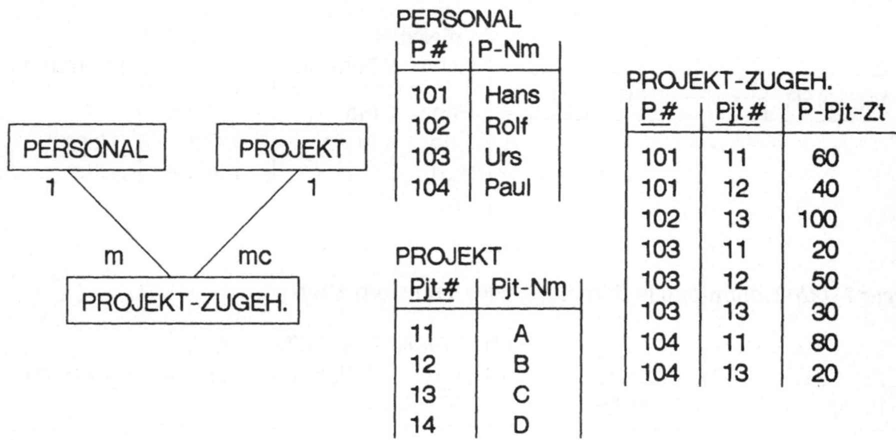

PERSONAL

P #	P-Nm
101	Hans
102	Rolf
103	Urs
104	Paul

PROJEKT

Pjt #	Pjt-Nm
11	A
12	B
13	C
14	D

PROJEKT-ZUGEH.

P #	Pjt #	P-Pjt-Zt
101	11	60
101	12	40
102	13	100
103	11	20
103	12	50
103	13	30
104	11	80
104	13	20

Eine m/mc - m/mc Beziehung wird also auf zwei hierarchische Beziehungen 1 - m/mc transformiert. Die genaue Analyse dieser Transformation zeigt übrigens, dass sie die gleiche Wirkung wie der in Abschnitt 2.5 dargestellte Normalisierungsprozess hat. Die resultierenden Relationen stehen allesamt in 3.NF; sie sind *normalisiert.*

Auf analoge Weise lassen sich alle 16 Beziehungstypen (Fig. 2-12) so transformieren, dass das resultierende Beziehungsnetz ausschliesslich aus hierarchischen Beziehungstypen 1-1, 1-c, 1-m und 1-mc besteht. Diese lassen sich im übrigen so aufzeichnen, dass immer die Relation auf der "1"-Seite oben ist (wie in den Fig. 2-13, 2-14, 2-15). Durch die Strukturregeln wird somit eine *Halbordnung* der Relationen erzwungen, wobei man allerdings zusätzlich noch eine allfällige direkte oder indirekte Rekursion der Beziehungen untersagen muss:

(SR 4) Rekursive Beziehungen zwischen Relationen sind untersagt; ein Global-Attribut in einer Relation darf nur auf solchen dynamischen Wertebereichen basieren, welche unabhängig von dieser Relation definiert werden können.

Verboten sind beispielsweise folgende Beziehungen:

Figur 2-16: Verbotene rekursive Beziehungen

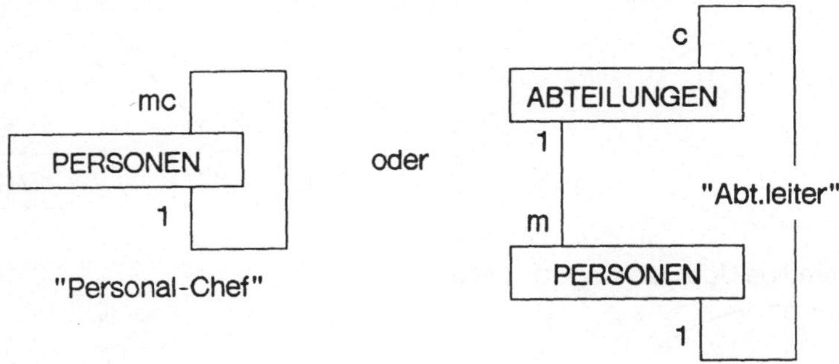

In beiden Fällen kann aber ohne weiteres eine zusätzliche Relation eingeführt werden, welche die gewünschte Beziehung explizit beschreibt und gleichzeitig die verbotene Rekursion aufsprengt (Bsp. ABTEILUNGSLEITER in Fig. 2-21).

Generalisierungen

Eine besonders interessante Beziehung zwischen Relationen ergibt sich übrigens dort, wo die dahinter stehenden Entitäten zum Teil identisch sind. So sind etwa FESTANGESTELLTE und AUSHILFEN und KAUFLEUTE und MECHANIKER alle auch PERSONEN. Die PERSONEN bilden den Oberbegriff oder die "Generalisierung", umgekehrt ist etwa "AUSHILFEN" eine *Spezialisierung* von Personen. Zwischen Ober- und Unterentitätsmenge besteht grundsätzlich eine 1-c-Beziehung. Nun betrachten wir aber auch nebeneinander stehende Entitätsmengen. So sind FESTANGESTELLTE und AUSHILFEN disjunkte Entitätsmengen, während sich KAUFLEUTE und FESTANGESTELLTE überlappen.

Für die Modellierung der realen Welt beim Datenbankentwurf ist es oft wichtig, auch solche Querbeziehungen klar bezeichnen zu können. Dazu lässt sich unsere Entitätenblockdiagramm-Darstellung für disjunkte Entitätsmengen geringfügig erweitern, was aus Fig. 2-17 direkt hervorgeht.

Figur 2-17: Generalisierung / Spezialisierung bei unterschiedlicher
Überlappung von EM2 und EM3

mit zugelassener Überlappung:

disjunkt; vollständige Überdeckung von EM1:

disjunkt:

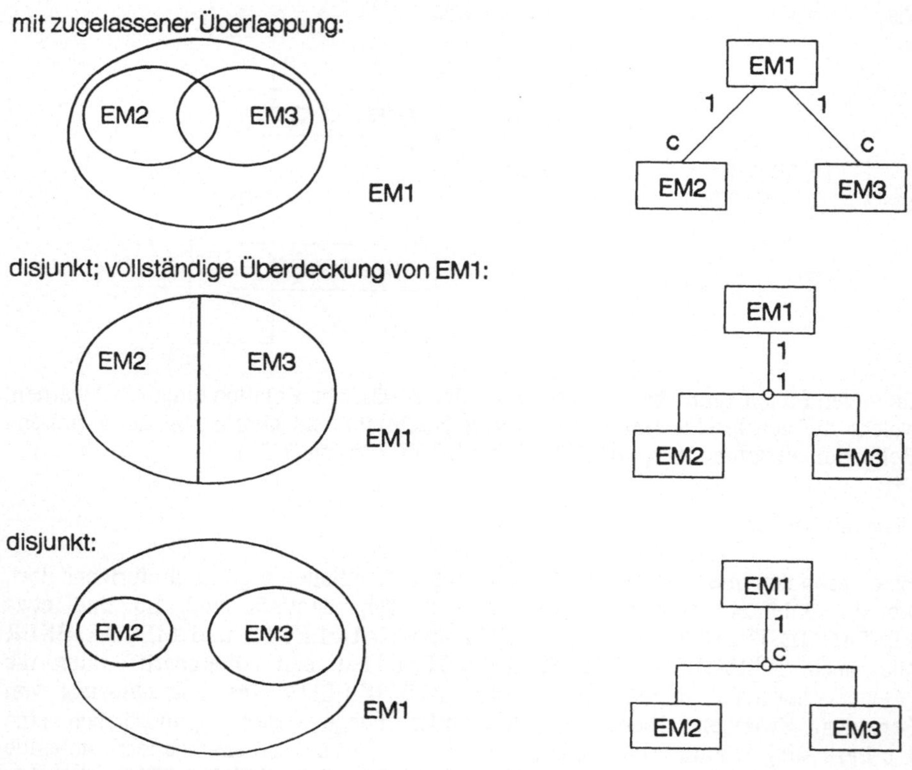

Der Fall der erlaubten Überlappung bringt nichts Neues; es entspricht der Fig. 2-2 und unterliegt der Strukurregel SR2. Ob im Einzelfall allerdings Entitäten existieren, welche in beiden Untermengen enthalten sind, ist damit nicht beantwortet, aber zulässig ist es. Der Fall der Disjunktheit ist jedoch jetzt durch eine Gabellinie klar zusätzlich geregelt, wobei noch unterschieden werden kann, ob die Untermengen zusammen alle Entitäten der Obermenge umfassen müssen oder nicht. Je nachdem wird der Gabelungspunkt mit 1 oder mit c angeschrieben. Es ist klar , dass damit eine weitere Präzisierung der Datenstruktur möglich ist.

(SR 5) Allfällige Unter- und Obermengenbeziehungen zwischen Relationen sind präzis festzuhalten. Die Zuordnung einer Entität zu disjunkten spezialisierten Untermengen wird durch ein diskriminierendes Attribut in der generalisierten Relation ausgedrückt.

Damit ist eine weitere Querverbindung zur mengenorientierten Datenbeschreibung geschaffen. Aufbauend auf [Smith/Smith 77] bieten die meisten neueren Datenmodelle [Codd 79] diese sog. Generalisierungsmöglichkeiten an.

Zum Abschluss dieses Abschnittes über Beziehungen zwischen Relationen sei noch eine 6. Strukturregel formuliert, wo es um eine globale Aussage geht. Sie wird allerdings erst später, anhand des grösseren Beispiels im Abschnitt 2.9, erläutert:

(SR 6) Für die Global-Attribute einer Relation, die nicht auf statischen Wertebereichen basieren, sind jene dynamischen Wertebereiche als Basis zu verwenden, welche eine grösstmögliche Einschränkung des zulässigen Wertebereichs gewährleisten.

Eine Datenbasis, deren Relationen allen sechs Strukturregeln entsprechen, heisst *"global normalisiert"*.

2.8 Weitere Konsistenzbedingungen

Das in den bisherigen Abschnitten eingeführte logische Datenmodell erlaubt mit verschiedenen seiner Konstrukte die präzise Formulierung von Bedingungen, die von den zu speichernden Daten einzuhalten sind, etwa die Eindeutigkeit von Identifikationsschlüsseln oder die Basierung auf momentan vorhandenen Entitäten bei dynamischen Wertebereichen. Der Leser könnte daraus ableiten, dass durch diese sowie ähnliche derartige Modellerweiterungen die meisten oder gar alle jene Bedingungen formuliert werden können, welche in jedem Fall eine in sich widerspruchsfreie Datenbank garantieren. Versuche in dieser Richtung haben aber gezeigt, dass damit einerseits das Datenmodell rasch sehr kompliziert wird, dass aber anderseits trotzdem wichtige Bedingungen, die in speziellen Anwendungen von den Daten eingehalten werden müssen, nur unvollständig oder überhaupt nicht formuliert werden können [Thurnherr 80].

Aus diesen Gründen gehen wir davon aus, dass neben den im Datenmodell eingebauten (modell-inhärenten) Konsistenzbedingungen auch noch andere existieren können, welche explizit formuliert werden müssen, etwa durch Ausprogrammierung in einer geeigneten höheren Programmiersprache.

Modellinhärente Konsistenzbedingungen sind jene Vorschriften über die Daten und ihre datenbankinternen Beziehungen, welche durch die Benützung des Datenmodells automatisch sichergestellt werden.

Beispiele: Eindeutigkeit von Identifikationsschlüsseln, keine Duplikate von Tupeln, Nachführung der Abhängigkeiten bei dynamischen Wertebereichen, aber auch das Einhalten der statischen Wertebereiche.

Modellexterne Konsistenzbedingungen sind weitere Vorschriften über die Daten und ihre datenbankinternen Beziehungen, welche über die modellinhärenten Konsistenzbeziehungen hinausgehen und in einer anderen geeigneten Form (normalerweise ausprogrammiert) festgehalten werden.

Beispiele: Summengleichheit aller SOLL- und HABEN-Buchungen in einer Buchhaltung; Vorschriften über die Ausbildung der Mitarbeiter, welche bestimmte Maschinen bedienen dürfen.

Die Abgrenzung zwischen modellinhärenten und modellexternen Konsistenz-bedingungen kann im übrigen etwas variieren, weil nicht alle Datenmodelle die gleichen Konsistenzhilfen anbieten (das hier benützte erweiterte Relationenmodell geht verhältnismässig sehr weit) und weil der Datenbankentwerfer gewisse Bedingungen in der einen oder in der anderen Form festhalten kann.

Neben eigentlichen Konsistenzbedingungen, deren Einhaltung für ein Datenbanksystem von zentraler Bedeutung ist, gibt es natürlich noch viele weitere Bedingungen, denen korrekte Daten unbedingt oder im Normalfall genügen müssen, etwa die korrekte Schreibweise des Namens oder die zeitgerechte Nachführung einer Adresse. Dateneingabeprogramme können dabei die Arbeit mit sog. *Plausibilitätstests* unterstützen, wobei aber dieses Wort schon darauf hinweist, dass die Forderung solcher Tests nicht in jedem Fall zwingend durchgesetzt werden muss oder kann. In wieder anderen Fällen ist ein Test vielleicht gar nicht möglich (Orthographie bei Namen oder Adressen).

Zurück zu den modellexternen Konsistenzbedingungen. Es ist denkbar, dass sie ihrerseits zusätzliche Daten benötigen, sei es in eigenen Relationen, sei es über zusätzliche Attribute in bestehenden Relationen. Da die modellexternen Konsistenzbedingungen natürlich erst formuliert werden, nachdem der ganze Modellierungsapparat des globalen Datenmodells (6 Konstruktionsregeln) ausgeschöpft ist, können damit fast am Schluss des Entwurfsverfahrens noch einmal neue Entitätsmengen und Beziehungen auftreten, die wiederum der ganzen globalen Normalisierung unterstehen. Das Entwurfsverfahren ist in einem solchen Fall iterativ mehrmals zu durchlaufen, wobei im Sinne eines echten *Top-down-Verfahrens* zuerst auch bloss die wichtigsten Entitätsmengen festgehalten werden, welchen nachher weitere, feinere Elemente zur Beschreibung der realen Welt beigefügt werden können.

2.9 Entwurfsprozess für logische Datenstrukturen

Für das praktische Vorgehen beim Umsetzen eines verbal formulierten Informationsproblems in die Definition einer (konsistenten) Datenbasis kann nicht ein einfaches, geradliniges Rezept angegeben werden, denn der Entwurf eines Datensystems ist ein *iterativer* Prozess. Die in den vorhergehenden Abschnitten entwickelten *Strukturregeln* liefern immerhin Anhaltspunkte und Etappenziele.

In diesem Abschnitt wird das praktische Vorgehen an einem grösseren Beispiel zusammenfassend dargelegt. Die Eigenschaften des benützten konzeptionellen Datenmodells erlauben dabei ein *schrittweises Vorgehen*, welches in vielen Belangen dem "stepwise refinement" bei der Programmierung in einer höheren Sprache gleicht.

A. Abstecken des Problemrahmens

Beispiel:
Ein Fertigungsunternehmen ist in Abteilungen unterteilt, von denen jede einen Namen (Abt-name) besitzt.
Die Mitarbeiter haben eine Personalnummer (P#) zugeteilt und es ist neben ihren Namen (P-name, P-vorname) auch ihre Lohnklasse (P-lohn) festgehalten. Gewisse Mitarbeiter leiten eine der Abteilungen.
Von den Produktionsmitteln (Maschinen) sind ebenfalls ein interne Nummer (M#) und eine Bezeichnung (M-name) bekannt, und weiter will man ihre formale Zuteilung zu einer Abteilung speichern. Die in der Produktion tätigen Mitarbeiter sind für die Arbeit an bestimmten, teilweise an mehreren Maschinen ausgebildet, wobei bekannt ist, welche stündliche Stückzahl eines bestimmten Teils ein Mitarbeiter auf einer bestimmten Maschine durchschnittlich produziert.
Das vorgesehene Datensystem soll die in der Fertigung vorkommenden Einzelteile und Werkstoffe, die Baugruppen (Halbfabrikate) sowie die Endprodukte verwalten können. Alle diese Teile sind bereits in ein eindeutiges Numerierungssystem (T#) integriert. Die gefertigten Halbfabrikate und Endprodukte können teilweise auf mehr als einer Maschine gefertigt werden.
Während auftragsbezogene Daten vorderhand nicht mitberücksichtigt werden sollen, ist vorgesehen, das Problem der Stücklistenauflösung und Teileverwendungs-betrachtungen mithilfe des Datensystems zu lösen.

B. Bildung von Entitätsmengen

Eine erste Sichtung erlaubt die Bildung von Entitätsmengen durch Zusammenfassung von Entitäten mit jeweils ähnlichen Eigenschaften:

Beispiel: ABTEILUNGEN PERSONAL MASCHINEN TEILE

Die Attribute der Entitätsmengen werden vorerst noch nicht näher betrachtet. Für den Fall von Generalisierungen, insbesondere bei überlappenden Entitätsmengen (vgl. Abschnitt 2.1), sind jetzt auch die entsprechenden umfassenden Entitätsmengen zu bilden, die im vorliegenden Beispiel aber nicht auftreten.

C. Festlegen der Beziehungen zwischen den Entitätsmengen

In dieser Phase betrachten wir die Entitätsmengen (Kästchen) und ihre möglichen gegenseitigen Beziehungen und lassen vorläufig alle Beziehungstypen (nicht bloss hierarchische) zu. Alle nicht selbstverständlichen Beziehungen (etwa 'Abteilungsleiter') werden angeschrieben, wenn nötig sogar in beiden Richtungen separat.

Figur 2-18: Blockdiagramm "Fertigungsunternehmen"
vor der Normalisierung (Beispiel)

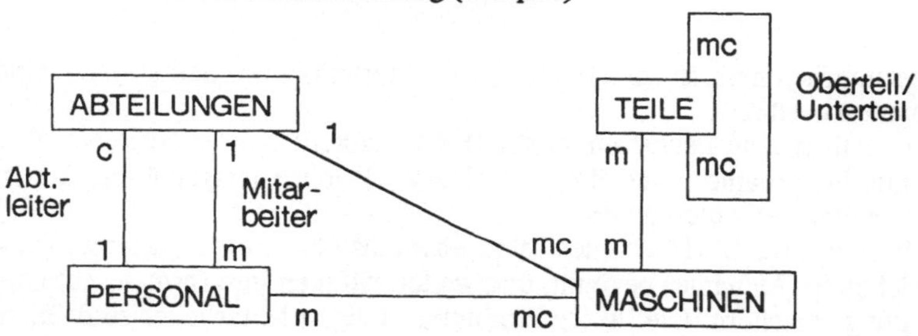

D. Definition von Identifikationsschlüsseln (Global-Attribute)

Für jede Entitätsmenge ist jetzt ein Identifikationsschlüssel festzulegen (natürlich oder künstlich).

Beispiel: Die ABTEILUNGEN werden durch in der Firma bereits bekannte Ziffernkombinationen eindeutig gekennzeichnet, während für das PERSONAL ebenfalls eine Nummer vorgesehen wird. Ebenfalls problemlos verläuft die Identifizierung von MASCHINEN und hergestellten TEILEN, weil auf bestehende Numerierungssysteme zurückgegriffen werden kann.

Aus den Identifikationsschlüsseln werden die Global-Attribute hervorgehen.

E.   *Elimination von nichthierarchischen Beziehungen (Globale Normalisierung)*

Alle Beziehungen vom konditionellen oder Netzwerktyp werden durch die Einführung von verbindenden Hilfsrelationen auf hierarchische Beziehungen (1-1, 1-c, 1-m, 1-mc) reduziert.

Figur 2-19: Einführung von Hilfsrelationen (Beispiel)

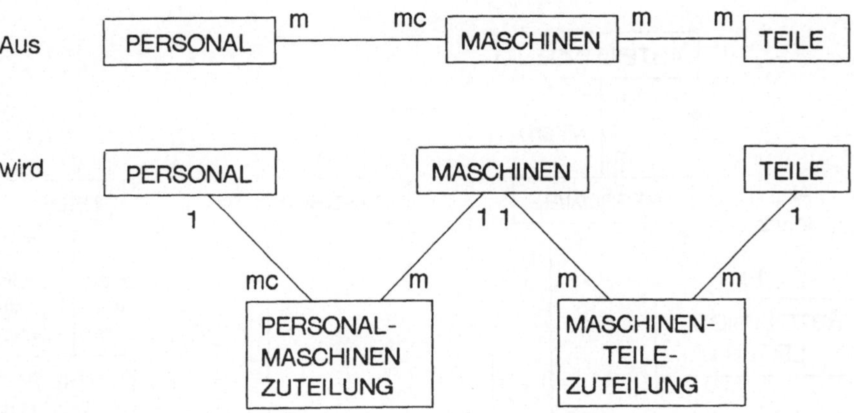

Bei gleicher Gelegenheit eliminieren wir unerlaubte Rekursionen:

Figur 2-20: Stücklistenstruktur ohne Rekursion (Beispiel)

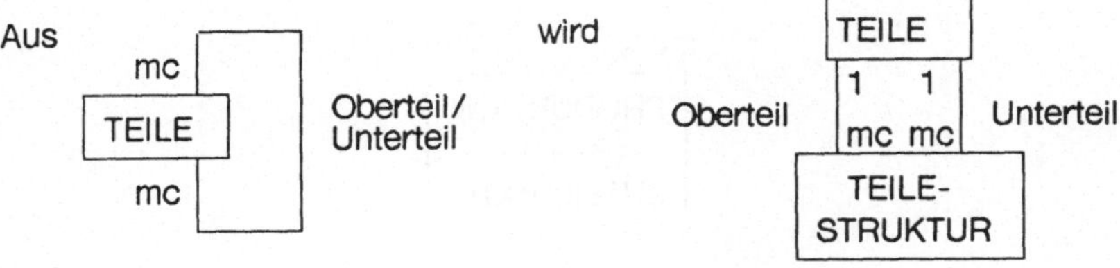

Alle Beziehungen werden jetzt so geordnet, dass die Entitätsmenge mit der "1" oben steht (Halbordnung); die Ziffer 1 könnte daher im folgenden auch weggelassen werden.

(Dieser Schritt E entspricht wie erwähnt im Relationenmodell dem Übergang auf 3.Normalform, sofern in jeder Entitätsmenge nur einfache, nichtrepetierte Lokal-Attribute vorgesehen sind. Die Attributsanalyse wird aber auf Schritt F verschoben.)

Als Ergebnis des Schrittes E erhalten wir das *Entitätenblockdiagramm.*

Figur 2-21: Entitätenblockdiagramm "Fertigungsunternehmen" nach Normalisierung (Beispiel)

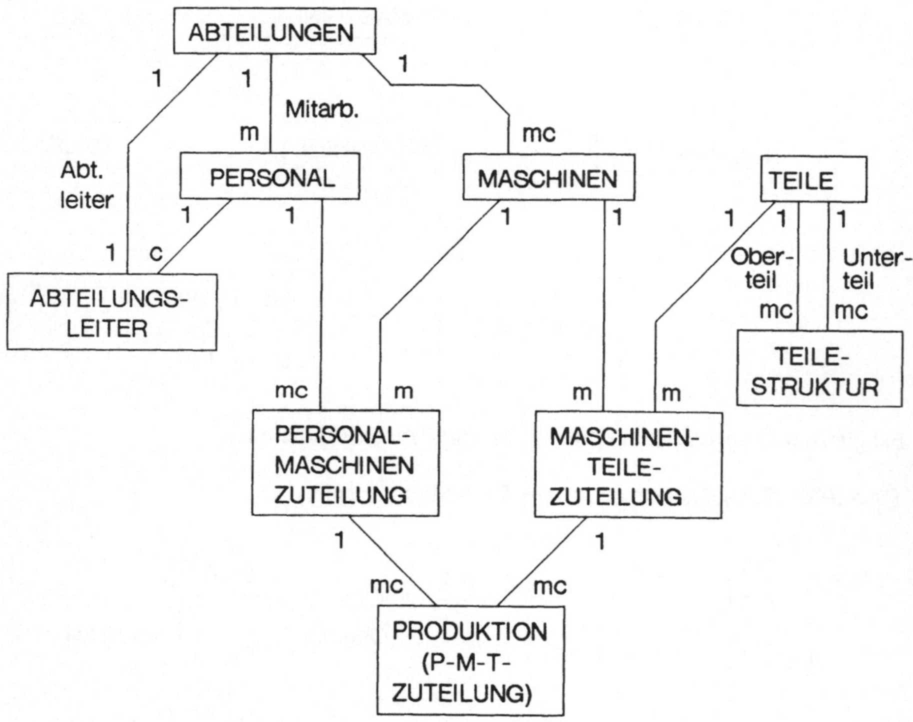

F. Einbezug der Lokal-Attribute

Zu jeder Entitätsmenge (Relation) können jetzt die geeigneten Lokal- Attribute festgelegt werden. Dabei ist pro *Entität und Attribut* genau *ein* Attributswert zugelassen. Stellt sich bei diesem Schritt heraus, dass beispielsweise ein Attribut Mehrfachwerte (Repetitionsgruppen) benötigt, so ist eine zusätzliche Entitätsmenge einzuführen. Der Entwurfsprozess muss dann bei Schritt B noch einmal aufgenommen werden, wobei aber das bereits festliegende Entitätenblockdiagramm nur punktuell abgeändert, meist erweitert werden muss. (Beispiele für die Darstellung von Lokal-Attributen siehe Abschnitt 2.10.)

G. Darstellung von weiteren Konsistenzbedingungen

Als letzter Schritt der logischen Entwurfsarbeiten sind nun die weiteren Konsistenzbedingungen zu formulieren, soweit sie nicht bereits als modellinhärente Konsistenzbedingungen in früheren Entwurfsschritten festgelegt worden sind. Auch in diesem Schritt kann es aber noch passieren, dass sich bestimmte Bedingungen *modellinhärent* formulieren lassen, etwa durch die volle Ausnützung der Eingrenzungsmöglichkeiten der dynamischen Wertebereiche, wozu auch der *natürliche Verbund* (Abschnitt 4.2.3, "Relationenalgebra") zur Verfügung steht. Der Rest der Konsistenzbedingungen bis zu jenen "100%", die durch ein ideales Datenbanksystem unterstützt werden sollten (vgl. Abschnitt 6.2), ist in Form von *modellexternen* Konsistenzbedingungen programmiersprachlich zu formulieren. Auch diese letzteren bilden aber anschliessend Teil der Datenbeschreibung (und nicht der Datenmanipulation).

Beispiele: Die Entitätsmenge PRODUKTION(P-M-T-Zuteilung) ist ein natürlicher Verbund (modellinhärente Konsistenzbedingung). Allfällige firmeninterne Prioritäten oder Qualifikationen bei der PERSONAL-MASCHINEN-ZUTEILUNG lassen sich modellextern formulieren.

H. Formulierung von Transaktionen (konstruktiv)

Alle bisherigen Schritte im Entwurfsprozess dienten der Analyse des Datenbestands. Jetzt folgt ein konstruktiver Schritt zur Formulierung eines Systems von geeigneten und konsistenzerhaltenden Operationen zur Manipulation dieses Datenbestands; eben zur Formulierung von Transaktionen. Diese müssen beim Betrieb der Datenbank sicherstellen, dass inkonsistente Zustände gar nicht erreicht werden können, bzw. dass nur Operationen auf Daten möglich sind, welche modellinhärenten und modellexternen Konsistenzbedingungen voll genügen. Die Formulierung der Transaktionen beeinflusst den späteren Datenbankbetrieb zentral, wobei beim Entwurf oft eine recht grosse Freiheit darin besteht, ob eher grosse Datenbestände auf einmal oder nur kleine Bestände, ev. nur einzelne Tupel auf einmal mutiert werden dürfen. Dabei können natürlich auch Benutzer- und Effizienzanforderungen hart aufeinanderstossen.

68

Beispiele: Es ist offensichtlich notwendig, über eine Operation zur Einfügung und Elimination von Mitarbeitern in der Entitätsmenge PERSONAL zu verfügen. Diese erfüllt die Anforderungen an eine Transaktion nur, wenn sie z.B. auch sicherstellt, dass nur zu *existierenden* ABTEILUNGEN neue Mitarbeiter eingefügt werden oder dass sonst auch die entsprechende Abteilung neu eingefügt werden muss. Eine andere Anforderung an die Personalmutationstransaktion liegt etwa darin, dass beim Ausscheiden (Elimination) eines Mitarbeiters dann die Konsequenzen beim ABTEILUNGSLEITER mitbeachtet werden, wenn es sich um einen solchen handelt. (Solche Konsequenzen werden auch als "Fortpflanzung" bezeichnet, vgl. Abschnitt 2.10)

Der logische Entwurfsprozess im Überblick

In Figur 2-22 sind die Schritte beim logischen Entwurf, wie er *jedem Aufbau einer Datenbank zugrundeliegen sollte,* nochmals zusammengestellt. Dabei ist es möglich, dass in den Schritten F bis H nochmals neue Entitätsmengen und Beziehungen dazukommen. Deswegen, besonders aber auch im Sinne einer schrittweisen Verfeinerung (Top-down-Entwurf), können die Schritte B bis H solange wiederholt werden, bis die Datenstruktur den gewünschten Anforderungen entspricht.

Figur 2-22: Entwurfsprozess als Iteration

A. Abstecken des Problemrahmens

B. Bildung von Entitätsmengen

C. Festlegen der Beziehungen zwischen Entitätsmengen

D. Definition von Identifikationsschlüsseln

E. Globale Normalisierung

F. Einbezug der Lokal-Attribute

G. Darstellung von weiteren Konsistenzbedingungen

H. Formulierung von Transaktionen (konstruktiv)

Dieser mit den Schritten A bis H beschriebene Entwurfsprozess kann vollständig manuell erfolgen. Er lässt sich aber auch sehr gut computermässig unterstützen, wobei gerade ein Dialogsystem besonders hilfreich ist. Es kann die Überprüfungen all der so wichtigen Zusammenhänge automatisch besorgen und anderseits die für den Betrieb notwendigen Programmkomponenten (Datenorganisation, Transaktionen, Hilfsfunktionen) direkt generieren. Ein Beispiel eines solchen Entwurfssystems wird in Abschnitt 2.10 vorgestellt.

2.10 Der Weg zum konzeptionellen Schema

Wer immer mit der Programmierung von Computern und anderen Automaten zu tun hat, kennt sehr wohl den Unterschied zwischen allgemeinen Vorstellungen über den Lösungsweg und dem ganz konkret festgehaltenen Programmcode. Der Begriff "Schleife" und die Formulierung "for i := 1 to n-1 do" unterscheiden sich zwar nicht in der allgemeinen Struktur, aber dafür sehr stark in der Präzision der Aussage.

Ganz ähnlich verhält es sich im Bereich der Datenbeschreibungen mit Aussagen über Entitätsmengen und mit deren präziser Formulierung in einer konkreten Datenbeschreibungssprache (DDL), dem eigentlichen konzeptionellen Schema. Erst hier werden die Einzelheiten sichtbar; dabei ist es aber anderseits möglich, Syntax und Teile der Semantik des konzeptionellen Schemas automatisch zu überprüfen, analog zur Hilfe, welche gute Programmiersprachcompiler dem Programmierer anbieten.

Der Konkretisierungsprozess vom logischen Entwurf zum endgültigen Code, der dann in geeigneter Form dem Computer als Arbeitsanweisung dienen kann, wird wohl am besten sichtbar, wenn wir das Vorgehen anhand eines existierenden Entwurfssystems betrachten. Wir wählen dazu das Entwurfssystem *Gambit* als Beispiel. [Rebsamen 83]

Gambit soll folgende Aufgaben erfüllen:
- *Interaktive Unterstützung beim Entwurf des Entitätenblockdiagramms:*
  Wer den Entwurfsprozess von Abschnitt 2.9 nicht nur auf dem Papier, sondern auf einem Bildschirm darstellen will, soll dabei durch ein Dialogsystem unterstützt werden. Dabei hat das System dafür zu sorgen, dass die Strukturregeln des Entwurfsprozesses und weitere notwendige Nebenbedingungen befolgt werden.
- *Gezielte Ergänzungen des konzeptionellen Schemas:*
  Das Entitätenblockdiagramm enthält (wie bereits erwähnt) noch längst nicht alles, was für die Definition eines Datensystems notwendig ist. So fehlen darin insbesondere die genauen Angaben über die Attribute und deren Wertebereiche sowie die weiteren Konsistenzbedingungen. Das Entwurfssystem muss diese Angaben in geeigneter Dialogform einholen und im konzeptionellen Schema festhalten.
- *Transformation des ergänzten konzeptionellen Schemas in maschinenverwendbare Form (Codierung):*
  Zum Betrieb eines Datensystems ist die notwendige Software bereitzustellen. Dies ist die dritte Aufgabe eines automatischen Entwurfssystems. Im Falle von Gambit kann diese Aufgabe in besonders einfacher und anschaulicher Form durchgeführt werden, da die Zielsprache, die "maschinenverwendbare Form", eine eigentliche Datenbanksprache (Modula/R) ist. Modula/R wird anschliessend in Abschnitt 2.11 eingeführt.

All diese drei Aufgaben müssen auch erledigt werden, wenn eine Datenbank aufzubauen ist, ohne dass ein Entwurfssystem zur Verfügung steht. Während in einem solchen Fall die ersten beiden Schritte, nämlich Entwurf und Ergänzung des Entitätenblockdiagrammes, ausschliesslich manuell mit Papier und Bleistift (und Gummi!) ausgeführt werden müssen, wobei sich immer wieder Fehler einschleichen können, kann der Schritt der Codierung je nach verwendeter Sprache und Compiler maschinell unterstützt werden. (Dem Leser sind sicher genügend Beispiele von guten und weniger guten Compilersystemen bekannt.) Wir wollen diese weitgehend manuelle Entwurfstechnik aber hier vorerst nicht weiterverfolgen, sondern uns nun ganz der computerunterstützten Methode anhand des Beispiels Gambit zuwenden.

Technische Voraussetzung für ein solch interaktives Entwurfssystem ist ein geeignetes Computersystem. Es sollte gerätemässig nicht nur über Tastatur und Text-Bildschirm verfügen, sondern zusätzlich eine graphische Eingabe (z.B. über eine "Maus" für Cursorbewegungen) sowie einen hochauflösenden Graphik-Bildschirm anbieten. Im übrigen ist es natürlich wertvoll, wenn die bekannten modernen Graphik-Funktionen ("Fenster"-Technik für Überlagerung des Bildschirms durch mehrere Informations-bereiche, graphischer Editor etc.) zur Verfügung stehen, wie das auf leistungsfähigen Arbeitsplatzrechnern oder auf grösseren Computersystemen heute möglich ist. In diesem Sinne basieren Gambit [Rebsamen 83] und Modula/R [Koch et al. 83] als Komponenten des Datenbanksystems LIDAS [Rebsamen et al. 83], [Zehnder 83] auf dem entsprechend ausgestatteten Arbeitsplatzrechner LILITH [Wirth 81].

Und nun wenden wir uns dem Entwurfssystem Gambit im einzelnen zu. Es erlaubt die interaktive und schrittweise Definition eines konzeptionellen Schemas im erweiterten Relationenmodell. Das System unterstützt sowohl den gesamten Entwurfsprozess gemäss Abschnitt 2.9 wie auch die exakte Ausformulierung der benötigten Details. Dabei wird der Entwerfende von allen Routinearbeiten entlastet. So übernimmt Gambit selbständig die folgenden Aufgaben:

- Darstellungs- und Zeichenhilfe. Die wesentlichen Symbole von Entitätenblockdiagrammen (Kästchen, darin eingepasste Namen von Entitätsmengen, Verbindungslinien für Beziehungen, Assoziationstypen etc.) können mit einfachen Cursorbewegungen positioniert und auch wieder verschoben werden.

- Semantische Analyse des Entitätenblockdiagramms (interaktiv, d.h. laufend während seines Aufbaus durch den Entwerfenden): Die für die Beziehungen notwendigen Globalattribute werden erkannt und im Laufe des Entwurfsprozesses dem Entwerfenden für die notwendigen Deklarationen (Name, Wertbereich etc.) unterbreitet.

- Erkennen von konditionellen, netzwerkförmigen und rekursiven Beziehungen. Hilfe bei der Auflösung dieser Beziehungen durch Einführung zusätzlicher Entitätsmengen.

- Aufzeigen allfälliger Konsequenzen, wenn Schritte des Entwurfsprozesses rückgängig gemacht werden sollen.

- Überwachen der Konsistenz der Datendefinition: Dabei stellt das System selbständig fest, ob etwa alle Beziehungen durch Globalattribute richtig und vollständig dargestellt sind, ob alle Identifikationsschlüssel definiert sind und ob alle Wertebereiche der Attribute festgelegt sind. Eventuelle Inkonsistenzen werden dem Benutzer angezeigt, samt Hinweisen, wie er zu einer konsistenten Definition gelangen kann.

- Vollständige Dokumentation des abzuspeichernden Datenbestandes, bestehend aus einer detaillierten, verbalen Beschreibung jeder Entitätsmenge in maschinenlesbarer Form (vgl. Abschnitt 2.11) sowie dem globalen Entitätenblockdiagramm.

Während des Entwurfs stehen dem Entwerfenden zu diesem Zeitpunkt verschiedene Funktionen zur Manipulation der Datenstruktur zur Verfügung. So kann er Entitätsmengen, Beziehungen oder Attribute definieren und löschen, oder er kann bereits bestehende Definitionen vervollständigen, etwa durch Angabe des Identifikationsschlüssels einer Entitätsmenge oder durch die Spezifikation des Wertebereichs eines Attributs. Dabei kann er die Datenstruktur auf zwei verschiedene Arten sehen. Bei der Definition der Entitätsmengen und ihrer gegenseitigen Beziehungen hat er die globale Übersicht im Entitätenblockdiagramm (Fig. 2-23). Werden aber Global- und Lokalattribute exakt definiert, so sieht er die verbale, detaillierte Beschreibung einer einzigen Entitätsmenge (Fig. 2-24). Da werden Identifikationsschlüssel, Global- und Lokalattribute mit den dazugehörenden Wertebereichen vollständig beschrieben.

Figur 2-23: Definition einer Entitätsmenge: Entitätenblockdiagramm

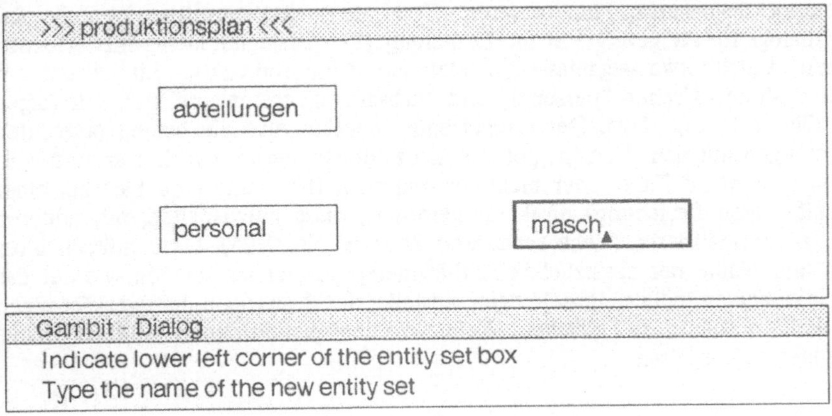

Der Entwurfsprozess beginnt mit der Definition von Entitätsmengen. Dazu muss der Entwerfende nur die Position auf dem Bildschirm (mit der Maus), sowie den Namen der Menge (über die Tastatur) eingeben. Dieser Name wird vom System bei der Eingabe auf Eindeutigkeit überprüft, so dass nicht zwei Mengen gleich benannt werden können. Figur 2-23 zeigt den Bildschirm, wie ihn der Entwerfende bei der Definition einer Entitätsmenge sieht.

Neben dieser Darstellung baut aber das System parallel eine zweite, detailliertere Schemabeschreibung auf, welche die Datenbeschreibung in einer geeigneten Datenbankprogrammiersprache (hier Modula/R) ebenfalls enthält. Nach dem soeben gezeigten Schritt der Entitätsmengenbildung ist diese zweite Datenbeschreibung natürlich noch sehr rudimentär, wird durch die nachfolgenden Schritte der Attributsfestlegungen aber laufend erweitert. Am Ende des Entwurfsprozesses wird diese Beschreibung etwa für die Entitätsmenge "abteilungen" eine Reihe von Deklarationen enthalten (Fig. 2-24), die zusammen mit den ebenfalls erstellten Typendeklarationen die Datenstruktur eindeutig festlegen. In Abschnitt 2.11 werden wir auf diese Darstellung im Zusammenhang zurückkommen.

Figur 2-24: Definition einer Entitätsmenge: Verbale Beschreibung in Modula/R

```
AbteilungenRec =   RECORD
                       abtNr: AbtNr;
                       name:  Name;
                   END;
AbteilungenRel =   RELATION abtNr OF AbteilungenRec
```

In gleicher Art folgen nun die nächsten Entwurfsschritte, vom Festlegen der Beziehungen zwischen den Entitätsmengen, über die Attributsdefinitionen bis zur Formulierung von beliebigen Konsistenzbedingungen. Betrachten wir etwa Fig. 2-25. Die Figur zeigt im oberen Teil den aktuellen Stand des Entwurfs des Entitätenblockdiagramms, im unteren Teil den systemseitigen Anteil des Entwurfdialogs für die gezeigte m-mc-Beziehung. (Der Dialoganteil des entwerfenden Menschen ist nicht etwa weggelassen, sondern steckt im produzierten Bild, also in der Verbindungslinie zwischen "personal" und "maschinen" mit m und mc). Wir folgen diesem Dialog in Fig. 2-25. Der Entwerfende markiert also die beiden beteiligten Entitätsmengen mit dem Cursor, gibt die Assoziationstypen m, mc, 1, c an und wird nun vom System im Falle einer nichthierarchischen Beziehung (wie hier bei einer netzwerkförmigen Beziehung) direkt aufgefordert, diese aufzuspalten, mit anderen Worten, zu normalisieren (siehe schattierte Zeile in Fig. 2-25). Dazu müssen bloss Position und Name der zusätzlichen Entitätsmenge angegeben werden, worauf das System die beiden neuen Beziehungen anstelle der bisherigen netzwerkförmigen automatisch aufbaut. In gleicher Weise werden konditionelle und rekursive Beziehungen aufgespalten.

Figur 2-25: Definition einer netzwerkförmigen Beziehung

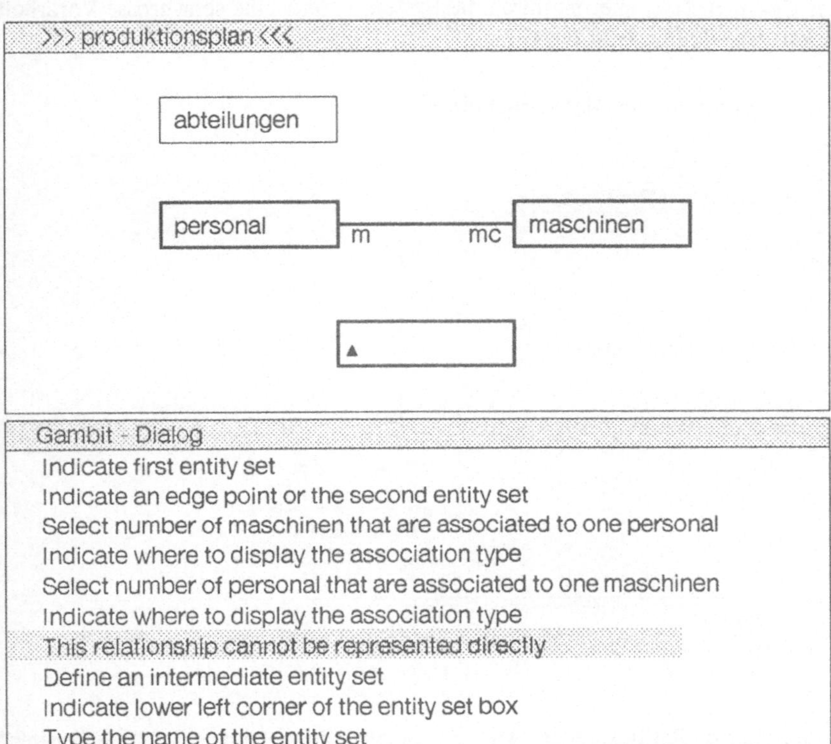

Gambit erlaubt im weiteren nicht nur den Aufbau, sondern auch die *Modifikation* von bereits aufgebauten Beziehungsstrukturen in Entitätenblockdiagrammen. Dabei ist leicht ersichtlich, dass solche Modifikationen schwerwiegende Folgen haben können, welche natürlich vom System überwacht werden müssen. So kann ein einfaches Entfernen einer Entitätsmenge (mit ihrem Identifikationsschlüssel) dazu führen, dass eine ganze Reihe von Beziehungen gelöscht werden müssen, welche bereits eingefügt worden sind. Dieser "Fortpflanzung" (Propagation) genannte Effekt ist typisch für zusammenhängende Datenstrukturen. Seine Überwachung ist aufwendig, aber für die Konsistenz der resultierenden Datenbank von grundlegender Bedeutung.

Der nächste Entwurfsschritt betrifft nun die Festlegung der *Identifikationsschlüssel* und damit der *Globalattribute.* Hier ist durch das System bereits eine sehr grosse Vorarbeit geleistet worden, wie Fig. 2-26 zeigt.

Figur 2-26: Definition von Globalattributten

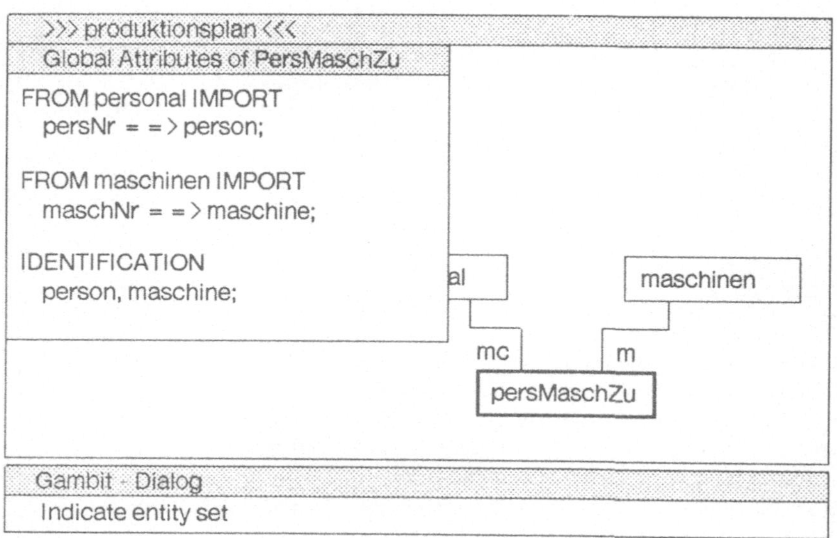

Für die markierte Entitätsmenge wird in einem eingeblendeten "Datenfenster" gezeigt, welche globalen Attribute hier mitspielen müssen und - im Falle bereits festgelegter interner Attributsnamen - welche Namenentsprechungen vorgesehen sind. (Die Frage der Namengebung ist für Lesbarkeit, Dokumentation, Unterhalt etc. des Systems von nicht zu unterschätzender Bedeutung; Synonymbildungen müssen, allerdings auch wegen mehrfacher Beziehungen, auf jeden Fall möglich sein.) Der Entwurfsdialog erlaubt hier unter anderem Umbezeichnungen, Kombinationen verschiedener dynamischer Wertebereiche (durch sog. "natürlichen Verbund", vgl. Unterabschnitt 4.2.3) und ähnliche Operationen.

Nicht notwendig bei der Arbeit mit Gambit ist hingegen der Schritt der *globalen Normalisierung,* ganz einfach deswegen, weil der Aufbau des Entitätenblockdiagramms bereits in normalisierter Weise erfolgt ist, wie wir in Fig. 2-25 gesehen haben. Somit können wir sofort weitergehen zum Einbezug der *Lokalattribute.* Ihre Deklaration erfolgt sehr einfach und trotzdem kontrolliert. Der Entwerfende markiert die betreffende Entitätsmenge, worauf (siehe Fig. 2-27) wie bei den Globalattributen ein Datenfenster für die verbale Beschreibung dieser Menge eröffnet wird. Darin werden alle Attribute dieser Entitätsmenge mit ihren Wertebereichen dargestellt. Zur

Definition eines Lokalattributs tippt der Entwerfende den gewünschten Namen ein, welcher auf Eindeutigkeit innerhalb dieser Entitätsmenge überprüft wird. Anschliessend weist er diesem Attribut einen statischen Wertebereich zu. Solche Wertebereiche können die vordefinierten Wertebereiche von Modula/R (CARDINAL, INTEGER, BOOLEAN...), aber auch weitere vom Benutzer definierte skalare Wertebereiche (Aufzählungen, Unterbereiche, Zeichenketten) sein.

Figur 2-27: Definition von Lokalattributen

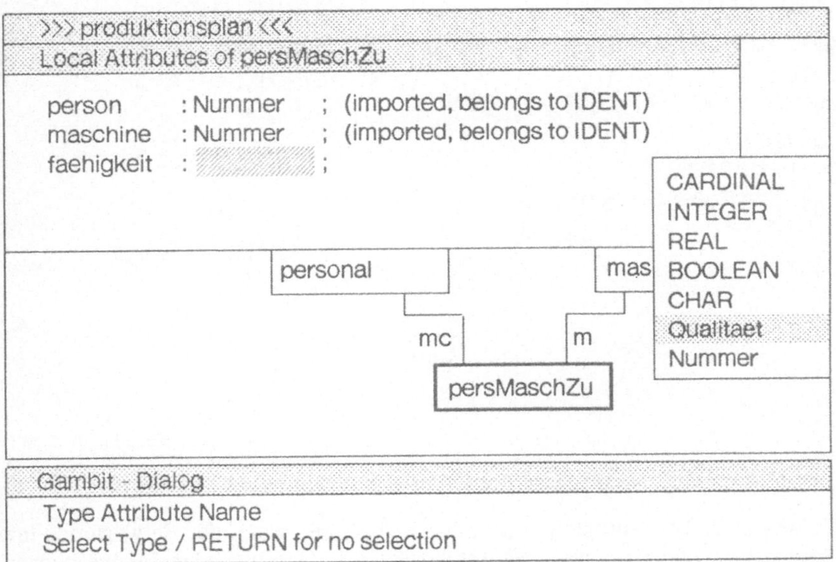

Und nun folgt der nächste Schritt, die Formulierung *modellexterner Konsistenzbedingungen*. Die modellinhärenten Konsistenzbedingungen wurden ja bereits in jedem der vorangehenden Schritte systematisch mitberücksichtigt und eingefügt. Für die modellexternen benötigen wir aber insbesondere eine zusätzliche Sprache, deren Ausdrucksfähigkeit Mengenoperationen und boolesche Algebra umfassen muss. Wir benützen dazu wiederum Modula/R, welche diese Eigenschaften aufweist.

Zu jeder Entitätsmenge können nun modellexterne Konsistenzbedingungen formuliert werden (vgl. Fig. 2-28). Auch hier öffnet Gambit ein entsprechendes Fenster, worauf die Bedingung als boolescher Ausdruck in Modula/R formuliert und in die Datendefinition eingesetzt wird. Das System wird im späteren Betrieb vor jeder entsprechenden Datenmanipulation überprüfen, ob die gesetzte Bedingung erfüllt ist, und die Operation nur dann ausführen. Ergibt die Auswertung der Bedingung ein FALSE, so kann nach Wunsch eine Warnung, eine Fehlermeldung oder eine andere

Massnahme ausgelöst werden, je nachdem, ob es sich um eine "schwache" oder eine "starke" Konsistenzbedingung handelt (vgl. Abschnitt 6.2). Die so definierten Konsistenzbedingungen gehören mit zur Datendefinition und müssen in den Anwendungsprogrammen nicht mehr überprüft werden.

Figur 2-28: Definition einer modellexternen Konsistenzbedingung

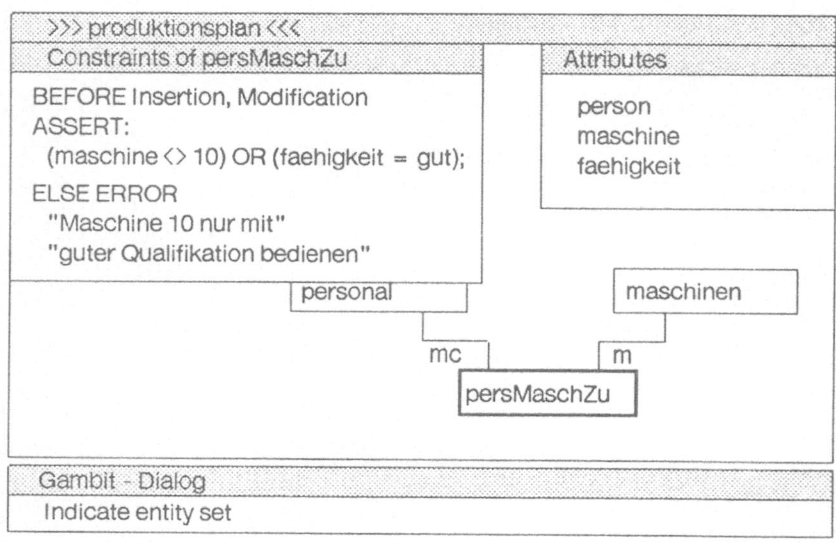

Die Definition eines konzeptionellen Schemas ist beendet, wenn der Entwerfende mit seinem Entwurf zufrieden ist und das Entwurfssystem Gambit keine Inkonsistenzen oder Unvollständigkeiten mehr feststellt. Gambit kann darauf die Dokumentation der Datenstruktur erzeugen. Dabei werden alle definierten Entitätsmengen in einer exakten Form (formale Sprache) beschrieben. Diese Beschreibung ist die gleiche, wie wenn die Umsetzung des Entitäten-Blockdiagramms von Hand geschehen wäre, sie ist aber frei von syntaktischen und konsistenzgefährdenden Fehlern.

Gambit erlaubt aber nicht nur die Definition eines konzeptionellen Schemas, sondern zusätzlich die Definition von ganzen konsistenzerhaltenden Transaktionen auf einer definierten Datenstruktur. Diese Transaktionen werden gemeinsam mit den Datenbeschreibungen in das konzeptionelle Schema aufgenommen und für den Datenbankbetrieb in Form compilierter Programmteile bereitgestellt. Der Aufbau der Datenbankorganisation geht damit über die reine Datenorganisation hinaus, aber nur soweit, wie dies für die Sicherstellung der Datenbankkonsistenz nötig ist, da Transaktionen ja als konsistenzerhaltende Datenbankoperationen definiert sind.

Nebst diesen mit dem Datenbankentwurf direkt zusammenhängenden Aspekten bietet Gambit noch einige weitere Dienstleistungen an, die für den Aufbau eines Datensystems von grosser Hilfe sein können, die aber auch aus anderem Zusammenhang dem Software-Ingenieur bekannt sind. So generiert Gambit automatisch ein sog. Testmodul, mit welchem die vordefinierten Transaktionen zur Ausführung gebracht und damit verifiziert werden können. Auch ergänzt Gambit (natürlich nur für die ihm zugrundeliegende Computerkonfiguration) alle für das *interne Schema* notwendigen technischen Festlegungen. Weiter lassen sich mit wenig zusätzlichem Aufwand Varianten einer Datenstruktur entwickeln. Damit ist Gambit nicht nur ein effizientes Entwurfsinstrument, sondern wird zu einem umfassenden Werkzeug für die automatische Prototypengenerierung.

Zum Abschluss dieses Abschnittes wollen wir aber nochmals auf die Frage zurückkommen, ob der Einsatz eines computergestützten Entwurfssystems auch dann zu empfehlen sei, wenn der anschliessende Schritt, nämlich die automatische Generierung des Datenbankverwaltungssystems für den Datenbank*betrieb* nicht möglich ist. (Gründe dafür können vielfältig sein, vom schieren Fehlen des entsprechenden Datenbanksystems/-compilers bis zu Effizienz- und Kapazitätsüberlegungen jeder Art). Die Antwort auf unsere Frage ist ein klares Ja. Der Datenbankentwurfsprozess ist selber eine anspruchsvolle und komplexe Aufgabe, wo laufend vielfältige innere Zusammenhänge innerhalb der ganzen Datenstruktur zu berücksichtigen sind. Wer daher über die Möglichkeit verfügt, Hilfsmittel für diesen Entwurf einzusetzen, sollte dies unbedingt tun. Wir werden später (vgl. Abschnitt 8.3) auf solche Hilfsmittel - Entwurfssysteme, Datenkataloge etc. - zurückkommen.

2.11 Ein konkretes relationales Datenmodell: Modula/R

Wir haben nun den Entwurfsprozess einer Datenstruktur zuerst allgemein auf logischer Ebene (bis Abschnitt 2.9) sowie dann unter Einsatz einer computergestützten Entwurfshilfe (Abschnitt 2.10) betrachtet. Noch immer haben wir aber das Schlussresultat, die präzis formulierte Datenstruktur unseres Beispiels "Fertigungsunternehmen" noch nicht gesehen. Das soll in diesem Abschnitt nachgeholt werden. Dazu benötigen wir das konkrete Instrument einer entsprechenden Datenbanksprache, ein sog. Datenmodell. Wir wählen dazu die Sprache Modula/R.

Die Datenbankprogrammiersprache Modula/R integriert moderne Konzepte aus den Bereichen Datenbanken und Programmiersprachen, und bietet somit ein in sich geschlossenes Hilfsmittel für die Datendefinition (Datenbeschreibung) und die Datenmanipulation an. Ausgangspunkte dieser Integration sind auf der Seite der Datenbanken das relationale Datenmodell [Codd 70] und der Relationenkalkül als deskriptive Sprache zur Datenmanipulation und auf der anderen Seite die strukturierte, modulare Programmiersprache Modula-2 [Wirth 83b]. Das Ergebnis Modula/R ist eine Erweiterung von Modula-2 um die Datenstruktur "Relation", um Operationen zum Mutieren von Relationen in Form echter Transaktionen, sowie um die Prädikatenlogik und relationenwertige Ausdrücke als Abfragehilfsmittel für relationale Datenbanken [Schmidt 77], [Koch et al. 83], [Mall et al. 84].

Das Datenmodell der Sprache Modula/R und damit die Datendefinitionsmöglichkeiten werden im folgenden vorgestellt. Der Datenmanipulationsteil von Modula/R ist in Abschnitt 4.2.4 erläutert.

Zur Definition von Datenbanken erweitert Modula/R die Sprache Modula-2 um den Datentyp "RELATION". Das ist gemäss klassischer Definition (nach Codd) eine Menge, hier von Elementen vom Typ Record, wobei alle Komponenten dieser Records ihrerseits unstrukturiert sein müssen (Skalare oder Zeichenketten), um die 1. Normalform zu erfüllen. Zur Typdefinition einer Relation gehört ausserdem die Bezeichnung von bestimmten Komponenten der Relationenelemente als Schlüssel der Relation durch Aufzählung der entsprechenden Recordkomponenten. Dieser Schlüssel ist als Identifikationsschlüssel zu verstehen, d.h. jede Wertkombination der Schlüsselkomponenten tritt höchstens einmal in der Relation auf.

Nun sind aber Datenbanken nicht einfach zusätzliche Daten und Datenstrukturen innerhalb von Programmen. Ihre zentrale Eigenschaft ist, dass sie die Lebensdauer der einzelnen Programme überleben können. Genau in diesem Punkt kommt nun das Modul-Konzept von Modula-2 den Datenbankbedürfnissen sehr stark entgegen. Ein *Modul* ist eine selbständige Softwarekomponente mit genau und vollständig definierten Beziehungen zu anderen Modulen. (Es gibt daneben also keine globalen Variablen, Seiteneffekte von Prozeduren oder ähnliches.) Jedes Modul wird zweiteilig formuliert.

- *Definitionsmodule* geben alle für die äusseren Beziehungen massgebenden Hinweise (Datentypen, zulässige Operationen etc.).

- Entsprechende *Implementationsmodule* enthalten die ausprogrammierte Software zur Erfüllung der Spezifikationen des Definitionsmoduls.

Mit dieser Aufspaltung wird für das allgemeine Software Engineering genau jene Trennung zwischen Aussenkontakt und innerer Organisation erreicht, welche für Datenbanken so typisch ist. Also nutzen wir hier diese Möglichkeit.

Die Zusammenfassung mehrerer Relationen zu einer Datenbank geschieht in einem "DATABASE DEFINITION MODULE". Darin sind alle permanenten Datenbankrelationen beschrieben, also Relationen, welche den einzelnen Programmlauf überdauern. Das folgende Beispiel (Fig. 2-29) zeigt die Definition der Datenbank "Fertigungsunternehmen" aus Abschnitt 2.9 (Figur 2-21). Wir erkennen darin leicht folgende Hauptabschnitte:

- EXPORT: Genau diese Datentypen sind nachher für den Datenbankbenutzer verfügbar.

- TYPE: Hier folgen die Typdeklarationen, und zwar zuerst für die *statischen Wertebereiche* (skalar, zusammen mit den vordefinierten CHAR, REAL, CARDINAL, STRING), dann - jeweils paarweise gegliedert - für die einzelnen *Relationen.* Für jede Relation wird zuerst das Datenelement (der Record), dann die Datenmenge (die Relation) deklariert.

- VAR: In diesem Abschnitt werden die eigentlichen Datenspeicherplätze für die entsprechenden Relationen deklariert; die Datenbank wird damit begründet.*

Figur 2-29: Datenbankbeschreibung "Fertigungsunternehmen" in Modula/R

```
DATABASE DEFINITION MODULE Fertigungsunternehmen;


EXPORT QUALIFIED
    (* attribute types     *)  Nummern, Qualitaet, TeilArt, Lohnklasse,
                               Names, AbtNr,
    (* record types        *)  AbteilungenRec, PersonalRec, AbteilLeiterRec,
                               MaschinenRec, TeileRec, TeileStrukturRec,
                               PersMaschZutRec, MaschTeileZutRec,
                               ProduktionRec,
    (* relation types      *)  AbteilungenRel, PersonalRel, AbteilLeiterRel,
                               MaschinenRel, TeileRel, TeileStrukturRel,
                               PersMaschZutRel, MaschTeileZutRel,
                               ProduktionRel,
    (* relation variables *)   abteilungen, personal, abteilLeiter,
                               maschinen, teile, teileStruktur,
                               persMaschZut, maschTeileZut,
                               produktion;


TYPE
    Nummer     = [1 .. 9999];
    Qualitaet  = (schlecht, mittel, gut);
    TeilArt    = (hauptTeil, normalTeil, grundTeil);
    Lohnklasse = [-6 .. 23];
    Name       = ARRAY [0 .. 29] OF CHAR;
    AbtNr      = [11 .. 99];


    AbteilungenRec = RECORD
                        abtNr: AbtNr;
                        name: Name;
                     END;
    AbteilungenRel = RELATION abtNr OF AbteilungenRec;
```

```
PersonalRec = RECORD
                persNr: Nummer;
                name: Name;
                vorname: Name;
                abtNr: AbtNr;
                lohn: Lohnklasse;
              END;
PersonalRel = RELATION persNr OF PersonalRec;


AbteilLeiterRec = RECORD
                    abtNr: AbtNr;
                    persNr: Nummer;
                  END;
AbteilLeiterRel = RELATION abtNr OF AbteilLeiterRec;


MaschinenRec = RECORD
                 maschNr: Nummer;
                 name: Name;
                 abtNr: AbtNr;
               END;
MaschinenRel = RELATION maschNr OF MaschinenRec;


TeileRec = RECORD
             teilNr: Nummer;
             bezeichnung: Name;
             art: TeilArt;
           END;
TeileRel = RELATION teilNr OF TeileRec;


TeileStrukturRec = RECORD
                     unterTeilNr: Nummer;
                     oberTeilNr: Nummer;
                     menge: CARDINAL;
                   END;
TeileStrukturRel = RELATION unterTeilNr, oberTeilNr OF TeileStrukturRec;


PersMaschZutRec = RECORD
                    person: Nummer;
                    maschine: Nummer;
                    faehigkeit: Qualitaet;
                  END;
PersMaschZutRel = RELATION person, maschine OF PersMaschZutRec;
```

```
(* constraint number 1
BEFORE INSERTION, MODIFICATION
ASSERT
  (maschine <> 10) OR (faehigkeit = gut)
ELSE ERROR
  "Maschine 10 nur mit guter Qualifikation bedienen"    *)



MaschTeileZutRec = RECORD
                     maschNr: Nummer;
                     teilNr: Nummer;
                   END;
MaschTeileZutRel = RELATION maschNr, teilNr OF MaschTeileZuRec;



ProduktionRec = RECORD
                  persNr: Nummer;
                  maschNr: Nummer;
                  teilNr: Nummer;
                END;
ProduktionRel = RELATION persNr, maschNr, teilNr OF ProduktionRec;



VAR
  abteilungen:      AbteilungenRel;
  personal:         PersonalRel;
  abteilLeiter:     AbteilLeiterRel;
  maschinen:        MaschinenRel;
  teile:            TeileRel;
  teileStruktur:    TeileStrukturRel;
  persMaschZut:     PersMaschZutRel;
  maschTeileZut:    MaschTeileZuRel;
  produktion:       ProduktionRel;

END Fertigungsunternehmen.
```

Mit dieser Beschreibung unserer Datenbank stehen wir am Ende des Entwurfsprozesses. Im verwendeten Beispiel lassen sich die wichtigsten Schritte gut erkennen:

- Die Entitätsmengen sind in die Relationen übergegangen

- Die (ausschliesslich hierarchischen) *Beziehungen* werden über die gezeigten Globalattribute hergestellt. (In der Datenbeschreibung von Fig. 2-29 wird aber *nicht* sichtbar, wie die dynamischen Wertebereiche auf den Identifikationsschlüsseln anderer Relationen basiert werden. Dies geschieht über ebenfalls automatisch generierte Programmteile, die hier nicht gezeigt werden).

- Die Identifikationsschlüssel sind jeweils nach dem Symbol RELATION aufgeführt.

- Die Globalattribute und Lokalattribute sind direkt deklariert.

- Allfällige modellexterne Konsistenzbedingungen sind in Kommentarklammern ausformuliert (siehe Beispiel bei Relation "PersMaschZeit").

Für den konkreten Aufbau einer Datenbank kann nun die (vollständige) Beschreibung in Modula/R, wie sie vom System Gambit (Abschnitt 2.10) oder auch manuell erstellt wurde, direkt eingesetzt werden. Sie dient als Eingabe für den Modula/R-Compiler, der die verarbeiteten Definitionen in einer Symboltabelle ablegt und bei der Übersetzung eines Datenbank-Anwendungsprogrammes wieder verwendet. Anderseits kann diese Beschreibung, besonders wenn sie entsprechend strukturiert ausgedruckt wird (wie in Fig. 2-29), als optimale Dokumentation für die Datenbank benützt werden.

Die in Modula/R benützten Begriffe stammen in der Regel aus der Welt der Programmiersprachen. Damit wird eine möglichst vollständige und saubere Integration der Datenbankkonzepte in die Programmiersprache gewährleistet. In der folgenden Gegenüberstellung findet man die wichtigsten Begriffe des relationalen Datenmodells [Codd 70] und die entsprechenden Modula/R-Begriffe.

Figur 2-30: Relationenmodell und Modula/R-Begriffe

Relationales Datenmodell	Modula/R
Datenbasis	Datenbank
Relation	Relation
Tupel einer Relation	Element einer Relation
Attribut	Komponente des Elementtyps
Wertebereich	Datentyp der Komponente
Identifikationsschlüssel	Schlüssel

3 Andere logische Datenmodelle

3.1 Hierarchische und Netzwerkmodelle

3.1.1 Direkte Darstellung der Beziehungen

Im Kapitel 2 haben wir uns intensiv und allgemein mit Entitätsmengen (Abschnitt 2.1) und Beziehungen zwischen ihnen (Abschnitt 2.2) befasst. Dabei sind verschiedenste Arten von Beziehungen vorgekommen, insbesondere auch Hierarchien und Netzwerke (1-m, m-m). Zur eigentlichen Datendarstellung haben wir anschliessend ein bestimmtes logisches Datenmodell, das relationale, beigezogen und gleichzeitig systematisch vorgestellt, welches Beziehungen grundsätzlich *indirekt* ausdrückt, d.h. mit Hilfe von globalen Attributen, welche in mehreren Relationen vorkommen.

Figur 3-1: Hierarchische Beziehungen zwischen Entitätsmengen

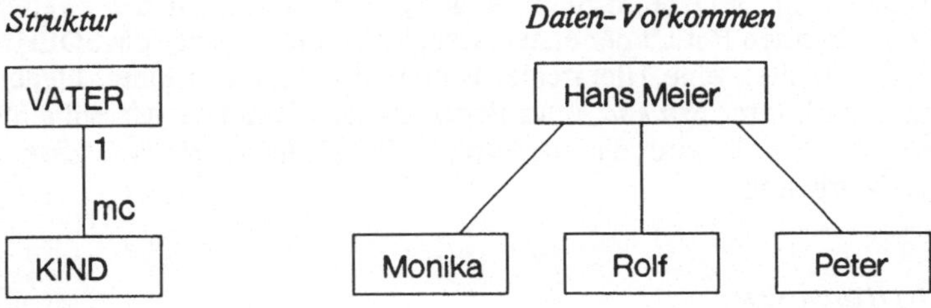

Betrachten wir die Hierarchie in Fig. 3-1. Im Relationenmodell muss zur Darstellung der Beziehung ein Globalattribut, etwa der Familienname oder eine Personennummer, sowohl in VATER wie in KIND auftreten; durch gleiche Werte wird die Beziehung hergestellt (Bsp. "Meier").

Dieses Globalattribut ist also ein Hilfsmittel zur Darstellung von Beziehungen. Man kann sich aber auch ohne weiteres andere Hilfsmittel vorstellen, etwa direkte Verweisungen oder *Zeiger* (pointer), welche diese Beziehung darstellen. Solche Zeiger können in einer Hierarchie von oben nach unten (vom VATER auf die zugehörigen KINDER) oder von unten nach oben (von den KINDERN auf den zugehörigen VATER) verweisen.

Es gibt nun neben dem relationalen (tabellenorientierten) logischen Datenmodell andere solche Modelle, welche diesen Zeigermechanismus als wesentliche Komponente gerade mitenthalten und in allen Operationen automatisch unterstützen. Ihre wichtigsten Vertreter sind das hierarchische und das netzwerkartige Datenmodell, welche damit natürlich sicher ebenfalls geeignet sind, derartige Datenstrukturen darzustellen, wie wir sie im Entitätenentwurfsprozess (Abschnitt 2.9) aufgebaut haben. In diesem Kapitel 3 befassen wir uns daher mit den Eigenschaften dieser beiden - auch in der Praxis - wichtigen Datenmodelle.

Die direkte Darstellung von Beziehungen über Zeiger bleibt bei der Betrachtung auf der logischen Ebene natürlich im Hintergrund. Es genügt, wenn wir davon ausgehen können, dass die Beziehungen bei Bedarf physisch dargestellt werden. Die entsprechenden logischen Datenmodelle umfassen jedoch neben den Entitätsmengen *direkt* auch *Beziehungen* zwischen diesen.

3.1.2 Hierarchien

Die einfachste Form eines Datensystems haben wir im Fall einer *einzigen* Entitätsmenge. Ihr entspricht eine (sequentielle) Datei von Datensätzen. Alle Datensätze sind gleichartig, man spricht auch etwa von einer *flachen Datei* (flat file, vgl. Figur 3-3).

Die erste und einfachste Strukturierung geschieht nun dadurch, dass wir zwei Entitätsmengen (Fig. 3-1) betrachten, wobei gewisse Entitäten der zweiten Menge genau *einer* bestimmten Entität der ersten Menge zugeordnet sind (die SOEHNE ihrem VATER): Wir erhalten eine Hierarchie. Hierarchien erlauben eine Gliederung von Datenmengen nach ihrer *Struktur*, etwa Personen nach Familien, Maschinenteile nach Baugruppen etc. Damit wird die dargestellte Wirklichkeit *übersichtlicher*, ev. auch einfacher zu bearbeiten.

Beispiele:

- *natürliche Hierarchien*:
    - Zivilstandsregister (Gemeinde, Familie, Kinder)
    - Personaldatei (Firma, Abteilung, Gruppe, Mitarbeiter)
    - Schlagwort-Katalog (Sachgruppen, Schlagwort, Katalogkarte)

- *formale Hierarchien*:
    - Lieferantenkartei (Artikel, Lieferanten des Artikels)
    - Fachlehrerliste (Schüler, Fachlehrer; man beachte, dass hier auch die umgekehrte Hierarchie "Fachlehrer-Schüler" bedeutungsvoll ist, z.B. für die Klassenbildung).

Hierarchien lassen sich nun mehrstufig und auch mehrfach auf der gleichen Stufe zusammensetzen; jede dieser Zusammensetzungen ergibt wieder eine Hierarchie (Fig. 3-2). Jede 1-m-, 1-mc-, 1-c-, 1-1-Beziehung hat diese Eigenschaft, wie wir auch schon früher erkannt haben (vgl. Abschnitt 2.7). In der Terminologie der Hierarchien lautet das so:

- *Einstufige Hierarchie*: Gruppe mit genau einem Vaterelement und mehreren Sohnelementen; deren Zahl ist unbestimmt. Alle Vaterelemente bilden die

"Vatermenge" (auch: "Vatersegment"); alle Sohnelemente die "Sohnmenge" (auch: "Sohnsegment").

- *Mehrstufige Hierarchie*: Mehrere Hierarchien lassen sich zusammenfügen, wobei jedoch jedes Element *nur in einer Gruppe Sohnelement* sein darf. Ein oberstes Vaterelement ("Wurzelelement", "root segment"), von dem direkt oder indirekt alle übrigen Elemente abhängen, ist selber nirgends Sohnelement. (Damit können zyklische Hierarchiefolgen verhindert werden.)

Figur 3-2:   Mehrstufige Hierarchie

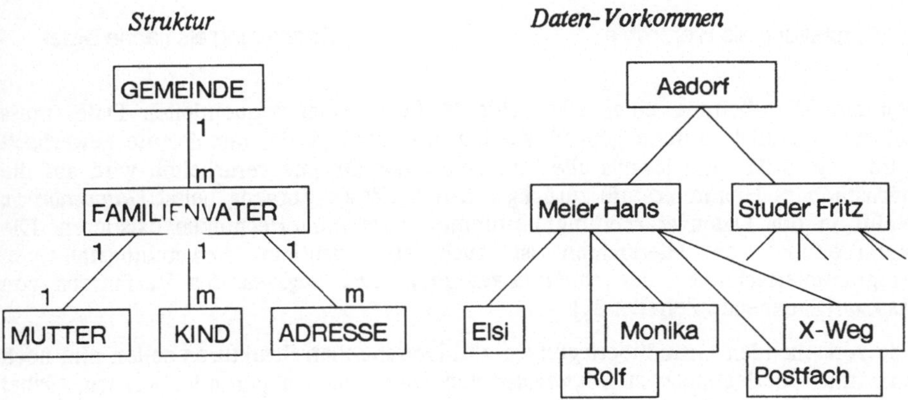

Reihenfolge

Hierarchien oder, wie der Informatiker auch sagt, "Bäume" (trees) lassen sich natürlich mit entsprechenden Programmiertechniken direkt bearbeiten oder "traversieren" [Wirth 83a]. Interessant ist aber, dass Hierarchien sich so einfach wie unstrukturierte Dateien auch *sequentiell* verarbeiten lassen. Jede Hierarchie lässt sich (Fig. 3-3) so durchnumerieren, dass eine eineindeutige Abbildung auf eine flache Datei möglich ist. Zur Numerierung benützen wir folgende Regel:
- Söhne folgen nach ihrem Vater
- Bei mehreren Hierarchiestufen kommen Söhne vor den Brüdern
Die unterste Hierarchiestufe bildet die engste Beziehung.

Figur 3-3: Eindeutige sequentielle Numerierung einer Hierarchie

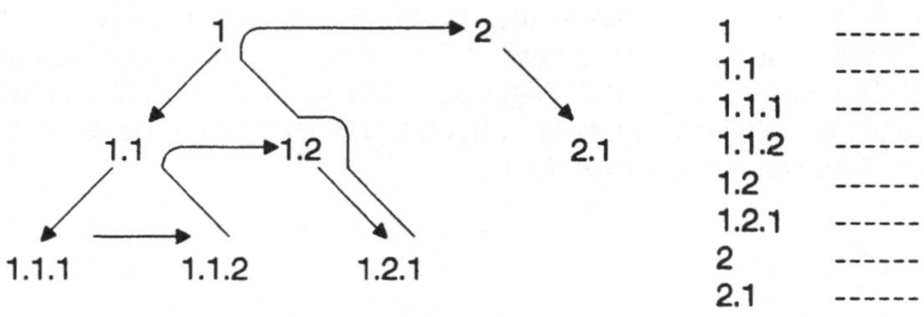

Bei der Verarbeitung einer Hierarchie in Form einer sequentiellen Datei muss selbstverständlich laufend geprüft werden, ob dabei die Hierarchiestufe gewechselt wird (Fig. 3-3). Sind jeweils alle Elemente einer Gruppe verarbeitet, wird auf die nächsthöhere Hierarchiestufe zurückgeschaltet. Dieser Vorgang heisst *Gruppenbruch*, wofür in der Datenverarbeitung bestimmte Programmiertechniken existieren. Die Verarbeitung von Hierarchien ist auch ein wichtiger Anwendungsfall von Programmiertechniken der *strukturierten Programmierung*, so des Verfahrens von *Jackson* [Bauknecht/Zehnder 83].

Die vorstehenden Grundüberlegungen zu hierarchischen Strukturen sollen nun noch kurz mit Überlegungen zu *Mutationen* von Hierarchien abgerundet werden. Dabei lassen sich vier Stufen unterscheiden:

Mutationstyp:	Massnahmen:	Beispiel:
Wertänderung	keine strukturelle Aenderung	Adressänderung
Zusätzliche Entität	Einfügen *eines* Daten- satzes mit *einer* Beziehung	Geburt eines Kindes
Änderung der Zuordnung	Umstellung	Adoption
Zusätzlicher Entitätstyp	Einfügen aller ent- sprechenden Daten- sätze mit *je einer* Beziehung	Fahrzeuge der Kinder

Die Verarbeitung geschieht wie bei sequentiellen Dateien, als Speichertechniken eignen sich alle sequentiellen Verfahren (insbesondere indexsequentiell).

Das hierarchische Modell bietet somit grosse verarbeitungstechnische Vorteile, falls es eingesetzt werden *kann.* Diese Frage muss bei der Modellwahl entschieden werden.

Datenbanksysteme auf Hierarchie-Basis

Das System IMS von IBM arbeitet ursprünglich auf Hierarchie-Basis, allerdings geht es (mit seinen "logischen" Hierarchien) über die oben dargestellten Grundsätze hinaus (in Richtung "Netzwerk"), gewinnt damit viel an Flexibilität und Modellierfähigkeit, verliert aber einiges an Einfachheit und Effizienz der sequentiellen Strukturen.

3.1.3 Netzwerke

Netzwerke im Sinne der Datenstrukturen entstehen formal dadurch, dass ein Strukturelement (Datensatz, Entität) gleichzeitig nicht nur Mitglied in *einer*, sondern in mehreren Gruppen sein kann. Das Strukturelement kann damit *gleichzeitig mehreren Hierarchien* angehören, womit bei den Datenvorkommen Netzwerke auftreten können. Alle beteiligten Hierarchien weisen je ein Wurzelelement auf; Netzwerke haben somit mehrere Wurzelelemente.

Figur 3-4:   Beispiel mit 2 natürlichen Hierarchien

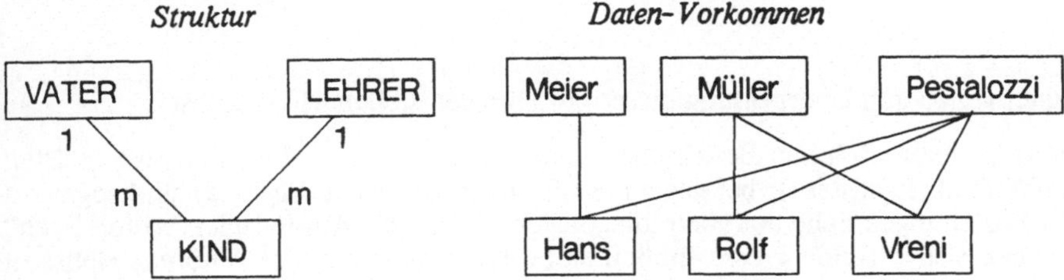

Die Zulassung von Netzwerken erlaubt:
- Modelle von wesentlich grösserer Realitätsnähe
- Vermaschte Strukturen
- Mehrfachbeziehungen

Dafür verliert man gegenüber dem hierarchischen Modell:
- sequentiell realisierbare Struktur
- Einfachheit

Die Behandlung von m-m-Beziehungen in Netzwerken

Schon früher wurde auf die Problematik der m-m-Beziehungen hingewiesen. Allerdings ist die m-m-Beziehung für die Wirklichkeit durchaus normal, ja sogar häufig; Beispiele:

Fachlehrer - Schüler: Der Fachlehrer hat mehrere Schüler, der Schüler hat mehrere Fachlehrer.

Autor - Werk (Buch): Ein Autor kann mehrere Bücher schreiben, ein Buch kann von mehreren Autoren geschrieben sein.

Man könnte nun versuchen, *alle* Entitäten der einen Gruppe mit *allen* der anderen in Beziehung zu setzen, wie dies in der Mathematik mittels einer Beziehungsmatrix geschieht:

Figur 3-5: Beziehungsmatrix am Beispiel Autoren-Bücher

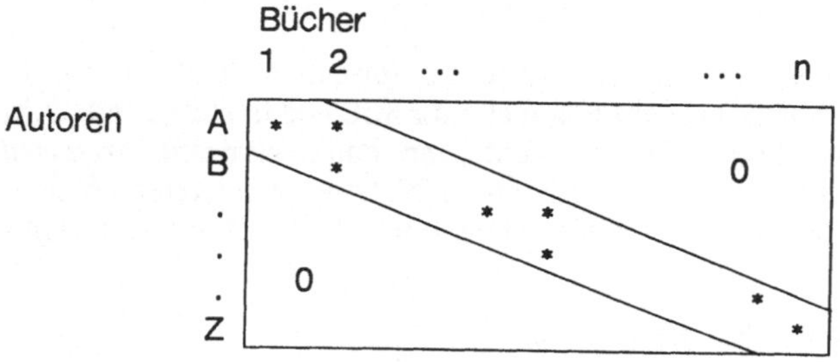

Bei einer genaueren Überprüfung dieser Beziehungen stellen wir aber fest:

- Obwohl theoretisch alle Beziehungen möglich sind, sind in der Praxis die meisten gleich Null (inexistent); bei geeigneter Reihenfolge (siehe Fig. 3-5) sind sogar oft nur Beziehungen nahe der Hauptdiagonalen wesentlich. Am Beispiel "Autor-Buch" ergeben sich für eine grosse Bibliothek (1 Mio Bücher, 1 Mio Autoren) vielleicht folgende Verhältnisse:

  mögliche Beziehungen: $10^6 * 10^6 = 10^{12}$
  vorhandene Beziehungen: ca. $2 * 10^6$

Auf jede vorhandene Autor-Buch-Beziehung entfallen somit ca. 500'000 unbenutzte!

Daher ist die Tabellen- oder Beziehungsmatrix-Darstellung, was der m-m-Beziehung eigentlich entsprechen müsste, in der Praxis unzweckmässig, meist sogar unrealisierbar. (Sie findet nur dort Verwendung, wo die Beziehung zwischen *allen* beteiligten Elementen *häufig* ins Spiel gebracht werden muss, z.B. bei Gleichungssystemen in der numerischen Mathematik.)

Wir ersetzen nun die m-m-Beziehung durch zwei geeignete 1-m-Beziehungen:

Dazu ist es notwendig, einen neuen Entitätstyp - hier BEITRAG - *zwischen* die ursprünglichen Elemente zu schalten. Damit eliminieren wir aber alle unnötigen, "blinden" Beziehungen:
- Jeder Autor hat eine bestimmte Anzahl Beiträge geschreiben.
- Jedes Buch enthält eine Anzahl (ev. 1) Beiträge. Und nur die vorhandenen Beiträge werden auch aufgeführt.

Figur 3-6: Hilfskonstruktion zur m-m-Beziehung

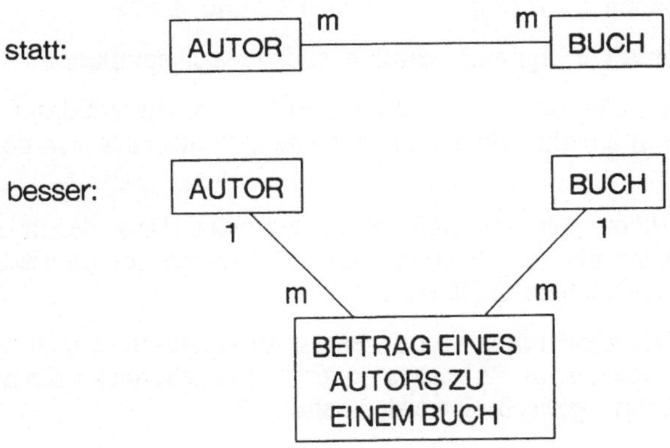

Aus diesen Überlegungen folgt:

- Ein Netzwerkmodell erlaubt, m-m-Beziehungen darzustellen; ein Hierarchie-Modell kann dies nicht.

- Der zwischenzuschaltende neue Entitätstyp muss oft bewusst konstruiert werden, er entspricht nicht überall einer konkreten Entitätsmenge (wie es KIND zwischen VATER und LEHRER ist).

Mutationen in Netzwerken

Mutationstyp:	Massnahme:	Beispiel:
Wertänderung	keine strukturelle Änderung	Namensänderung
Zusätzliche Entität	Einfügen in alle Beziehungen *)	zusätzliches Kind
Änderung der Zuordnung	Verknüpfung ändern *)	Adoption
Zusätzlicher Entitätstyp	Einfügen aller entsprechenden Datensätze mit *allen* Beziehungen	Wohnorte (sowohl Väter als auch Lehrer haben Wohnorte)

*) Gegenüber den Mutationen in Hierarchien, wo immer *ein* Datensatz samt einer Beziehung manipuliert werden musste, kann hier mit einem Datensatz eine Mehrzahl von Beziehungen betroffen sein.

Aber auch die mehrfach vorhandenen Beziehungen dürfen nicht unbesorgt gelöscht werden, da ein Datensatz, der in *keiner* Hierarchie mehr eingebettet wäre, seinerseits *nicht mehr zugänglich* wäre. Aus diesem Grunde muss das im Abschnitt 3.2 vorgestellte Modell CODASYL-DBTG ein ganzes Sortiment von Mutationsoperationen anbieten. (Für Einzelheiten siehe 3.2 und 4.2.2)

Die *Verarbeitung* eines Netzwerkes erfolgt nach verschiedenen Gesichtspunkten:

- *Direktzugriff* zu einzelnen Datensätzen: vorbereitet über alle Hierarchiespitzen (Wurzelelemente), sowie von angesprochenen Datenelementen aus auch von unten nach oben.

- *Sequentielle Verarbeitung*: über jede einzelne der Hierarchien (aus denen das Netzwerk besteht). Die Kenntnis der "Haupthierarchie" (welche der physischen Speicherung zugrundeliegt), erlaubt schnelle Prozesse.

- *"Navigieren"*: sequentielles Durchschreiten von Datensatz zu Datensatz, wobei aber die Hierarchie, innerhalb welcher ein "nächstes" oder "vorangehendes" Element gesucht wird, nach jedem Schritt gewechselt werden kann.

Datenbanksysteme auf Netzwerkbasis

Wichtigste Anwendung ist das CODASYL-DBTG-Modell (siehe 3.2), das auf allen wichtigeren grossen Computersystemen ausser von IBM angeboten wird. Neben dem CODASYL-DBTG-Modell existieren noch andere, meist ältere Netzwerk-Implementationen (etwa TOTAL), die aber abnehmende Bedeutung haben.

3.2 Das CODASYL-DBTG-Modell

Dieses Modell hat Netzwerk-Charakter und wurde durch eine Arbeitsgruppe des CODASYL-Komitees entwickelt [CODASYL 71 etc.]. Das CODASYL-Komitee vereinigt die wichtigsten amerikanischen Computer-Anwender (wozu auch die Hersteller gehören!) und steht verschiedenen Normierungsentwicklungen zu Gevatter, wovon die COBOL-Sprache die wichtigste ist.

Für den *Datenbankbereich* hat die Data Base Task Group (DBTG) des CODASYL-Komitees 1971 einen Entwurf für eine Modellsprache ausgearbeitet und 1978 überarbeitet, der auf dem Netzwerkmodell beruht. Darin wollten verschiedene Komitee-Partner eine grosse Zahl von Wünschen realisiert haben, womit der Entwurf umfangreich und kompliziert geworden ist. Auch sind Kompromisse verschiedenster Art erkennbar. Dennoch ist das CODASYL-DBTG-Modell von der Verbreitung über mehrere Hersteller wie auch von der umfassenden Behandlung der Netzwerkstruktur her durchaus eine wichtige Entwicklung.

Im CODASYL-DBTG-Modell vereinigen sich verschiedene Aspekte des Datenbank-Entwurfs (logische wie Sets und physische wie Dateien).Es umfasst eine DDL für ein allgemeines "Schema" (Zusammenfassung von konzeptionellem und internem Schema), sowie eine DML für prozedurale, in COBOL eingebettete Datenmanipulationen. Inzwischen haben die meisten Computerhersteller (ohne IBM) Datenbanksysteme, die auf diesem Entwurf basieren, entwickelt (Univac: DMS-1100, Honeywell: IDS, Siemens: UDS, DEC: DBMS-10, CDC: IMF, etc.).

Zur Illustration sei an dieser Stelle das CODASYL-Schema kurz vorgestellt (DML siehe Unterabschnitt 4.2.2). Entsprechend dem Netzwerkmodell enthält es zwei Grundbausteine:

- *Records* (Datensätze) entsprechen Entitäten und bilden die Elemente des Netzwerks. Ein Record ist zusammengesetzt aus Items (Attributswerten), zusammengefasst zu Gruppen (auch Repetitionsgruppen sind möglich). Zu jedem Record-Typ (der einer Datei bzw. einem Datensatztyp entspricht) ist eine Dateiorganisation zu spezifizieren.

  Zur automatischen Datenprüfung bei Mutationen können zu den Item-Typen Wertebereiche spezifiziert werden. Ferner können Prozeduren geschrieben und in der Datenbank gespeichert werden, die das System zur Prüfung der Gültigkeit von Datenwerten bei jeder Mutation automatisch ausführt.

- *Sets* beschreiben die Beziehungen zwischen den Records. Jeder Set-Typ verbindet zwei bestimmte Record-Typen; er hat einen Owner- und einen Member-Record-Typ. Ein Set hat genau einen Owner-Record ("Vater- Datensatz") und mehrere Member-Records ("Sohn-Datensätze"); Member-Records dürfen auch fehlen (empty set).

Die Art der Mitgliedschaft eines Member-Record-Typs in einem Set wird durch zwei Eigenschaften beschrieben:

- *automatic bzw. manual*: Ein Member-Record wird beim Einfügen in die Datenbank entweder *automatisch* in die Sets eingebaut, in denen dessen Record-Typ als Member definiert ist oder die Einfügung erfolgt *"manuell"* durch einen DML-Befehl.

- *mandatory bzw. optional*: die Mitgliedschaft zu einem derartigen Set ist zwingend bzw. ein Record kann nach Bedarf in ein entsprechendes Set eingefügt und daraus entfernt werden.

Mit dieser *mandatory-optional-Unterscheidung* wird eine ganz wesentliche Eigenschaft von Netzwerken berührt, auf welche wir schon in 3.1.3 unter "Mutationen" hingewiesen haben. Es geht um die Einfügung/Löschung von Member-Records im mandatory- Modus und um das blosse Einfügen/Entfernen von Beziehungen dadurch, dass der Record im optional-Modus in zusätzlichen Sets aufgenommen wird.

Bsp.: (Fig. 3-7) Die Hauptbeziehung (mandatory) eines Kindes ist jene zur Familie, die Nebenbeziehung (optional) jene zur Schule. Jedes Kind muss einen Vater haben (es gehört immer zu einer Familie); die bloss fakultative Schulbeziehung wird dadurch dargestellt, dass das Kind in das entsprechende optional set aufgenommen wird.

Figur 3-7: Mandatory-optional-Unterscheidung

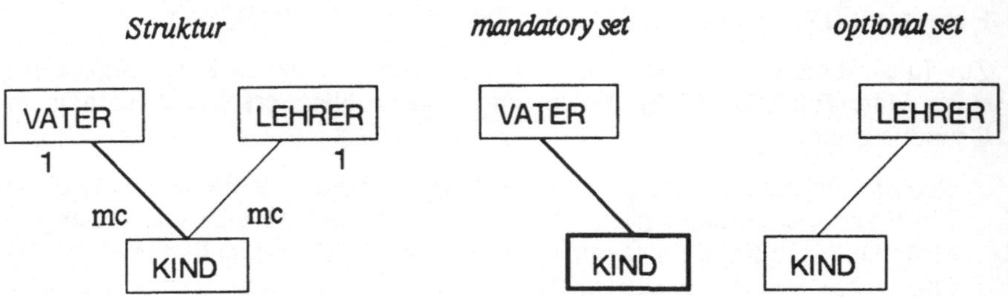

Ein CODASYL-Set hat somit *drei Funktionen*:
- Das Set liefert einen *Zugriffspfad* vom Owner-Record zu den Member-Records,
- es unterstützt die *Integrität* (keine "Sohn-Datensätze" ohne "Vater-Datensatz") und
- *trägt die Information*, dass zwei Record-Typen in einer 1-mc- oder c-mc-Beziehung stehen.

Die Schemasyntax ähnelt jener von PL/I und hat folgende Grobstruktur:

- *SCHEMA Identifikation*:
 Zuteilung eines Schemanamens, Setzen eines Schlosses (z.B. Passwort); dieses Schloss muss beim Anschluss eines Subschemas über einen entsprechenden Schlüssel geöffnet werden.

- *AREA Spezifikation*:
 Definition von physischen Speicherbereichen (für die Records eines Record-Typs, einer Datei).

- *RECORD Spezifikation*:
 Definition von Record-Typen unter Angabe, in welcher AREA die Datensätze dieses Typs zu speichern sind und wie auf die Datensätze zugegriffen werden soll. Zur Record-Spezifikation gehört ferner die Definition der Item-Typen (Datentyp, Wertebereich etc.).

- *SET Spezifikation*:
 Definition der Beziehungen zwischen Record-Typen durch die Definition von Set-Typen (vgl. oben) mit automatic/manual und mandatory/optional.

Die CODASYL-Syntax für die Schemadefinition enthält sehr viele Varianten, die nur schwer überschaubar sind. Ein Sachverhalt in der realen Welt kann auf bis fünf verschiedene Arten im Schema ausgedrückt werden. Zudem sind, wie bereits erwähnt, im Schema logische und physische Aspekte der Datendefinition nicht auseinandergehalten, was allerdings in neueren Implementationen (etwa in IMF von CDC) verbessert worden ist.

3.3   Theoretische (semantische) Modelle

Die Entwicklung von Datenmodellen begann in den Sechzigerjahren sehr prosaisch, indem gewisse Datenstrukturen (etwa COBOL-records) samt ihrer Beschreibung (COBOL data division) mit besonderen Software-Hilfen unterstützt wurden. Wer für eine andere, neue Anwendung die gleichen Hilfen brauchen konnte, übernahm diese. Dabei musste öfters die Anwendung mehr oder weniger stark den vorhandenen Datenverwaltungssystemen untergeordnet und somit angepasst werden.

Die ersten eigentlichen Datenbanksysteme benützten Datenmodelle, welche

- genügend flexibel waren, um die wichtigsten Datenstrukturen der realen Welt darstellen zu können (Hierarchien, ev. Netzwerke, vielleicht nur einstufig),

- genügend einfach waren, um noch effizient auf einem bestimmten Computersystem implementiert werden zu können.

Während nun aber auf der Implementationsebene und auf der Modellebene die Datenbanksysteme laufend verbessert und auf den heutigen guten und stabilen Stand gebracht wurden, gingen die Datenbanktheoretiker durch eine andere Entwicklung. Sie suchten mit neuen, zum Teil von den Standardentwicklungen (Relationen, CODASYL-DBTG-Netzwerke, IMS-Hierarchien) stark abweichenden Datenmodellen andere Aspekte der Informationswelt darzustellen.

Als Beispiel für eine solche Optik sei (Fig. 3-8) ein Modell kurz skizziert, mit dem sich Nijssen und die IFIP-Working Group 2.6 befassen [Nijssen 77]:

Figur 3-8:   Object-Role Modell: Beispiel eines Schemas

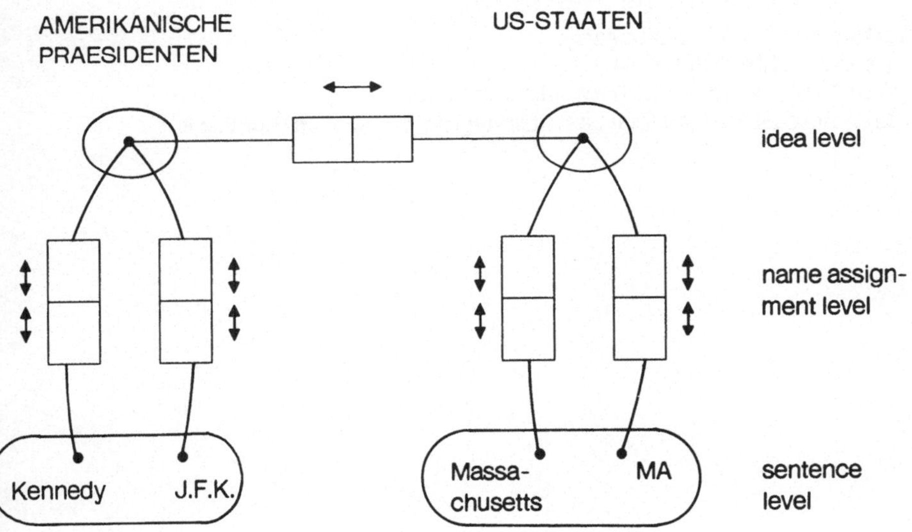

In diesem Modell betrachtet man nicht bloss die Beziehungsstrukturen zwischen zwei Entitätsmengen (also etwa "Amerik.Präsidenten" - "Heimatstaat", was eine mc-1-Beziehung wäre), sondern man befasst sich vor allem mit dem zusätzlichen Problem, dass die eigentlichen Entitäten (also etwa "Präsident Kennedy") zuerst irgendwie identifiziert und mit Namen versehen werden müssen. Diese Namen sind aber häufig nicht eineindeutig, sondern sogar mehrfach mehrdeutig. Für den menschlichen Gebrauch macht das nicht so viel aus, weil wir uns alle gewohnt sind, in Zusammenhängen zu denken; anders ist das aber in automatischen Systemen. Daher muss für alle Beziehungen (Fig. 3-8) die *Rolle (name assignment level),* die ein Name oder eine andere Zuordnung spielt, explizit angegeben werden.

Es ist klar, dass derartige Datenmodelle, welche weit über den üblichen Verwaltungsbetrieb hinausgehende Informationsbeziehungen berücksichtigen wollen, nicht für den unmittelbaren Alltagseinsatz vorgesehen sind. Dennoch wird auf Grund solcher Überlegungen die Entwicklung der Datenmodelle auch auf der praktischen Ebene langfristig beeinflusst. Wir wollen hier nicht weiter darauf eingehen, sondern beispielhaft auf einige Entwicklungen (Literatur) hinweisen:

Einzelne Modelle (Auswahl):
- Semantic Data Model: [Abrial 74], [Hammer/McLeod 78]
- Binäre Relationen: [Bracchi et al. 76]
- Entity-Relationship Model: [Chen 76], [Chen 80]
- Object-Role Model: [Nijssen 77], [Senko 77]
- Erweitertes Relationenmodell: [Codd 79]
- TAXIS: [Mylopoulos et al. 80]
- Funktionales Datenmodell: [Buneman/Frankel 79], [Shipman 81]
- NF^2-Modell: [Schek/Scholl 83]
- Rekursive Datentypen: [Lamersdorf 84]

Überblick und Vergleiche (Auswahl):
- Übersicht: [Brodie et al. 84]
- Taxonomie der Modelle: [Kerschberg et al. 76]
- Literaturübersicht mit Zusammenfassungen: [Wasserman/Botnick 80]

3.4 Konstruktiv orientierte Modelle

Die bisher vorgestellten Datenmodelle orientierten sich alle an der durch die Daten darzustellenden Realität, also an Entitäten und ihren Beziehungen zueinander. Diese Optik steht auch hinter allen modernen Konstruktionsverfahren für Datensysteme: Man orientiere sich primär am Anwenderproblem und übertrage die daraus erhaltene logische Datenstruktur erst anschliessend auf die physischen Speicherorganisationsformen. Dieses Prinzip wollen wir weiterhin hochhalten. Dennoch soll noch kurz die Frage aufgeworfen werden, ob nicht auch allgemeine Datenmodelle existieren, die von der physischen Speicherorganisation inspiriert sind.

Ein Beispiel eines solchen Modells ist *ADABAS*. Es soll hier aus drei Gründen kurz vorgestellt werden:

- ADABAS baut auf den klassischen physischen Organisationsformen "indexsequentielle Dateien" und "invertierte Dateien" auf. (Wir kommen in Kapitel 5 darauf zurück.)
- ADABAS ergänzt diese Organisationsformen um einige zentrale Datenbankfunktionen (Integrität, Betrieb).
- ADABAS präsentiert dem Datenbankanwender (im allgemeinen ist es hier ein Programmierer) eine saubere, kompakte Sicht auf den Datenbankbereich (es bestehen ausgezeichnete Definitionen und Dokumentationen).

Durch diese klare Darstellungsform wird die ADABAS-Datenstruktur selber zu einem Datenmodell, das in vielen Fällen für den logischen Entwurf direkt verwendet werden kann.

ADABAS (= Adaptiertes Datenbanksystem) wird seit 1971 von der Software AG in Darmstadt entwickelt und betreut.

Das Datenmodell von ADABAS:

- Datensätze: Jeder Datensatz hat folgende Grundform (Fig. 3-9a):

Figur 3-9a: ADABAS-Datensatz

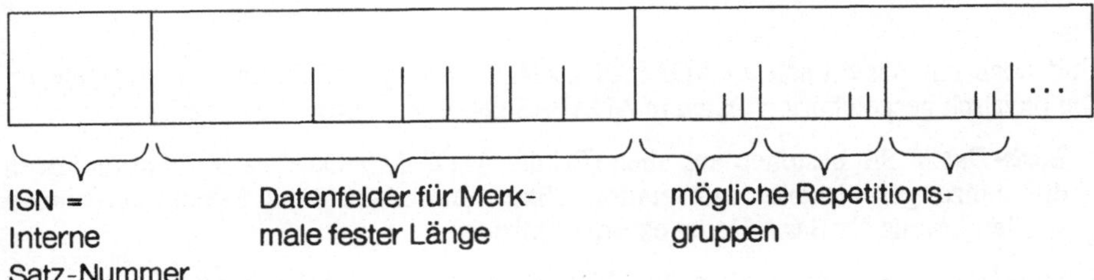

Repetitionsgruppen erlauben, innerhalb eines Datensatzes auch Datenfelder aufzunehmen, welche wiederholt (und in variabler Zahl) zu speichern sind. Die ADABAS-Datensätze sind somit von variabler Länge, wobei die effektive Länge datensatzintern festgehalten und automatisch organisiert wird. Die Datensätze werden durch das System mit fortlaufenden ISN (Interne Satz-Nummer) versehen; diese bilden die (extern nicht verwendeten) Primärschlüssel.

- *Dateien*:
Die Datensätze werden physisch nach dem Primärschlüssel ISN indexsequentiell abgespeichert. Dazu kommen die systematisch unterhaltenen Zugriffsorganisationen für beliebig wählbare Sekundärschlüssel über invertierte Dateien (Fig. 3-9b).

Figur 3-9b: ADABAS-Hilfstabelle (invertierte Datei)

Sekundär- schlüssel-Werte:	zu diesem Sekundärschlüssel gehörige ISN (von Datensätzen mit diesem Sekundärschlüssel-Wert) :
AAAA	0001 0007 0024 0367 ....
AABB	0003 0009 0024 0099 0711
AABC	0711
ABXA	0010 0289 0615 ...

Die Datenzugriffe auf einfache ADABAS-Datensätze geschehen über Sekundärschlüssel und Hilfstabellen. Das System holt aus der Hilfstabelle (binäres Suchen) die ISN, woraus der Datenblock der Primärdaten bestimmt (berechnet) werden kann.

Dieses einfache Datenmodell (Datenfelder, ev. repetiert; Datensätze; Dateien für mehrere Sekundärschlüssel) beruht zwar direkt auf physischen Organisationsformen, ist aber unbestreitbar auch für einen sauberen Entwurf eines Datensystems (Datenbank) auf logischer Ebene geeignet; der Leser wird übrigens feststellen, dass bei Verzicht auf die "Repetitionsgruppen" praktisch die Datenstruktur des Relationenmodells übrig bleibt!

Und noch ein Aspekt soll an ADABAS gezeigt werden, die Redundanz im Speicher. Die physisch gespeicherten Daten in ADABAS gehören zu zwei Bereichen:

- *Basis-Daten*: Sie bestehen aus allen (Primär-)ADABAS-Datensätzen. Sie umfassen die ganze gespeicherte Information ohne Redundanz. Aus Sicherheitsgründen werden jeweils die Basis-Daten extern dupliziert.

- *Hilfsdaten*: Sie dienen dem beschleunigten Datenzugriff (invertierte Dateien, Indextabellen); sie enthalten redundante Information und müssen nicht unbedingt abgesichert werden.

Der Gesamtumfang der Hilfsdaten liegt meist in der gleichen Grössenordnung wie jener der Basisdaten, da jeweils mehrere Sekundärschlüssel unterstützt werden.

ADABAS ist, wie diese Überlegung zeigt, auch auf der physischen Ebene gut überschaubar und kann (in bestimmten Grenzen) optimiert werden. Aus der vorstehenden Darstellung darf geschlossen werden, dass also auch technisch-konstruktiv (und nicht anwendungsmässig) begründete Datenorganisationsformen durchaus zur logischen Modellbildung benützt werden können. Voraussetzung ist aber eine wirklich saubere intellektuelle Bewältigung der verwendeten Methoden, weil der Anwender sonst leicht mit technisch-physischen Argumenten und Nebeneffekten überschüttet wird. Und genau das gilt es beim logischen Entwurf zu verhüten.

4 Datenmanipulation

In einer Datenbank gespeicherte Daten haben für den Benutzer erst dann einen Sinn,
wenn sie wieder abgefragt oder in anderer Weise benützt und bearbeitet, allgemein
gesagt manipuliert werden können. Schon in der Übersicht (Unterabschnitt 1.5.3)
haben wir dabei unterschieden nach Abfragen und Mutationen.

- *Abfragen* bilden die häufigste Art, Daten zu manipulieren. Es stellt sich in diesem
  Zusammenhang das bei einer Datenbank nicht-triviale Problem der geeigneten
  Auswahl einer Teilmenge des Datenbestandes. In Kapitel 4 kommen die logischen
  Aspekte dieses Auswahlverfahrens zur Sprache, in Abschnitt 5.4 die physischen
  Zugriffspfade.

- Auch bei *Mutationen* ist der Prozess der Datenauswahl von Bedeutung, da dem
  System mitgeteilt werden muss, welche Teilmenge der Daten *verändert* werden soll.
  Dazu kommen aber noch vielschichtige Probleme der Datenintegrität, denn bei
  jeder einzelnen Mutation muss man sicherstellen, dass der Inhalt der Datenbank
  konsistent bleibt. Ihrer Bedeutung wegen werden die Aspekte der Datenintegrität in
  Kapitel 6 zusammenfassend behandelt.

Abschnitt 4.1 stellt dar, auf welche Art verschiedene Klassen von Benutzern mit einer
Datenbank zu verkehren wünschen. Je nachdem werden dazu verschiedene Typen von
Datenmanipulationssprachen (<u>D</u>ML = <u>D</u>ata <u>M</u>anipulation <u>L</u>anguage) benötigt; der
Abschnitt 4.2 enthält eine ganze Reihe von *Beispielen.* Abschnitt 4.3 zeigt die
Beschreibung der benutzerseitigen Datensicht im externen Schema. Im letzten
Abschnitt 4.4 wird am Beispiel der Dokumentationssysteme diskutiert, mit welchen
Hilfsorganisationen ein Informationssystem darüber hinaus auch *unpräzise Suchfragen*
bewältigt und den Benutzer an den eigentlichen Datenbestand heranführt.

4.1 Abfragen und Benutzer

In diesem Abschnitt geht es darum, verschiedene Arten des Verkehrs mit einer
Datenbank herauszuarbeiten. Wir beschränken uns bei dieser Gliederung auf
Abfragen, Mutationen lassen sich analog einteilen. In einer ersten Gegenüberstellung
betrachten wir *freie Abfragen* und *vorbereitete Abfragen,* anschliessend die Bedürfnisse
und Möglichkeiten verschiedener *Benutzerklassen.*

Unter Abfragen an eine Datenbank sollen in diesem Zusammenhang nur *solche Fragen*
verstanden werden, die das *Datenbanksystem direkt* auf Grund der gespeicherten Daten
beantworten kann.

Abfragen in diesem Sinn wären z.B. (Grundlage: Personaldatenbank):
- Adresse der Person mit Personalnummer 658,
- Liste der Angestellten, die in der Betriebskrankenkasse eingetragen sind.

Keine "Abfrage" ist hingegen etwa eine Fragestellung, welche zusätzliche mathematische Prognosemethoden verlangt:
- Vermutliche Personalentwicklung in den nächsten zehn Jahren.

Abfragen in diesem engeren Sinn müssen sich präzis auf den in der Datenbank gespeicherten Ausschnitt der realen Welt beziehen. Dennoch sind zwei recht unterschiedliche Formen der Abfrage möglich, freie und vorbereitete Abfragen nämlich.

Freie Abfragen

Diese Abfrageform hat wohl jeder im Auge, wenn er die Möglichkeit betrachtet, wie eine Datenbank nach irgendwelchen (darin gespeicherten) Daten abgefragt werden soll. Der Benutzer geht zur Datenbank (sitzt ans Terminal) und formuliert frei eine Frage (Fig. 4-1). Der Aussenstehende stellt sich den DB-Zugriff so vor:

Figur 4-1:   Freie Abfrage: Datenbank und Benutzer

Das DBMS muss für freie Abfragen mit einer speziellen Sprachkomponente (***) ergänzt werden, welche als *Schnittstelle zum Menschen* eine eigene freie Abfragesprache anbietet, womit sich beliebige ("freie") Fragen an die Datenbank formulieren lassen.

Beispiele: - durchschnittliche Verkaufssumme an die Kunden der Region Zürich,
- Artikel-Umsätze in den einzelnen Quartalen des Jahres 1985.
- Abflugszeit des Anschlussfluges an Kurs "SR 100" ab New York nach San Francisco.

Damit der Benutzer seine Frage formulieren kann, muss er Kenntnisse über die vorhandenen Daten und ihre gegenseitigen Beziehungen haben, die Datenstruktur muss ihm also in der Form eines (externen) Schemas zur Verfügung stehen.

Der Benutzer kennt aber auch die Art seiner Fragestellung und kann daher die Datenstruktur geeignet ausnützen:

a) Der Benutzer kennt vielleicht den absoluten Standort (die "Adresse") der gesuchten Antwort: Dann kann er die Antwort direkt *ablesen*. (Bsp.: Hotelgast im Hotelzimmer Nr.4).

b) Der Benutzer kennt den relativen Standort der gesuchten Antwort, etwa in einer geordneten Datei. Dann genügt ein binärer Suchprozess. (Bsp: Telefonnummer von "Meier Albert" im alphabetischen Telefonbuch).

c) Der Benutzer kann von einer bereits erhaltenen Antwort aus zu einer benachbarten oder sonstwie angegebenen weiteren Antwort weitergehen. Dieses fortschreitende Herumsuchen in einer Datenbank wird auch als *Navigieren* bezeichnet. (Bsp.: Anschlussflug zu SR 100 ab New York).

d) Der Benutzer benötigt *zusammenfassende* Angaben; verschiedene Daten müssen zuerst abgegrenzt (Teilmenge) und darauf gesamthaft ausgewertet werden. (Bsp.: "Kunden der Region x").

Die Fälle a), b), c) laufen alle auf die Bereitstellung einzelner Datensätze heraus, ein typisches Problem der physischen Datenorganisation (Abschnitt 5.2). Die Problemstellung im Fall d) ist aber wesentlich anders. Hier geht es vorerst darum, aus der Menge der gespeicherten Daten eine Teilmenge verfügbar zu machen. Die Formulierung der Abfrage nach Fall d) geschieht daher idealerweise in einer die Menge beschreibenden Form, also in der Sprache der Mengenlehre (vgl. Abschnitt 4.2). Daneben gibt es aber auch "tiefere" System-Benutzer-Schnittstellen, wo die Spezifikation der gewünschten Teilmenge mittels mehrerer Datenbank-Aufrufe ausprogrammiert wird. Wir nennen das erste Verfahren *deskriptiv* (Beschreibung der *gesamten* gesuchten Datenmenge mit Mengentheorie, Prädikatenkalkül oder ähnlich), das zweite *prozedural* (schrittweises Abarbeiten oder schrittweise Konstruktion der Resultate, wobei die Operationen im Vordergrund stehen).

Bei einer Abfrage können meist zwei Teilaufgaben unterschieden werden, Datenauswahl und Datenausgabe:

Bei der *Datenauswahl* geht es darum, den Datensatz zu suchen bzw. die *Teilmenge* des Datenbestandes zu definieren, die für die Abfrage relevant ist. Eine solche Definition kann prozedural oder deskriptiv erfolgen.

Für die *Datenausgabe*, d.h. für das *Sichtbarmachen* der definierten Teildatenmenge, gibt es grundsätzlich wiederum zwei Möglichkeiten:

- Wir wollen ein *Liste aller ausgewählten Entitäten* (Tupel, Datensätze). Diese Listen können oft sehr umfangreich sein, da wir ja nicht immer zum voraus wissen, wieviele Datensätze/Tupel etwa auf unsere Suchfrage passen.

- Wir begnügen uns mit der *Anzahl der ausgewählten Entitäten*, also mit Zählstatistiken (Kardinalität der ausgewählten Mengen). Bei interaktiven Systemen kann der Benutzer aufgrund dieser Angabe oft rasch beurteilen, ob es sinnvoll ist, eine Liste ausdrucken zu lassen oder nicht.

In vielen Systemen ist die Trennung von Datenauswahl und Datenausgabe nicht so offensichtlich; zum Verständnis der Abfragemöglichkeiten ist es jedoch nützlich, sich diese beiden Teilaufgaben je einzeln vor Augen zu halten.

Beispiele: - Liste aller Bücher über Datenbanken:
            Datenauswahl: Schlagwort Datenbanken, Sprache deutsch, Zeitraum
               1974-1984;
            Datenausgabe: Liste mit den Merkmalen Autoren, Titel, Verlag, Jahr.

           - Pensionierte Mitarbeiter:
            Datenauswahl: Jahrgang < 1920, Wohnort Zürich, Geschlecht männlich;
            Datenausgabe: Anzahl.

Obwohl heute viele Datenbanksysteme bereits mit einer speziellen Komponente für freie Abfragen versehen sind und deren Verwendung laufend zunimmt, weil mit freien Abfragen sehr flexibel verschiedene Abfragebedürfnisse abgedeckt werden können, genügt dieser Abfragetyp allein aus folgenden Gründen in der Praxis nicht:

- Die Frageformulierung wird oft etwas langfädig oder dann mathematisch anspruchsvoll. In produktiv eingesetzten DB-Systemen treten aber die gleichen Fragestellungen immer wieder auf (z.B.: Swissair-Reservationssystem, Bank-Schalter, Ersatzteil-Lager). Man braucht dazu einfache, leicht verständliche, kompakte Fragestellungen.

- Die mengentheoretische Formulierung ist für den Nichtmathematiker in vielen Fällen ungewohnt. Der angelernte Benutzer (Schalterbeamter etc.) kennt die präzise Datenstruktur (externes Schema) nicht und ist nicht in der Lage, seine Fragen in einer verfügbaren "freien Abfragesprache" zu formulieren.

- Vollflexible freie Abfragesprachen führen zu Effizienzproblemen.

Daher wird die Entwicklung grosser Datenbankanwendungen in jedem Fall auch die Bereitstellung von vorbereiteten Abfragen umfassen müssen.

Vorbereitete Abfragen (parametrisierte Abfragen)

Im Vergleich zur freien Abfrage (vgl. Figur 4-1) kann die Situation folgendermassen dargestellt werden:

Figur 4-2: Vorbereitete Abfrage: Datenbank, Programm und Benutzer

Der Benutzer formuliert seine Abfrage, indem er sie aus einem Menü vorbereiteter Musterfragen auswählt und dazu gegebenenfalls noch gewisse Parameterwerte spezifiziert, weshalb diese Form auch parametrisierte Abfrage genannt wird. Das entsprechende Anwenderprogramm, das diese vorbereiteten Abfragen enthält und allfällige Parameterwerte über das Terminal annimmt und einsetzt, muss allerdings anwendungsbezogen zuerst entwickelt werden (Anwendungsprogrammierer mit Datenbankkentnissen).

Für vorbereitete Abfragen ist keine genaue Kenntnis der Struktur der gespeicherten Daten notwendig; es genügt, das (Eingabe-) Format und die Wirkung (Ausgabeformat, -umfang) einzelner Fragen sowie die Bedeutung der variablen Parameter zu kennen.

Beispiele: - Welche Flugbuchungen hat Herr Keller vorgenommen?
(Flugreservationssystem)

- Kontostand des Salärkontos Nr. 4.027-9?
(Bankterminalsystem).

Vorbereitete Abfragen erlauben:

- *Benutzerorientierte und präzise Definition* der gewünschten Abfragen: Aufruf in einer arbeitspsychologisch richtigen Form, mit Berücksichtigung der Zulässigkeit (Datenschutz und Datensicherung) und anderer Randbedingungen.

- *Optimierung* der *logischen Abfrage,* so dass bei einem Minimum an Eingabe aussagekräftige Auskünfte erhältlich sind.

- *Optimierung* der *physischen Datenbereitstellung.*

Ein *Beispiel* aus der Bibliotheksadministration, nämlich die Zeitschriftenkontrolle, soll zeigen, was hier "Benutzerorientierung" und "logische Optimierung" bedeuten können (*ETH-Bibliothek,* 1977):

Problem:
In der Bibliothek der ETH Zürich sind von allen abonnierten Zeitschriften (mehrere Tausend) jährlich mehrere Hefte administrativ zu bearbeiten (*Eingangskontrolle*, Mahnung bei fehlenden Nummern etc.). Diese Zeitschriftenkontrolle wird von einem Dialog-System so unterstützt, dass der Bibliothekar das von der Post eingegangene Heft nimmt, die *Heftbezeichnung in das Terminal eingib*t und darauf alle notwendigen Angaben (letzte bereits vorhandene Heftnummer, Bibliothekssignatur etc.) auf dem Bildschirm ablesen kann. Wie soll nun die Heftbezeichnung optimal eingegeben werden?

Bei der Problemanalyse wurden die technisch einfachen (a) und die mengentheoretisch formulierten Lösungen (b) zugunsten einer problemgerechten Lösung (c) aufgegeben. Diese wurde schliesslich als vorbereitete, parametrische Abfrage ausprogrammiert.

Lösungsvarianten:

(a) *Präzise vollständige Titeleingabe*: Da Titel oft lang und kompliziert sind (Fremdsprachen), ist dies aufwendig, redundant, fehleranfällig. Fehler oder Uebernahmen falscher Hinweise (Verlag etc.) führen häufig zur Meldung "Zeitschrift unbekannt!".

(b) *Sachgebiet-Eingabe*: Im Sinne der Mengenabfrage werden "Zeitschriften-Titel im Sachgebiet X" (z.B. "Angewandte Mathematik") abgerufen. Eingabe kurz (ev. mit Code-Nummer oder Kurzform "Ang.Math"), Ausgabe aber ev. sehr lang (Dutzende oder mehr solcher Titel, Ausgabezeit auch auf Bildschirm viele Sekunden!).

(c) *Optimierte Eingabe*: Vom normalen Zeitschriften-Titel (ohne ev. führende Artikel) werden nach folgender ganz einfachen Regel max. 6 Buchstaben eingegeben:

Titel mit 1 Wort: erste 6 Buchstaben
Titel mit 2 Wörtern: erste 3 Buchstaben von 2 Wörtern
Titel mit 3 Wörtern: erste 2 Buchstaben von 3 Wörtern
Titel mit über 3 Wrt: je erster Buchstabe jedes Wortes

Beispiele: Titel   "ANGEWANDTE INFORMATIK"
                          "COMMUNICATIONS OF THE ACM"

Die Ausgabe ist eine *kurze* Liste von einem oder einigen Titeln, worauf sofort der zutreffende visuell identifiziert werden kann (Menüauswahl).

Dieses letzte Beispiel zeigt, dass vorbereitete Abfragen die Möglichkeiten des Datenzugriffs nicht nur einschränken, sondern auch sehr verbessern können.

Eine grössere Datenbank-Anwendung umfasst meist nicht nur eine, sondern einen ganzen *Satz von vorbereiteten Abfragen.* Eine *geeignete Definition* dieses Satzes (mit allfälligen Menüs und Masken) erlaubt dem Benutzer durch geschickte Fragenkombination, auch komplizierte, nicht zum voraus eingeplante Fragen zu beantworten, indem er diese so in Unterfragen auflöst, dass sie durch eine Gruppe von verfügbaren, einfachen, vorbereiteten Abfragen substituiert werden können.

Benutzerklassen und deren Bedürfnisse

Nicht alle Benutzer haben dieselbe Ausbildung im Bereiche Datenbanken und dieselben Kenntnisse einer speziellen Datenbank. Es lassen sich generell folgende Benutzerklassen unterscheiden:

- *Gelegentlicher Benutzer (Casual User):*
  Dieser Benutzer wünscht gelegentlich Auskünfte von einer Datenbank und sollte deshalb in kürzester Zeit mit den Abfragemöglichkeiten vertraut gemacht werden. Er nimmt aber anfänglich in Kauf, dass ihm das System eher zuviel als zuwenig Erklärungen mitliefert. Mit der wachsenden Erfahrung müssen aber auch kürzere Formulierungen möglich sein.

  Es gibt Systeme, die den gelegentlichen Benutzer gezielt unterstützen, indem sie durch ein Frage-Antwortspiel bei der Formulierung der Abfrage helfen. Als gelegentliche Benutzer kommen vor allem Mitarbeiter in der Forschung und Stabsangehörige im Management (Revisoren, Planer, Assistenten etc.) in Frage.

- *Angelernter Benutzer (Parametric User):*
  Diesen Benutzertyp kann man sich z.B. als Schalterangestellten, Buchhalter, Magaziner etc. vorstellen, der vorbereitete Fragen an eine Datenbank stellt, wobei er durch Eingabe bestimmter Parameterwerte die Abfrage steuern kann. Bei dieser Benutzerklasse handelt es sich um Fachleute auf dem Gebiet der Anwendung, aber nicht um EDV-Fachleute.

- *Computerspezialist (Professional User):*
  Zu dieser Benutzerklasse gehören der Datenbankadministrator und die DB-Programmierer. Bei diesen Benutzern kann vorausgesetzt werden, dass sie aufgrund eines (externen) Schemas den Aufbau und die Beziehungen der Daten kennen und mit einer Datenmanipulationssprache (DML) vertraut sind.

Eine Gegenüberstellung ergibt folgendes Bild:

Figur 4-3: Abfragetypen und Benutzerklassen

	freie Abfragen	vorbereitete Abfrage
gelegentlicher Benutzer	ja, falls DML genügend ein- einfach	ja, falls damit die gewünschte Abfrage möglich ist
angelernter Benutzer	nein	Normalfall
Computerspezialist	ja	höchstens zu Test- zwecken

In der Praxis zeigt es sich, dass die häufigste Art des Datenbank-Zugriffs die folgende ist: *Angelernte Benutzer verwenden vorbereitete Abfragen.*

4.2 Datenmanipulationssprachen

4.2.1 Klassierung von Datenmanipulationssprachen

Zur Klassierung der Datenmanipulationssprachen (Data Manipulation Language DML) gibt es zwei unabhängige Kriterien: Einerseits ist zwischen *selbständigen und eingebetteten,* anderseits zwischen *deskriptiven und prozeduralen* Sprachen zu unterscheiden. Total ergeben sich damit *4 verschiedene Klassen* von Manipulationssprachen, wobei insbesondere die Übergänge zwischen deskriptiven und prozeduralen Sprachen fliessend sind.

Selbständige Datenmanipulationssprachen enthalten alle Befehle und Anweisungen, die für eine Abfrage oder Mutation benötigt werden, also Anweisungen für die Datenauswahl und für die Datenausgabe, ferner (für Mutationen) Anweisungen für das Einfügen neuer und für das Verändern oder Löschen vorhandener Daten. Zur Gestaltung der Datenausgabe enthalten selbständige DML häufig einen Report Generator, der aufgrund einfacher Anweisungen das gewünschte Ausgabeformat erzeugt.

Eingebettete Datenmanipulationssprachen können dagegen nicht selbständig, sondern nur im Zusammenhang mit einer Programmiersprache eingesetzt werden. In der

Programmiersprache, die oft Wirtssprache (host language) genannt wird, sind für den eigentlichen Datenbankverkehr (Lesen von Tupeln/Datensätzen etc.) spezielle Anweisungen oder Standardprozeduren eingebaut. Die Datenein- und -ausgabe zwischen Benutzer und Programm dagegen erfolgt mit den normalen Anweisungen der Programmiersprache.

Bei *deskriptiven Sprachen* werden die auszuwählenden *Daten* als Datenmenge gesamthaft bezeichnet. Die für deren Bereitstellung nötigen Datenoperationen müssen nicht im einzelnen beschrieben werden. Bei einer Abfrage ist bloss anzugeben, von welchen Datenbeständen welche Auszüge und Ergebnisse gewünscht sind. In deskriptiven Sprachen sind in der Regel Operationen auf ganzen Datenmengen (Entitätsmengen, Relationen, Dateien) möglich.

Bei *prozeduralen Sprachen* stehen dem Benutzer dagegen *Operationen* auf Datenteilbereichen (Records oder Zwischenprodukte) zur Verfügung. Die Spezifizierung einer Abfrage erfolgt beispielsweise durch die Angabe der Operationenfolge, mit der das Resultat konstruiert werden soll.
Prozedurale Sprachen unterscheiden sich je nach Leistungsfähigkeit der verfügbaren Operationen recht stark:
- Bietet eine Sprache *Operationen auf einzelnen Datenelementen* (Entität, Tupel, Datensatz), so existieren gewöhnlich Befehle zum Auffinden (FIND) bzw. Verfügbarmachen (OBTAIN) eines Datensatzes, ferner zum Einfügen (INSERT oder STORE) neuer, Verändern (MODIFY) und Löschen (DELETE) bisheriger Datensätze.
- Betreffen die Operationen *ganze Datenmengen* (Entitätsmengen, Relationen), so weisen sie normalerweise algebraischen Charakter auf (z.B. Vereinigung, Durchschnitt etc.)
Für die Behandlung einer Abfrage mittels einer prozeduralen Sprache muss der Benutzer die Zugriffe zumindest auf logischer Ebene selbst organisieren, um aus den Elementen die gewünschte Teilmenge des Datenbestandes verfügbar zu machen.

Selbständige Sprachen sind für den menschlichen Benutzer im allgemeinen direkter zugänglich als die eingebetteten, und deskriptive Sprachen sind der menschlichen Denkweise näher als prozedurale. Bei grossen Anwendungen sind jedoch eingebettete, prozedurale Sprachen am häufigsten anzutreffen, womit dann allerdings die Bedürfnisse des menschlichen Benutzers in Anwenderprogrammen als vorbereitete Transaktionen (Fig. 4-2) ausprogrammiert werden müssen.

In den nachstehenden Unterabschnitten werden typische Vertreter der einzelnen Sprachtypen anhand des Daten-Beispiels in Fig. 4-4 illustriert (Fig. 4-4 = Ausschnitt aus dem Beispiel der Abschnitte 2.9 und 2.11).

Die Beschreibungen in den Beispielen A bis H übernehmen so weit wie möglich die Terminologie der entsprechenden Sprach-Handbücher, um dem Leser auch dazu einige Eindrücke zu vermitteln.

Figur 4-4: Logische Datenstruktur
(Beispiel, Ausschnitt aus Fig. 2-21)

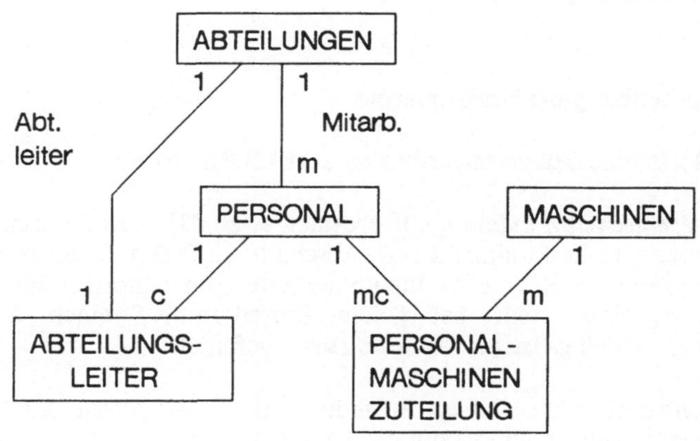

ABTEILUNG (abtno, name);
PERSONAL (pno, name, vorname, abtno, lohn);
ABTEILUNGSLEITER (abtno, pno);
MASCHINEN (mno, name);
P-M-ZUTEILUNG (pno, mno, faehigkeit);

Es handelt sich um folgende DML-Beispiele (Fig. 4-5):

Figur 4-5: Übersicht über die Beispiele

	eingebettet	selbständig
prozedural	Abschnitt 4.2.2 - Bsp. A: LIDAS-RDS - Bsp. B: CODASYL-DBTG	Abschnitt 4.2.3 - Bsp. C: Relationen- algebra
deskriptiv	Abschnitt 4.2.4 - Bsp. D: Modula/R	Abschnitt 4.2.5 - Bsp. E: ALPHA - Bsp. F: SQL - Bsp. G: Query by Example - Bsp. H: HIQUEL

Selbstverständlich gibt es neben den sehr datenbankspezifischen Unterscheidungen
der Datenmanipulationssprachen nach eingebettet-selbständig und prozedural-

deskriptiv noch verschiedene andere Kriterien, um solche Sprachen zu gliedern. So bringen in Dialoglösungen *graphische Sprachen* (Bsp. G und H) ganz neue Möglichkeiten gegenüber den gewohnten *linearen, verbalen Sprachen* (Bsp. A bis F). Auf einige Aspekte graphischer Systeme wird auch in Abschnitt 4.2.6 zurückzukommen sein.

4.2.2 Eingebettete, prozedurale Sprachen

Beispiel A: Interne Datenmanipulationssprache LIDAS - RDS

Zum *Datenbanksystem Lidas* (vgl. [Rebsamen et al. 83]) wurde neben der Datenbank-Programmiersprache Modula/R (vgl. Abschnitt 4.2.4, Bsp. D) als interne Schnittstelle des *Zugriffssystems RDS* eine tupelorientierte, prozedurale DML konzipiert. Das Benutzerprogramm stellt bei jedem Prozeduraufruf einen Arbeitspuffer zur Verfügung, wo sich *genau ein "aktuelles Tupel"* befindet.

Die Datenbankbefehle sind als Prozeduren der Wirtssprache Modula-2 formuliert, welche vom Schnittstellen-Modul des Laufzeitsystems (RDSREM) exportiert werden. Die wichtigsten Befehle sind:

- *OpenDB / CloseDB:* Zum Öffnen bzw. Schliessen einer Datenbank.

- *Find:* Lokalisieren eines Tupels mit Hilfe eines Schlüssels. Beim Aufruf von Find werden noch keine Daten in den Arbeitsspeicher des Benutzerprogramms transferiert; falls das gesuchte Tupel gefunden werden kann, wird es erst "aktuelles Tupel". Es gibt zahlreiche Formate für absolutes und relatives Positionieren aufgrund eines (oder mehrerer) Schlüsselwerte einer Relation. Die Schlüsselwerte müssen vor dem Aufruf von Find vom Anwenderprogramm in den Arbeitspuffer gebracht werden.

Zusammenstellung der Zugriffsarten, die gewählt werden können:

- *first (last) key*
  Absolutes Positionieren mit einem vorgegebenen Schlüsselwert. Falls mehrere Tupel mit demselben Schlüsselwert existieren, wird das erste (letzte) in einer systembestimmten Reihenfolge gesucht.

- *key or next (key or prior)*
  Zugriffsart wie 'first key', aber mit dem Unterschied, dass das Tupel mit dem nächst grösseren (kleineren) Schlüsselwert genommen wird, falls kein Tupel mit dem vorgegebenen Wert existiert.

- *first (last)*
  Absolutes Positionieren auf das Tupel mit dem kleinsten (grössten) Schlüsselwert

und bei mehreren auf das erste (letzte) Tupel in der systembestimmten Reihenfolge.

- *next (prior)*
Ausgehend vom aktuellen Tupel wird auf das nächste (vorhergehende) Tupel mit demselben oder mit dem nächst grösseren (kleineren) Schlüsselwert zugegriffen.

- *next (prior) equal*
Zugriff auf das nächste (vorhergehende) Tupel mit demselben Schlüsselwert. Dabei kommt eine systembestimmte Reihenfolge zum Tragen.

- *Obtain:* Zusätzlich zum Suchen eines Tupels (= Find) werden bei diesem Aufruf die Attributswerte in den Arbeitspuffer des Benutzerprogramms übertragen. Die Zugriffsarten sind die gleichen wie beim Aufruf von Find mit Ausnahme der folgenden Zugriffsart:

- *current*
Das aktuelle Tupel, das z.B. mit Find definiert wurde, wird in den Arbeitspuffer des Benutzerprogramms transferiert.

- *Replace:* Falls Merkmalswerte eines Tupels im Puffer durch das Programm geändert worden sind, wird durch diesen Befehl die neue Tupel-Version in die Datenbank zurückgespeichert, d.h. das alte Tupel wird in der Datenbank ersetzt. Attribute, welche zum Identifikationsschlüssel gehören, können auf diese Art nicht verändert werden.

- *Insert / Delete:* Zum Speichern eines neuen bzw. zum Löschen eines mit Find bzw. Obtain lokalisierten Tupels. Diese Operationen setzen das aktuelle Tupel auf "undefiniert".

Nach jedem DML-Befehl kann über eine *boolesche Funktionsprozedur* (Done) abgefragt werden, ob die Operation erfolgreich ausgeführt wurde oder ob z.B. ein gesuchter Record nicht gefunden werden konnte oder ob der Befehl nicht ausgeführt werden konnte, weil ein Fehler aufgetreten ist.

Beispiel: Es sollen (in alphabetischer Reihenfolge) die Namen derjenigen Personen ausgedruckt werden, welche nicht oder nur ungenügend für die Bedienung von Maschinen ausgebildet sind.

```
MODULE Qualifikation;
FROM RDSREM IMPORT Relation, Key, OpenDB, CloseDB, InitRelation, InitKey,
  BeginTransaction, CommitTransaction, Obtain, Done;

TYPE
  Nummern    = [1 .. 9999];
  Qualitaet  = (schlecht, mittel, gut);
```

```
Lohnklasse   = [-6 .. 23];
Namen        = ARRAY [0 .. 29] OF CHAR;
AbtNr        = [11 .. 99];

PersonalRec = RECORD
                 persNr: Nummern;
                 name: Namen;
                 vorname: Namen;
                 abtNr: AbtNr;
                 lohn: Lohnklasse;
              END;

PersMaschZutRec = RECORD
                     person: Nummern;
                     maschine: Nummern;
                     faehigkeit: Qualitaet;
                  END;
VAR
   personalBuf:        PersonalRec;        (* Arbeitspuffer für personal    *)
   persMaschZutBuf:    PersMaschZutRec; (* Arbeitspuffer für persMaschZut *)

   personal,                          (* generischer Typ, interner Zeiger  *)
   persMaschZut:       Relation;  (* auf Relationen-Beschreibung       *)

   personalPnoKey,                 (* erlaubt Zugriff zu personal über persNr *)
   personalPnameKey,               (* Zugriff über (name,vorname)             *)
   persMaschZutPnoKey: Key;   (* Zugriff zu persMaschZut über persNr     *)

   drucken:            BOOLEAN;
BEGIN
  OpenDB("fertigungsunternehmen");
  (* -> Titel der Liste schreiben *)
  BeginTransaction;
    (* -> Relationen und Schlüssel initialisieren *)
    InitRelation("personal", personal);
    InitRelation("persMaschZut", persMaschZut);
    InitKey("personalPnoKey", personalPnoKey);
    InitKey("personalPnameKey", personalPnameKey);
    InitKey("persMaschZutPnoKey", persMaschZutPnoKey);
    Obtain(personal, ADR(personalBuf), personalPnameKey, first);
    WHILE Done() DO
      persMaschZutBuf.person := personalBuf.persNr;
      drucken := true;
      Obtain(persMaschZut, ADR(persMaschZutBuf),
             persMaschZutPnoKey, firstkey);
      WHILE Done() AND drucken DO
        (* die Person ist mindestens einer Maschine zugeteilt *)
        drucken := persMaschZutBuf.faehigkeit = schlecht;
        Obtain(persMaschZut, ADR(persMaschZutBuf),
               persMaschZutPnoKey, nextequal);
      END;
```

```
    IF drucken THEN
      (* -> drucke das personal-Tupel *)
    END;
      Obtain(personal, ADR(personalBuf), personalPnameKey, next);
    END;
  CommitTransaction;
  CloseDB;
END Qualifikation.
```

Beispiel B: CODASYL-DBTG-Datenmanipulationssprache

Ein wichtiges Beispiel einer DML ist die in COBOL eingebettete Spracherweiterung
des *CODASYL*-Entwurfs (vgl. Abschnitt 3.2 mit dem entsprechenden Datenmodell,
[CODASYL 71 etc.]). Auch hier handelt es sich grundsätzlich um eine tupelorientierte
Sprache; mit einem DML-Befehl wird im allgemeinen also ein Datensatz manipuliert.

Im Gegensatz zu einer relationalen Umgebung sind in einem netzwerkartigen System
nicht nur die eigentlichen Datensätze (*records*) Gegenstand der Datenmanipulation,
sondern auch deren explizit gespeicherte Beziehungen oder Mengenzugehörigkeiten
(*sets*): Neben Puffervariablen zu jedem Record-Typ gibt es auch zu jedem Set-Typ je
ein aktuelles (current) Vorkommen. Bei Mutationsoperationen unterscheidet man
zwischen diesen beiden Informationsträgern:

- *STORE*: speichert einen neuen Record in der Datenbank. Der neu gespeicherte
  Record wird in all die Sets eingesetzt, in denen er Mitglied ist und seine
  Mitgliedschaft im Schema als "automatic" festgelegt wurde. Als "Owner-Record"
  wird dabei der aktuelle Record des entsprechenden Owner-Record-Typs
  genommen.

- *DELETE*: löscht einen zuvor mit FIND lokalisierten Record und alle seine
  Mitgliedschaften in Sets. Ist der zu löschende Record selbst Owner eines Sets, so
  werden alle zugehörigen "mandatory" Member-Records ebenfalls gelöscht
  (gegebenenfalls mehrstufig). Mit einem Parameter kann gesteuert werden,
  inwiefern sich die delete-Operation auch auf allfällige "optional"
  Members-Records erstrecken soll.

- *INSERT/REMOVE*: Diese Befehle ermöglichen Manipulationen mit Sets: Ein
  Record wird als Mitglied in ein Set eingesetzt, bzw. als Mitglied eines Sets entfernt.
  Diese Befehle sind nur bei gewissen Eigenschaften der Mitgliedschaft erlaubt.

4.2.3 Selbständige, prozedurale Sprachen

Zur Manipulation, insbesondere zur Abfrage von Datenmengen aus einer relationalen
Datenbasis kann man grundsätzlich von der Mengenalgebra (prozeduraler Ansatz:
Konstruktion von Mengen mit algebraischen Operatoren) oder von der Aussagenlogik

(deskriptiver Ansatz) ausgehen. Beide Formen sind aber an sich gleich mächtig bei der Formulierung von Abfragen. Die hier vorgestellte Mengenalgebra stellt somit eine Art Zwischenstufe zwischen tupelorientierten prozeduralen Sprachen und den deskriptiven Sprachen dar.

Beispiel C: Relationenalgebra

Die Relationenalgebra ist die wichtigste Manipulationssprache zum ursprünglichen Relationenmodell (vgl. Abschnitt 2.6) und stammt wie dieses von E.F.Codd [Codd 72]. Sie ist eine formale Basissprache mit sehr grossem Auswahlvermögen: Mit ihr können alle Fragen ausgedrückt werden, für welche in der Datenbank die zugehörige Information vorhanden ist. Sprachen, die dasselbe Auswahlvermögen wie die Relationenalgebra haben, heissen deshalb *relational vollständig*.

Vor der Einführung der Operationen müssen die Begriffe "vereinigungsverträglich" und "Verkettung" eingeführt werden. Wir definieren:

> Zwei einfache Attribute sind *vereinigungsverträglich*, wenn ihre Wertebereiche (domains) denselben Grunddatentyp haben.

> Zwei Attributskombinationen bzw. Relationen sind vereinigungsverträglich, wenn deren einfache Attribute paarweise vereinigungsverträglich sind.

> Die *Verkettung* $r \sim s$ der Tupel $r = \langle r1,...,rm \rangle$ und $s = \langle s1,...,sn \rangle$ ist das Tupel
> $r \sim s := \langle r1,...,rm,s1,...,sn \rangle$

Die *klassischen Mengenoperationen* werden für vereinigungsverträgliche Relationen R und S definiert.

> *Vereinigung* von R und S:
> $R + S := \{t \mid t\ in\ R$ oder $t\ in\ S$ oder beides$\}$

> *Differenz* von R und S:
> $R\text{-}S := \{t \mid t\ in\ R$ und $t\ nicht\ in\ S\}$

> *Durchschnitt* von R und S:
> $R * S := \{t \mid t\ in\ R$ und $t\ in\ S\}$

> *Symmetrische Differenz* von R und S:
> $R/S := \{t \mid t\ in\ R$ oder $t\ in\ S$, aber nicht in beiden$\}$

Die folgenden Definitionen bringen jene Erweiterungen, die die Relationenalgebra von der gewöhnlichen Algebra unterscheiden; als wichtigste sind Projektion und natürlicher Verbund zu betrachten.

Die *Projektion (projection)* der Relation R auf das Attribut oder auf die Attributskombination a=(a1,...,aj) ist gegeben durch:

$$R[a] := \{r[a] = \langle r[a1],...,r[aj]\rangle \mid r \text{ } in \text{ } R\}$$

Dies bedeutet, dass die nicht zu a gehörigen Kolonnen (=Attribute) R[â] (steht für Komplement) aus R gestrichen werden. Da R[a] selbst wieder eine Relation ist, müssen gleichzeitig (falls a kein Schlüsselkandidat ist) alle nun mehrfach vorhandenen Tupel r[a] bis auf je eines ebenfalls gestrichen werden.

Die Projektion bewirkt somit eine "Verkleinerung" der betroffenen Relation und wurde - ohne dass wir in Kapitel 2 darauf eingegangen wären - bereits bei der Normalisierung von Relationen angewendet: Die *Aufspaltung* von nicht-normalisierten *Relationen* erfolgt durch Projektionen.

Figur 4-6: Projektionen für die Normalisierung (Beispiel)

Die Relation

PERSONAL (<u>P#</u>, P-Nm, Abt#, Abt-Nm)

101	Hans	1	Physik
102	Rolf	2	Chemie
103	Urs	2	Chemie
104	Paul	1	Physik

wird in die 3. Normalform übergeführt durch die Projektionen von PERSONAL auf entsprechende Attributskombinationen.

PERSONAL[P#,P-Nm,Abt#] = P(<u>P#</u>, P-Nm, Abt#)

101	Hans	1
102	Rolf	2
103	Urs	2
104	Paul	1

PERSONAL[Abt#,Abt-Nm] = ABT(<u>Abt#</u>, Abt-Nm)

1	Physik
2	Chemie

Die zweite neue Operation, der Verbund, dient der *Zusammensetzung von Relationen*; damit kann die in verschiedenen normalisierten Relationen vorhandene Information zusammengefügt werden.

> Der *Theta-Verbund (Θ-join)* zweier Relationen R und S über die vereinigungsverträglichen Attribute bzw. Attributskombinationen a und b aus R und S ist gegeben durch:
>
> R [a Θ b] S := {r~s | r in R, s in S und r[a] Θ s[b]}
>
> wobei für Θ die Vergleichsoperatoren =, <>, <, >, <=, >= eingesetzt werden können und der Vergleich der Attribute von r[a] und s[b] paarweise erfolgt.

Der allgemeine Theta-Verbund wird wenig gebraucht. Aber besonders wichtig ist ein Spezialfall:

> Der *natürliche Verbund (natural join)* ist ein Gleich-Verbund (Θ gleich =). Die doppelt auftretenden Attribute müssen dabei (durch eine Projektion) wieder gestrichen werden:
>
> R [a=b] S := {r[a]~r[â]~s[b̂] | r in R, s in S und r[a] = s[b]}

Beispiel: Durch natürlichen Verbund der Relationen P und ABT aus Figur 4-6 erhält man wieder die Relation PERSONAL:

          PERSONAL := P [P.Abt# = ABT.Abt#] ABT

(Achtung: Es gibt Fälle, wo natürlicher Verbund und Projektion nicht zueinander inverse Operationen sind!)

Um *Attributswerte innerhalb einer Relation miteinander zu vergleichen*, wird die Restriktion eingeführt:

> Die *Restriktion (restriction)* der Relation R bezüglich der vereinigungsverträglichen Attribute bzw. Attributskombinationen a und b wird definiert als:
>
> R [a Θ b] := {r | r in R und r[a] Θ r[b]}
>
> wobei für Θ wiederum =, <> etc. eingesetzt werden können.

Figur 4-7: Anwendung der Restriktion (Beispiel)

Ausgehend von den Relationen

P(P#, P-Nm, P-Lohn)   und   CHEF(P#, Chef#)

101	Hans	50
102	Rolf	100
103	Urs	40
104	Paul	80
105	Fritz	110
106	Hans	50
107	Peter	70
108	Urs	60

101	105
103	104
104	107
105	102
106	107
107	102
108	105

lässt sich die Frage "Wer verdient mehr als sein Chef?" leicht beantworten. Man bildet zunächst durch zweimal angewendeten natürlichen Verbund die Relation

PERSONAL: = (P[P.P# = Chef.P#]CHEF) [CHEF.Chef# = P.P#] P

PERSONAL(P#, P-Nm, P-Lohn, Chef#, Chef-Nm, Chef-Lohn)

101	Hans	50	105	Fritz	110
103	Urs	40	107	Peter	70
104	Paul	80	107	Peter	70
105	Fritz	110	102	Rolf	100
106	Hans	50	107	Peter	70
107	Peter	70	102	Rolf	100
108	Urs	60	105	Fritz	110

Schliesslich liefert die folgende Restriktion die gesuchte Antwort:

PERSONAL [P-Lohn > Chef-Lohn] [P#, P-Nm]

104	Paul
105	Fritz

Um die Tupel einer Relation R zu finden, die mit *allen* Tupeln der Relation S in Beziehung stehen (z.B. die Projekte, an denen alle mitarbeiten), benötigt man die Operation "Division".

a und b seien vereinigungsverträgliche Attribute bzw. Attributskombinationen der Relationen R und S. Die *Division (division)* von R auf a durch S auf b ist definiert durch:

$$R[a + b]S := \{r[\hat{a}] \mid S[b] \subseteq W(r[\hat{a}])\}$$

wobei

$$W(r[\hat{a}]) = \{r[a] \mid \langle r[a], r[\hat{a}]\rangle \ in \ R\}$$

Die Division ist eine Art von Projektion, aber mit strengeren Auswahlkriterien für die aufzunehmenden Tupel. Projiziert wird dabei auf das Komplement â des Vergleichattributs (evtl. -kombination) a. Nun betrachten wir zu jedem Tupel r[â], bevor es aufgenommen wird, die spezielle Untermenge W(r[â]) der Tupel von R. W(r[â]) umfasst die a-Attribute genau jener Tupel, welche bei einer gewöhnlichen Projektion auf *ein* neues Tupel r[â] abgebildet würden. Bei der "Division" werden nun aber nur jene r[â] aufgenommen, deren zugehöriges W(r[â]) zu jedem Tupel aus S einen Partner hat.

Figur 4-8: Anwendungen der Division (Beispiel)

Gegeben seien die Relationen

LIEFERUNG (L#, T#) ,

11	1
11	2
11	3
12	1
12	2
13	3

TEILE1 (T#, T-Bez)

1	Schraube
2	Scheibe
3	Blech

und TEILE2 (T#, T-Bez)

| 1 | Schraube |
| 2 | Scheibe |

Gesucht seien die Lieferantennummern L# jener Lieferanten, welche alle Teile in TEILE1 oder in TEILE2 liefern. Die Antwort erfolgt durch zwei Divisionen:

LIEFERUNG [LIEFERUNG.T# + TEILE1.T#] TEILE1   = {11}

LIEFERUNG [LIEFERUNG.T# + TEILE2.T#] TEILE2   = {11,12}

Durch Kombination der besprochenen Operationen mit üblicher Klammernsetzung können komplexe Fragen aufgebaut werden. Möchte man dabei mit Konstanten arbeiten, muss man eine Hilfsrelation einführen, die die entsprechenden Werte enthält, da in der Relationenalgebra nur Operationen auf Relationen erlaubt sind.

Beispiele: Fertigungsunternehmen

(Zur Vereinfachung wird die Qualifikation der Attribute durch den Namen der Relation weggelassen.)

(1)   Namen der Personen, die an einer Maschine ausgebildet sind?

$$R := (\text{PERSONAL } [P\# = P\#] \text{ PMZUTEILUNG}) [\text{pname}]$$

(2)   Nummern derjenigen Personen, die an keiner Maschine mit genügender Qualifikation ausgebildet sind?

$$Z(x) := \{\text{'schlecht'}\}$$
$$R := \text{PERSONAL } [P\#] - $$
$$\quad (\text{PMZUTEILUNG } [\text{faehigkeit} > x] \text{ Z}) \; [P\#]$$

(3)   Nummern der Personen in der Abteilung 'Physik', die an der Maschine mit $M\#$ = 12 ausgebildet sind?

$$ZX(x) := \{\text{'Physik'}\}$$
$$ZY(y) := \{12\}$$
$$R := $$
$$\quad (((\text{ABTEILUNG } [\text{name} = x] \text{ ZX}) \; [\text{Abt}\# = \text{Abt}\#] \text{ PERSONAL}) [P\#])$$
$$\quad * ((\text{PMZUTEILUNG } [M\# = y] \text{ ZY}) [P\#])$$

(4)   Nummern der Personen, die an einer gleichen Maschine ausgebildet sind wie die Person mit $P\#$ = 104?

$$Z(x) := \{104\}$$
$$H := (\text{PMZUTEILUNG } [P\# = x] \text{ Z}) [M\#]$$
$$R := (\text{PMZUTEILING } [M\# = M\#] \text{ H}) [P\#]$$

oder direkt, ohne eine zweite Hilfsrelation H:

$$Z(x) := \{104\}$$
$$R := ((\text{PMZUTEILUNG } [P\# = x] \text{ Z}) \; [M\# = M\#] \text{ PMZUTEILUNG}) [P\#]$$

Die hier vorgestellten mengenalgebraischen Formulierungen erscheinen dem Nichtspezialisten vorerst schwer lesbar. In der Praxis haben sich deshalb rein algebraische Sprachansätze nicht durchsetzen können, und bei Implementationen (z.B. im System PRTV = Peterlee Relational Test Vehicle, vgl. [Todd 76]) werden nur Teile des Operationssortiments gebraucht und überdies noch etwas benutzerfreundlicher formuliert.

4.2.4 Eingebettete, deskriptive Sprachen

Beispiel D: Modula/R

Bereits in Abschnitt 2.11 wurde die Datenbankprogrammiersprache Modula/R unter
dem Aspekt der Datenbeschreibung kurz vorgestellt. An dieser Stelle soll nun auf die
Datenmanipulationsmöglichkeiten von Modula/R näher eingegangen werden
([Schmidt 77], [Koch et al. 83], [Mall et al. 84]). Modula/R ist eine eingebettete
Sprache, denn sie erweitert die Programmiersprache Modula-2 um
Datenbankkonstrukte zur Manipulation relationaler Datenbanken. Ausserdem ist
Modula/R eine deskriptive Sprache, da die zu manipulierenden Daten durch
deskriptive Ausdrücke, die auf dem Prädikatenkalkül erster Ordnung beruhen,
spezifiziert werden. Der verwendete Prädikatenkalkül wird auch als Relationenkalkül
bezeichnet ([Codd 71], [Date 83]).

Der Prädikatenkalkül basiert auf logischen Ausdrücken, denen ein Wahrheitswert
zugeordnet werden kann (Boolesche Ausdrücke). Diese logischen Ausdrücke können
auch quantifiziert werden, und zwar durch die existentiellen und universellen
Quantoren. Die Quantoren haben als Wertebereich eine bestimmte Relation
(Bereichsrelation). Mit einem Quantor ist zusätzlich eine Variable verbunden
("gebundene Variable"), die in dem vom Quantor quantifizierten logischen Ausdruck
verwendet werden kann. Die Werte der gebundenen Variable sind durch die Elemente
der Bereichsrelation bestimmt. Das Prädikat (mit existentiellem Quantor)

```
SOME rec IN rel ( <logischer Ausdruck> )
```

ist genau dann wahr, wenn *mindestens ein* Wert der gebundenen Variable rec den
logischen Ausdruck wahr macht. Die Werte von rec sind dabei die Elemente der
Bereichsrelation rel.

Das Prädikat (mit universellem Quantor)

```
ALL rec IN rel ( <logischer Ausdruck> )
```

ist genau dann wahr, wenn alle Werte der gebundenen Variable rec den logischen
Ausdruck wahr machen.

Beispiele: Fertigungsunternehmen (vgl. Schema in Abschnitt 2.11)

(1) Ist die Person mit persNr = 104 an einer Maschine ausgebildet?

```
SOME pm IN persMaschZut (pm.person = 104)
```

119

(2) Haben alle ausgebildeten Personen genügende Qualifikation?

```
ALL pm IN persMaschZut (pm.faehigkeit > schlecht)
```

(3) Ist jede Person an mindestens einer Maschine ausgebildet?

```
ALL p IN personal
    SOME pm IN persMaschZut (p.persNr = pm.person)
```

(4) Gibt es eine Person, die an allen Maschinen ausgebildet ist?

```
SOME p IN personal ALL m IN maschinen
   SOME pm IN persMaschZut
      ((p.persNr=pm.person) AND (m.maschNr=pm.maschine))
```

Mit diesen Prädikaten können boolesche Abfragen spezifiziert werden. Um bestimmte Teilmengen aus der Datenbank zu bestimmen, ist der Relationenkonstruktor in Modula/R eingeführt worden:

```
{ EACH rec IN rel : <logischer Ausdruck> }
```

Der Wert dieses Relationenkonstruktors ist eine Relation und umfasst alle diejenigen Elemente rec aus der Bereichsrelation rel, für die der logische Ausdruck wahr ergibt. Die Variable rec wird als freie Variable bezeichnet, da sie im logischen Ausdruck an keinen Quantor gebunden ist. Der logische Ausdruck ist ein Boolescher Ausdruck, der auch Quantoren enthalten kann. Soll nur eine Komponente comp der Elemente rec aus der Relation rel ausgewählt werden, kann der Relationenkonstruktor wie folgt spezifiziert werden:

```
{ [ rec.comp ] OF EACH rec IN rel : <logischer Ausdruck> }
```

Anstelle einer einzigen Komponente kann auch eine Liste von Komponenten bezeichnet werden.

Beispiele: Fertigungsunternehmen (vgl. Schema in Abschnitt 2.11)

(0) Personen, die in Lohnklasse 5 sind?

```
{ EACH p IN personal : p.lohn = 5 }
```

(1) Personen, die an einer Maschine ausgebildet sind?

```
{ EACH p IN personal :
   SOME pm IN persMaschZut (p.persNr = pm.person) }
```

(2) Nummern derjenigen Personen, die an keiner Maschine mit genügender Qualifikation ausgebildet sind?

```
{ [ p.persNr ] OF EACH p IN personal :
   ALL pm IN persMaschZut
      ((p.persNr <> pm.person) OR (pm.faehigkeit = schlecht))}
```

(3) Personen in der Abteilung 'Physik', die an der Maschine mit maschNr = 12 ausgebildet sind?

```
{ EACH p IN personal :
    SOME a IN abteilungen
   ((p.abtNr = a.abtNr) AND (a.name = 'Physik'))
    AND
    SOME pm IN persMaschZut
       ((p.persNr = pm.person) AND (pm.maschine = 12)) }
```

(4) Nummern der Personen, die an einer gleichen Maschine ausgebildet sind wie die Person mit persNr = 104?

```
{ [ pm.persNr ] OF EACH pm IN persMaschZut :
    SOME pmz IN  persMaschZut
       ((pm.maschine = pmz.maschine) AND (pmz.person = 104))}
```

Neben den Abfragehilfsmitteln bietet Modula/R auch Operatoren zur Datenbankmutation an. Dies sind:

```
rel := relexpr     (Zuweisung)
rel :+ relexpr     (Einsetzen)
rel :- relexpr     (Löschen)
rel :& relexpr     (Ersetzen)
```

Der relationale Ausdruck relexpr kann eine Relationenvariable oder aber ein Relationenkonstruktor sein. Mit der Zuweisung wird der Wert des relationalen Ausdrucks relexpr der Relationenvariablen rel zugewiesen. Mit der Einsetzoperation werden all jene Elemente der relexpr in die Relation rel eingesetzt, die in rel noch nicht enthalten sind. Mit der Löschoperation werden all jene Elemente aus der Relation rel gelöscht, für die es ein entsprechendes Element in der relexpr gibt. Mit der Ersetzoperation werden alle diejenigen Elemente in der Relation rel, für die es ein entsprechendes Element in der relexpr gibt, durch die entsprechenden Elemente aus der relexpr ersetzt.

Zum sequentiellen, elementweisen Lesen einer Relation dient die erweiterte For-Anweisung:

```
FOR EACH rec IN rel : <logischer Ausdruck>
    DO <Anweisung>;
```

Für jedes Element rec aus der Bereichsrelation rel, das den logischen Ausdruck wahr macht, wird die Anweisung ausgeführt.

Modula/R ist eine Datenbankprogrammiersprache, bei der die Datenbankkonstrukte vollständig in die Programmiersprache integriert sind. Andere Sprachen realisieren lediglich eine Einbettung einer selbständigen, deskriptiven Sprache in eine Programmiersprache mit einer tupelorientierten Schnittstelle zwischen der Datenbank- und der Programmiersprache. Zu letzterer Gruppe gehören die Einbettung von SQL [Chamberlin et al. 76] (vgl. 4.2.5) in PL/1 zum System R [Astrahan et al. 76] und die Einbettung von QUEL in die Programmiersprache C zum System INGRES [Stonebraker et al. 76].

4.2.5 Selbständige, deskriptive Sprachen

Beispiel E: Kalkülorientierte Sprache: ALPHA

Neben der Relationen*algebra* (Beispiel C) gibt es gleich mächtige Sprachen auf der Basis eines *Relationen- oder Prädikatenkalküls.* Zur Beschreibung der gewünschten Resultatrelation werden dabei nicht Folgen der dazu notwendigen Operationen, sondern direkt Prädikate über Attributen formuliert. Dazu steht der ganze Prädikatenkalkül 1. Ordnung mit Quantoren zur Verfügung.

Ein bekanntes Beispiel einer solchen Sprache ist ALPHA, welche von Codd entwickelt wurde und sowohl als selbständige Sprache wie auch eingebettet in eine Wirtssprache verwendet werden kann. ([Codd 71], [Schlageter/Stucky 77], [Date 81]).

Mit ALPHA können Relationen auch modifiziert werden, aber wir beschränken uns hier auf Abfragen, indem wir (zum Vergleich mit der Relationenalgebra) dieselben Fragen wie im Beispiel C hier in ALPHA formulieren. (Einzelheiten zum Prädikatenkalkül sind anhand der Sprache Modula/R im Beispiel D erklärt worden.)

Beispiele: Fertigungsunternehmen

(1) Namen der Personen, die an einer Maschine ausgebildet sind?

```
get (PERSONAL.name): some x of PMZUTEILUNG (PERSONAL.persNr = x.person)
```

(2) Nummern derjenigen Personen, die an keiner Maschine mit genügender Qualifikation ausgebildet sind?

```
get (PERSONAL.persNr): all x of PMZUTEILUNG
     ((PERSONAL.persNr <> x.person) or (x.faehigkeit = 'schlecht'))
```

(3) Nummern der Personen an der Abteilung 'Physik', die an der Maschine mit maschNr = 12 ausgebildet sind?

```
get (PERSONAL.persNr):
     some x of ABTEILUNG, some y of PMZUTEILUNG
     (PERSONAL.abtNr = x.abtNr) and (x.name = 'Physik')
     and (PERSONAL.persNr = y.person) and (y.maschine = 12)
```

(4) Nummern der Personen, die an einer gleichen Maschine ausgebildet sind wie die Person mit persNr = 104?

```
get (PMZUTEILUNG.person):
     some x of PMZUTEILUNG
     ( (PMZUTEILUNG.maschine = x.maschine) and (x.person = 104) )
```

Die Verwendung von Quantoren und der sehr formale Aufbau von ALPHA sind für den gelegentlichen Benutzer nur bedingt überblickbar. Zudem ist für die Praxis weniger die Vollständigkeit einer Sprache als die Tatsache wichtig, dass die (am häufigsten vorkommenden) einfachen Abfragen leicht formuliert werden können; komplexe Abfragen können vom Benutzer ohne weiteres in einfachere Unterfragen aufgeteilt werden (vgl. Ausdrücke in Programmen).

Vorbehalte bezüglich der Benutzerfreundlichkeit einer solchen Sprache sind für Kalkülsprachen typisch. Als vorteilhaft hat sich hingegen erwiesen, dass im Gegensatz zu den algebraischen Ansätzen der Prädikatenkalkül leicht durch Befehle für die Datenausgabe oder durch Standardfunktionen ("Anzahl Tupel", "Summe", "Maximalwert" etc.) erweitert werden kann. Kalkülorientierte, effektiv implementierte Sprachen, wie z.B die Sprache QUEL des Systems INGRES [Stonebraker et al. 76] machen ausgiebig von solchen bequemen Erweiterungen Gebrauch, verzichten jedoch auf explizite Verwendung von Quantoren.

Beispiel F: Abbildungsorientierte Sprache: SQL

SQL (Structured English Query Language) ist als ein Hauptergebnis aus den IBM-Entwicklungsarbeiten für ein relationales Datenbanksystem hervorgegangen(vgl. [Chamberlin et al. 76], [Date 81], [Schlageter/Stucky 77]). SQL ist ein Beispiel einer *abbildungsorientierten Sprache*, die weitgehend auf Quantoren verzichtet. Das Grundkonzept von abbildungsorientierten Sprachen liegt darin, dass die Daten von einem *Definitionsbereich* (Relation) aufgrund eines *Auswahlkriteriums* (boolescher Ausdruck) auf einen *Bildbereich* (Projektion) *abgebildet* werden. Das Auswahlkriterium kann Attribute mit Konstanten oder mit dem Bildbereich einer anderen Abbildung (Verschachtelung) verbinden.

Beispiele: Fertigungsunternehmen

(0) Namen der Personen in der Abteilung 12

```
select name              Bildbereich
from   PERSONAL          Definitionsbereich
where  abtNr = 12        Auswahlkriterium mit Konstante
```

(1) Namen der Personen, die an einer Maschine ausgebildet sind?

```
select name              Bildbereich
from   PERSONAL          Definitionsbereich
where  persNr in         Auswahlkriterium mit
   select person         Bildbereich (mit Projektion)
   from   PMZUTEILUNG    Definitionsbereich
```

(2) Nummern derjenigen Personen, die an keiner Maschine mit genügender Qualifikation ausgebildet sind?

```
select persNr
from   PERSONAL
where  persNr not in
   select person
   from   PMZUTEILUNG
   where  faehigkeit > 'schlecht'
```

(3) Nummern der Personen in der Abteilung 'Physik', die an der Maschine Nummer 12 ausgebildet sind?

```
select persNr
from   PERSONAL
where  abtNr =
        (select abtNr
         from   ABTEILUNG
         where  name = 'Physik')
and    persNr =
        (select unique persNr
         from   PMZUTEILUNG
         where  maschine = 12)
```

(4) Nummern der Personen, die an einer gleichen Maschine ausgebildet sind wie die Person mit pno = 104?

```
select persNr
from   PMZUTEILUNG
where  maschNr in
           select unique maschine
           from   PMZUTEILUNG
           where  persNr = 104
```

SQL ist eine relational vollständige Sprache, die auch Möglichkeiten zur Datendefinition, zur Erzeugung und Löschung von externen Sichten (vgl. 4.6) und gar zur Veränderung existierender Relationen umfasst. Ebenfalls können von SQL aus Massnahmen zur Integritätsprüfung und zur Zugriffskontrolle ergriffen werden. SQL ist als Benutzerschnittstelle zum System R [Astrahan et al. 76] implementiert, und zwar sowohl als selbständige Sprache als auch eingebettet in PL/I.

Beispiel G: Graphikorientierte Sprache: Query by Example

Query by Example (QBE) basiert ursprünglich auf Arbeiten von M.Zloof (vgl. [Zloof 75], [Date 81], [Schlageter/Stucky 77]), ist auf den nicht-professionellen Benutzer ausgerichtet und erlaubt ebenfalls Operationen auf klassischen relationalen Datenbanken. Query by Example wurde für den selbständigen Gebrauch an einem Bildschirm-Terminal entwickelt und zeichnet sich gegenüber den konventionellen verbalen (linearen) Sprachen durch seine zweidimensionale Syntax aus.

Der Benutzer bezeichnet zu Beginn eines Dialogs diejenigen Relationen, mit denen er arbeiten will, worauf ihm das System leere Tabellen mit allen Attributbezeichnungen zur Verfügung stellt. Der Benutzer kann nun in diesen Rohtabellen mit Konstanten, Variablen, expliziten und impliziten Bedingungen und mit einigen Befehlen (vor allem für die Datenausgabe) angeben, was er will. Das System setzt diese Angaben anschliessend automatisch in klassische Relationenbefehle um.

Beispiele: Fertigungsunternehmen

(0)   Namen der Personen in der Abteilung 12?

PERSONAL	persNr	name	vorname	abtNr	lohn
		P.x	P.y	12	

"P." steht für "print", während x und y Beispiele einer möglichen Antwort sind, wobei man solche "example elements" durch Unterstreichen von den nicht unterstrichenen Konstanten unterscheidet.

(1)   Namen der Personen, die an einer Maschine ausgebildet sind?

PERSONAL	persNr	name	vorname	abtNr	lohn
	$\underline{i}$	P.$\underline{x}$			

PMZUTEILUNG	person	maschine	fähigkeit
	$\underline{i}$		

'j' stellt die Verbindung zweier Relationen dar ("globale Variable").

(2) Nummern derjenigen Personen, die an keiner Maschine mit genügender Qualifikation ausgebildet sind?

PERSONAL	persNr	name	vorname	abtNr	lohn
	P.$\underline{i}$				

PMZUTEILUNG	persNr	maschine	fähigkeit
not	$\underline{i}$		>'schlecht'

(3) Nummern der Personen in der Abteilung 'Physik', die an der Maschine Nummer 12 ausgebildet sind?

PERSONAL	persNr	name	vorname	abtNr	lohn
	P.$\underline{i2}$			$\underline{i1}$	

ABTEILUNG	abtNr	name
	$\underline{i1}$	Physik

PMZUTEILUNG	persNr	maschine	fähigkeit
	$\underline{i2}$	12	

(4) Nummern der Personen, die an einer gleichen Maschine ausgebildet sind wie die Person mit pno = 104?

PMZUTEILUNG	persNr	maschine	fähigkeit
	P.$\underline{x}$	$\underline{y}$	
	104	$\underline{y}$	

Auch Query by Example ermöglicht Mutationsoperationen, beispielsweise Einfügen, indem ganz links der Befehl "INSERT." geschrieben wird, während in die einzelnen Kolonnen die Attributswerte des neuen Tupels zu stehen kommen. Eine für den gelegentlichen Benutzer besonders angenehme Eigenschaft des Systems ist die Möglichkeit, mit denselben Hilfsmitteln wie bei normalen Datenbanken auch

Abfragen an das Datenverzeichnis zu richten. So ist es z.B. möglich, mit einer einfachen Abfrage herauszufinden, in welchen Relationen ein gesuchtes Attribut vorkommt.

Beispiel H: Graphikorientierte Sprache für Hierarchien : HIQUEL

Als letztes ausführliches Sprachbeispiel soll HIQUEL (Hierarchical Query Language, [Ursprung 83], [Ursprung 84]) zeigen, wie graphische Dialogtechniken zur Datenabfrage weiterentwickelt und anderseits hierarchische Datenstrukturen für eine hohe Benutzerfreundlichkeit herangezogen werden können. HIQUEL steht als Datenabfragesprache des schon früher erwähnten Datenbanksystems LIDAS im experimentellen Einsatz.

Benutzer einer Abfragesprache sind sehr häufig an einer Datendarstellung in Hierarchieform interessiert, etwa mit folgender Frage:

(1) Namen der Personen gegliedert nach Abteilungen?

Das Ergebnis steht in Fig. 4-9. Relationale Sprachen müssen hier jedoch zum vorneherein versagen, weil schon die 1. Normalform strukturierte Einträge, hier sog. *Repetitionsgruppen,* verbietet. Netzwerke werden anderseits rasch allzu kompliziert, gerade auch in einer allfälligen Bildschirmdarstellung. Hierarchien sind der Praxis - gerade am Bildschirm - also offenbar etwa angemessen.

Eine Sprache, welche für den Benutzer Repetitionsgruppen geeignet darstellen will, sollte daher zum mindesten

- eine mit der Relationenalgebra verträgliche Operation zur hierarchischen Verbindung von Relationen anbieten (vgl. nachstehend: "Hierarchischer Verbund", Fig. 4-9),

- auf dem Bildschirm Hierarchien geeignet darstellen, wobei möglichst viel Information gut strukturiert und damit übersichtlich präsentiert werden kann (vgl. nachstehende Query-by-Example-nahe Darstellung, Fig. 4-10),

- Abfragen schrittweise aufbauen. Da Hierarchien komplizierter als einzelne Relationen sind, ist ein dialoggerechter Aufbau der Abfrage in mehreren Schritten erwünscht. Fehler oder unzweckmässige Präsentationsdatenformate lassen sich so rasch und ohne Grossverlust an Zeit und Daten korrigieren; der Abfrageprozess wird dadurch beschleunigt.

HIQUEL führt dazu (in Erweiterung der Relationenalgebra von Beispiel C) neu den hierarchischen Verbund ein:

Der *hierarchische Verbund (hierarchical join)* einer Vaterrelation R mit einer Sohnrelation S über vereinigungsverträglichen Attributen (bzw. -kombinationen) a und b ist wie folgt definiert:

$R[a \models b] S :=$

- falls zu jedem Tupel aus R höchstens ein Tupel aus S zugeordnet werden kann:

  $R[a \models b] S = R[a = b] S =$ natürlicher Verbund (Relation)

- falls mehrere Tupel aus S einem Tupel aus R zugeordnet werden können:

  $R[a \models b] S =$ aus zwei Segmenten bestehende Hierarchiedarstellung (keine Relation in 1. NF, aber jedes Segment für sich ist eine Relation), so dass ein Tupel s aus S genau dann als Sohnelement aufgenommen wird, wenn ein Tupel r aus R mit $r[a] = s[b]$ existiert. Dabei wird s[b] nicht geschrieben, hingegen r[a] im Vaterelement.

Nun setzen wir den hierarchischen Verbund zur Beantwortung der oben gestellten Frage (1) auf unsere alten Beispiele an.

Figur 4-9: Beispiel eines hierarchischen Verbundes (Datenvorkommen)

ABT (Abt # , Abt-Nm)

| 1 | Physik |
| 2 | Chemie |

PERS (P # , P-Nm, Abt #)

101	Hans	1
102	Rolf	2
103	Urs	2
104	Paul	1

ABT [ABT.Abt # ⊨ PERS.Abt #] PERS   (keine Relation, sondern Hierarchie)

```
1 Physik
    101 Hans
    104 Paul
2 Chemie
    102 Rolf
    103 Urs
```

Fig. 4-9 zeigt, dass bei der Darstellung der Datenvorkommen benutzernahe Lösungen gefunden werden können. Nun aber zurück zur Abfragesprache HIQUEL, welche nicht die Datenvorkommen, sondern deren Strukturen darstellen muss. Für Hierarchien mit Vater- und Sohn-Ebenen, sog. Vater- bzw. Sohn-Segmenten, können analog zu Query-by-Example "leere Tabellen" benützt werden, wobei die

Attributnamen automatisch präsentiert und interaktiv mit den zugehörigen Attributen gelöscht oder nur unsichtbar gemacht werden können. Wichtig ist auch die systemunterstützte Ergänzungsmöglichkeit der Segmente durch Daten aus weiteren Relationen, welche zu Vater- oder Sohnsegmenten selber in direkter Beziehung stehen. Fig. 4-10 zeigt, wie der Bildschirm bei einem Abfrageaufbau nach mehreren solchen Aufbauschritten aussehen kann.

Figur 4-10: Beispiel einer HIQUEL-Datenabfrage

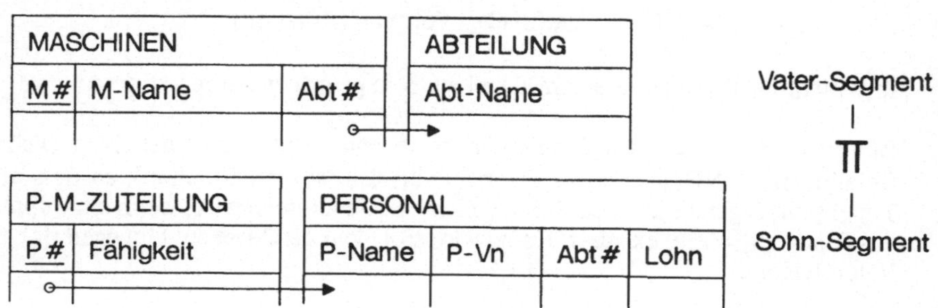

Die Leertabellen von Fig. 4-10 zeigen hier deutlich zwei Besonderheiten von HIQUEL. Erstens besteht vom Vater- zum Sohnsegment ein hierarchischer Verbund, angedeutet mit ⊨ . Zweitens sind zusätzliche Informationen zu Abt# und P# über einen problemlosen natürlichen Verbund auf der je entsprechenden Stufe angehängt. Die zugehörige Präsentation von 4 Relationen in einer einzigen, nur 2-stufigen Darstellungsform darf als benutzerfreundlich betrachtet werden. Und anschliessend können - hier nicht eingetragen - die einzelnen Attribute noch durch ähnliche Mittel wie in Query-by-Example eingegrenzt werden.

Fig. 4-10 gibt aber auch einen Hinweis auf den schrittweisen Aufbau der Abfragestruktur. Damit lassen sich schon nach den ersten Schritten die automatische Syntax-Überprüfung und ein Teil der Datenausgabe (und damit eine Semantik-Überprüfung) durchführen. Für Einzelheiten dieses Aspekts sei auf [Ursprung 84] verwiesen.

4.2.6 Benutzerschnittstellen bei vorbereiteten Abfragen

In den Beispielen für freie Abfragesprachen wurde in den vorstehenden Abschnitten immer wieder auf die Bedeutung der Benutzerfreundlichkeit hingewiesen. Dabei handelte es sich jeweils um sehr allgemeine und nicht auf bestimmte Anwender oder Anwendungen spezialisierte Sprachen. Umso mehr spielt diese Benutzerfreundlichkeit aber bei Spezialanwendungen eine zentrale Rolle.

Wer also für eine konkrete Anwendung (z.B. Bibliothekskatalog, Personalauskunft, technische Datenbank) die Schnittstelle zum Benutzer zu entwerfen hat, wird dazu im Rahmen der verfügbaren technischen Möglichkeiten (Geräte, Methoden) eine in sich abgerundete, saubere Lösung suchen. Diese Kommunikationsform zwischen Computersystem und Benutzer darf dabei sehr wohl als *Benutzersprache* bezeichnet werden.

Es kann hier nicht der Ort sein, eine umfassende Darstellung der Probleme der Benutzerschnittstellen zu geben; einige Hinweise mögen genügen.

- *Einsatz der geeigneten Geräte:* In vielen Fällen sind "Arbeiten mit Datenbanken" fast synonym mit "Arbeiten im Dialog am Bildschirm". Für kleinere Datenbankanwendungen werden dabei meist bereits verfügbare Geräte eingesetzt, während für Grossanwendungen unter Umständen spezielle Terminals beschafft werden (etwa bei Banken oder bei Kassenstationen im Supermarkt). In anderen Spezialfällen (etwa in Lagerhäusern) kann aber auch heute eine Karte als Datenträger geeignet sein. Wesentlich ist, dass der Entwurfsverantwortliche die technischen Möglichkeiten kennt und beurteilen kann. Dabei ist die Kostenfrage mitzuberücksichtigen.

- *Freie oder formatierte Dateneingabe:* Ähnlich wie bei den freien Abfragesprachen ist es auch bei vorbereiteten Datenmanipulationen möglich, dem Anwender viel Flexibilität zu geben - mit allen Vor- und Nachteilen. Drei grobe Varianten sind daher beim Entwurf zu überdenken:

  - Streng formatierte Dateneingabe mit *Masken:* Der Bildschirm wirkt wie ein Formular; der Anwender wird dadurch geführt und unterstützt; gewisse bereits in der Datenbank vorhandene Daten können in die Arbeit leicht einbezogen werden. Masken werden vor allem bei der Erfassung grösserer Datenmengen eingesetzt.

  - Beschränkte Flexibilität mit *Menüs:* Dem Anwender werden Auswahlmöglichkeiten für seine Tätigkeit geboten. Auswählen geht - besonders auch mit modernen Cursor-Techniken (Maus, Spezialfunktionen) - sehr rasch und erlaubt gleichzeitig eine natürliche Führung des Anwenders. (Einzelne Menüs können auch das Angebot von Masken einschliessen.)

  - Hochflexible Datenmanipulation mit einem *Dateneditor:* Ähnlich einem Texteditor kann damit auf den Datenbeständen operiert werden. Allerdings dürfte bei einer solchen Art der Datenmanipulation die Sicherstellung der Datenkonsistenz im allgemeinen schwierig sein.

- *Klares und widerspruchfreies Sprachkonzept:* Wer sich schon über Widersprüche bei heutigen Dialogsystemen geärgert hat, etwa über unterschiedliche "Quit"-Funktionen oder Mehrfachbedeutungen des gleichen Buchstabens ("E" für

Exit, Editor und End) wird natürlich selber alles besser machen - wenn es so einfach wäre! Darum hält sich gerade der wenig Erfahrene am besten an gute Beispiele, die er kennt. Auch soll nicht jeder Sonderwunsch des Anwenders berücksichtigt werden, sonst gehen Übersicht und Klarheit verloren. (Einige Grundsätze der Dialogtechnik finden sich in [Nievergelt/Ventura 83].)

All die bisher genannten Überlegungen sind natürlich nicht bloss für Abfragen, sondern auch für Mutationen gültig. Obwohl wir uns sonst auf die Diskussion der Abfragen konzentriert haben, sei hier auf die Unterschiede kurz hingewiesen. Es lohnt sich, beim Entwurf von Mensch-Maschinen-Schnittstellen für Datenbanken diese beiden Datenmanipulationsformen je auch separat zu überdenken:

- *Abfragen* sind relativ unproblematisch. Umfangreiche Abfragen über Hunderte von Records/Tupel sind zwar eventuell aufwendig (was der Benutzer bald merken wird), aber für die Integrität der Datenbank kaum kritisch (Datenschutzprobleme ausgenommen, vgl. Abschnitt 6.4).

- *Mutationen* gehen hingegen sofort an die Substanz der Datenbasis. Hier werden normalerweise nur wenige Werte oder Records/Tupel auf einmal betroffen. Dafür müssen vor der allfälligen Mutation Sicherungen eingebaut werden, um unerlaubte, insbesondere aber auch unbeabsichtigte Mutationen auszuschliessen.

Der Entwurf einer guten Datenmanipulationssprache für eine bestimmte Anwendung gehört zum Anspruchsvollsten der praktischen Informatik. Daher kommen in diesem Buch verschiedenste Beispiele solcher Sprachen in kürzerer oder ausführlicherer Form zur Darstellung. Der Leser erhält damit Vergleichsmöglichkeiten.

4.3 Externe Schemata

Im Kapitel 2 haben wir uns um den logischen Entwurf eines Datensystems gekümmert, das Ziel war eine umfassende konzeptionelle Darstellung (konzeptionelles Schema) einer konsistenten Datenbasis. Gleichzeitig macht die konzeptionelle Darstellung die Beziehungen zwischen Entitätsmengen sichtbar und verhindert unsaubere Operationen auch dadurch, dass Redundanzen (und damit Mutationsanomalien) systematisch ausgeschaltet werden. Dabei bewirkt die Normalisierung jedoch eine starke Aufspaltung in viele Einzelrelationen.

Der Benutzer hingegen hat meist keine umfassende, sondern eine recht partikuläre Sicht auf die ihn interessierenden Daten. Wie wir bisher im Kapitel 4 gesehen haben, will er ganz bestimmte Daten abfragen oder mutieren. Dazu braucht er natürlich ebenfalls eine Übersicht über diese Daten, aber nur über diesen Teilbereich und sehr oft in einer ganz speziellen Form. Dieser Sichtweise dient das externe Schema.

Nun gibt es natürlich gerade auf der Benutzerseite eine grosse Zahl von Vorschlägen für die mögliche Datenpräsentation. Wir benützen im folgenden ein einziges Beispiel, weil es ja hier nur um das Prinzip geht. Und da ist das gewählte Beispiel besonders hilfreich. Es zeigt einerseits, wie konzeptionell relationale Daten extern hierarchisch benützt werden können (Wechsel des Datenmodells), es passt aber anderseits mit einer ganzen Reihe bereits eingeführter Konzepte zusammen.

4.3.1 Benutzersichten

Wie gerade angedeutet, enthält das konzeptionelle Schema wegen der Normalisierung der Daten oft viele Einzelrelationen. Dem Benutzer ist mit einer solchen Darstellung oft wenig geholfen. Beispiel: Der Leser betrachte die Figuren 2-8 und 2-10 und versuche für beide Fälle die Frage zu beantworten: "Wie heissen diejenigen Angehörigen der Abteilung Chemie, welche am Projekt C mitarbeiten?" Offensichtlich ist eine solche Abfrage in der unnormalisierten Darstellung 2-8 viel einfacher. Der Benutzer ist also daran interessiert, für ihn wichtige Daten in möglichst wenigen Datenstrukturen zusammengefasst vorzufinden.

Aus dieser Benutzerorientierung heraus definieren wir jetzt dessen Datenstruktur:

| Eine *Benutzersicht (user view)* ist eine mit einem Namen bezeichnete Abfrage.

Die Benutzersicht enthält damit genau das, was den Anwender interessiert.

| Die *Sichtdaten (view data)* bestehen aus jenem Teil der Datenbasis, der durch die Benutzersicht abgegrenzt wird.

Änderungen in der Datenbasis widerspiegeln sich auch laufend in den Sichtdaten und umgekehrt: Allfällige Mutationen von Sichtdaten wirken sich auf die Datenbasis aus. Damit stehen wir mitten im Problem der Mutationsprobleme, die im Unterabschnitt 4.3.2 behandelt werden.

Vorerst sollen nun aber konkrete Benutzersichten vorgestellt werden. Aus der Definition heraus bieten sich dafür alle Abfragestrukturen aus Abschnitt 4.2 an, so dass wir uns beschränken müssen. Wir wählen die hierarchische Datenmanipulationssprache HIQUEL aus dem Beispiel H (in 4.2.5). Wie schon dort erwähnt, sind Hierarchien offensichtlich sehr benutzerfreundliche Datenstrukturen. Wohl die meisten Datensammlungen, die der Mensch im täglichen Leben laufend benützt, haben eine hierarchische Struktur:
- Taschenkalender: Einträge "unter" Tag und Monat
- Telefonbuch: Einträge "unter" Ortschaft und Region
- Einkaufsliste: Einträge "unter" Lebensmittel, Drogerie etc.

Von den klassischen drei logischen Datenstrukturen sind deren zwei weniger häufig: Netzwerke sind zu kompliziert, Einzeltabellen zu unstrukturiert. Also nehmen wir Hierarchien:

Beispiel: aus "Fertigungsunternehmen" (vgl. Fig. 2-21)

Ein Benutzer benötigt Angaben über die Abteilungen eines Betriebs, deren Leiter und Mitarbeiter, sowie über die Maschinen und die zur Bedienung geeigneten Personen. Eine entsprechende Benutzersicht "Abteilung", formuliert in HIQUEL, kann wie folgt aussehen (Fig. 4-11):

Figur 4-11: Benutzersicht "Abteilung" in HIQUEL

ABTEILUNG		ABTEILUNGSLEITER	PERSONAL (Rolle: Abt.leiter)		Vater-segment
abtNr	name	persNr	name	vorname	

PERSONAL (Rolle: Mitarbeiter)				Sohn-segment
persNr	name	vorname	lohn	

P-M-ZUTEILUNG		MASCHINEN		ABTEILUNG	Enkel-segment
name	fähigkeit	name	abtNr	name	

In dieser Benutzersicht in Fig. 4-11 entdecken wir unschwer die Namen der Relationen aus dem konzeptionellen Schema der Fig. 2-21, aber in einer neuen Art verknüpft. Das PERSONAL kommt sogar in zwei Rollen vor (als Abteilungsleiter und als Mitarbeiter), ebenso die ABTEILUNG (da es Maschinen aus einer anderen Abteilung geben kann, die hier benützt werden.) Figur 4-12 zeigt die dahinterstehende Struktur.

Sämtliche Beziehungen zwischen Relationenpaaren sind im normalisierten konzeptionellen Schema und damit auch im Ausschnitt gemäss Fig. 4-12 vom hierarchischen Typ. Damit lässt sich die Benutzersicht "Abteilung" nach Fig. 4-11 unter Verwendung der HIQUEL-eigenen Operation *"hierarchischer Verbund"* (Def. in 4.2.5) direkt definieren. Die resultierende Benutzersicht ist gesamthaft eine Hierarchie, bestehend aus Segmenten je in relationaler Form.

Figur 4-12: Für die Benutzersicht "Abteilung" notwendiger Ausschnitt aus
dem konzeptionellen Schema, nach HIQUEL-Segmenten geordnet

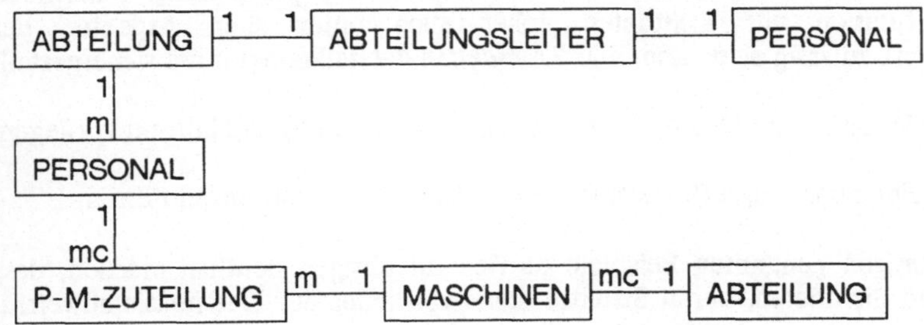

4.3.2 Operationen auf Sichtdaten

Nachdem Benutzersicht und Sichtdaten schon mit Hilfe von Abfragen definiert
werden, ist es einfach, *für die Abfragen* weitere Operationen auf Sichtdaten
systemkonform einzugliedern. In HIQUEL zum Beispiel stehen dafür klassische
relationale Operationen, insbesondere die Projektion und die Restriktion zur
Verfügung, mit denen die (relationalen) Segmente der Hierarchie bearbeitet werden
können. Die Sichtdaten spielen für die Abfrage die Rolle einer lokalen Datenbasis,
über welche verfügt werden kann.

Anders ist es natürlich mit *Mutationen* und zwar aus recht verschiedenen Gründen,
etwa
- weil eine Benutzersicht nicht immer alle für eine bestimmte Mutation notwendigen
  Zusammenhänge sichtbar machen kann,
- weil eine benutzerfreundliche Benutzersicht (die also nicht bloss Relationen in
  normalisierter Form zeigt, sondern auch etwa Hierarchien) nicht redundanzfrei sein
  muss und daher zu Mutationsanomalien führen kann,
- weil hier oft sehr spezielle Bedingungen eingehalten werden müssen.
In jedem Fall müssen nämlich (echte) Mutationen von Sichtdaten in Mutationen der
zugrundeliegenden Datenbasis umgeformt werden. Wenn wir uns diese (logisch) als
normalisierte relationale Datenbasis vorstellen, dann erkennen wir leicht, was
ungeschickte Mutationen von Sichtdaten für Konsequenzen haben könnten. Als
Beispiel diene die Hierarchie in Fig. 4-11.
- Es werde ein Tupel im Vatersegment entfernt. Soll das auch die Elimination des
  Abteilungsleiters bedeuten?
- Es werde ein Tupel im Enkelsegment eingefügt. Wo kommen die Lokalattribute der
  "Maschine" ins System?
- Der Name einer Abteilung ist zu ändern. Geschieht das nun im Vater- oder im
  Enkelsegment? Und mit welchen Konsequenzen (da es sich nicht immer um die
  gleiche Abteilung handeln muss)?

Diese Auswirkung gewisser Mutationen von Sichtdaten auf andere Teile einer konsistenzkontrollierten Datenbasis wird als *Fortpflanzung (propagation)* bezeichnet. Soll eine Mutation auf Sichtdaten daher auch unter allen Aspekten der Datenkonsistenz zulässig sein, also eine *Transaktion* darstellen, so muss sichergestellt werden, dass

- die für die Mutation der Datenbasis nötigen Daten *vollständig* und korrekt vorliegen, sowie
- . dass keine Fortpflanzungseffekte auftreten, welche zu Inkonsistenzen führen.

Schon die wenigen genannten Beispiele dürften im übrigen deutlich machen, dass Mutationen an Sichtdaten, deren Struktur stark von jener der Datenbasis abweicht, rasch zu grossen Problemen führen kann. Gerade zweckmässige Datenmanipulationssysteme (inkl. Mutationen) sind daher im Angebot der möglichen Operationen oft mit aller Absicht recht zurückhaltend. (Für weitere Beispiele und eine abgerundete Mutationssprache vgl. [Ursprung 84]).

4.3.3 Benutzerführung und Datenschutz

Ein wichtiges Anliegen bei der Organisation von Daten in einer Datenbank liegt oft darin, dass damit einzelnen Benutzern nur *Teile* der Datenbank zugänglich gemacht werden. Gründe gibt es dafür recht verschiedene:
- Konzentration auf das Notwendige; keine Belastung mit Datenbeständen, die einen bestimmten Benutzer weder interessieren noch von ihm verstanden werden.
- Hilfe für Sonderfälle (Auskünfte für Notfälle, für Unerfahrene etc.).
- Ergänzungsbedürfnis durch Erläuterungen, etwa auch in verschiedenen Sprachen, zur Verhinderung von Fehlinterpretationen der Daten.
- Einhaltung einer Geheimsphäre (Persönlichkeitssphäre, wirtschaftlicher Geheimbereich etc.).

Schon sehr früh in der Datenbankentwicklung kamen daher auch besondere Konzepte in Gebrauch, um den Zugang zu den Daten systematisch auf Teilmengen zu beschränken. So spricht das CODASYL-DBTG-Modell vom *Subschema* (des Gesamtschemas) für eine bestimmte Applikation der Datenbank. Viele Datenbanksysteme kennen Mechanismen für die Durchsetzung derartiger Einschränkungen. Natürlich lassen sich solche auch in Anwendungsprogrammen organisieren. Sollen sie aber - analog zu den Konsistenzbedingungen - durch das Datenbanksystem selber sichergestellt werden, so sind entsprechende Mechanismen des Systems nötig. So können für gewisse Anwender beispielsweise einzelne konzeptionelle Relationen oder nur bestimmte Attribute daraus gesperrt werden. Die detaillierteste (und aufwendigste) Sperrtechnik geht dahin, sogar den Zugang zu einzelnen Werten von Attributen tupelweise je nach Benutzer einzuschränken (indem etwa der Buchhalter X nur Zugang zu Salärangaben unterhalb einem bestimmten Grenzbetrag erhält).

Solche Bedingungen lassen sich nun etwa mittels der Relationenalgebra mit Projektionen und Selektionen leicht formulieren. Wir sehen daraus, wie sich so auch anspruchsvolle Probleme im Rahmen leistungsfähiger Datenmanipulationssprachen systemkonform lösen lassen. Der Aufwand für die Prüfungsausführung kann dennoch erheblich sein.

Und dazu müssen Bedingungen nicht bloss formuliert und technisch durchgesetzt werden. Die gesamte Zugangskontrolle zu einer Datenbank und deren Überwachung stellt ein bedeutendes und oft aufwendiges Problem dar. All die aufgestellten Bedingungen müssen ja auch den Anwendern zweckentsprechend zugeteilt und anschliessend verwaltet werden. In den Kapiteln 6 und 7 werden wir auf diese Aufgabe noch zurückkommen.

4.3.4 Definition externer Schemata

Für einen bestimmten Anwendungstyp oder -bereich einer Datenbank sind, wie wir bisher sehen konnten, entsprechende Daten (beschrieben als Benutzersicht), Operationen sowie allfällige zusätzliche Bedingungen (Datenintegrität, Abgrenzungen) nötig und daher auch in geeigneter Form gesamthaft bereitzustellen. Sie bilden ein *externes Schema,* das zu diesem Anwendungstyp gehört und ihn datenbankmässig charakterisiert.

Da anderseits moderne Programmiersprachen das Konzept *modularer Komponenten* für bestimmte Aufgaben unterstützen, liegt es auf der Hand, dieses Konzept auch für die softwaremässige Realisierung externer Schemata beizuziehen. So können wir etwa in Modula-2 (und damit auch in Modula/R) ein Modul "Externes-Schema-X" bereitstellen, das Datenstrukturen und Operationen (Prozeduren) samt allfälligen Restriktionen enthält. Jedes eigentliche Anwendungsprogramm, das die Integrität der Datenbank ja nicht gefährden darf, kann über das Definitionsmodul von "Externes-Schema-X" unmittelbar über alles verfügen, was ihm die Datenbank bieten kann und darf.

Beispiel:

Die Benutzersicht für eine Anwendung unserer Fertigungsunternehmen-Datenbank kann einem Modula-2-Programm in folgender Form zur Verfügung gestellt werden:

- *Die Datenstruktur:*
  Wir sehen hier die Typ-Definition eines Records, der ein Hierarchie-Element beschreibt:

```
TYPE  Abteilung =
      RECORD
        abtNr: 1..99;
        name : String30;
        abteilungsleiter:
        RECORD
          persNr : CARDINAL;
          name :   String30;
          vorname: String30;
          abtNr :  1..99;
          lohn :   CARDINAL;
        END;
        mitarbeiter:
        RECORD
          persNr : CARDINAL;
          ...
        END;
      END;
```

- *Prozedur für Abfragen, ev. für Mutationen auf den Sichtdaten:*
Durch die Festlegung dieser Prozeduren werden auch die Abfrage- und
Mutationsberechtigungen geregelt. Beispiele:

```
PROCEDURE  HoleAbteilung (VAR abteilung: Abteilung; ...);
  (*Zugriff auf ein Element der Benutzersicht*)


PROCEDURE  NeuerMitarbeiter (VAR abteilung: Abteilung; ...);
  (*Einfügen eines neuen Mitarbeiters in eine Abteilung*)


  ...
```

Damit wird die Programmierung der Anwenderprogramme natürlich sehr stark
erleichtert, sie wird aber dank den Konzepten des externen Schemas und der
Modulbildung auch zentral steuerbar und überprüfbar. Und gerade das ist im Hinblick
auf eine breite Nutzung der Datenbank besonders wichtig.

4.4 Unpräzise Suchfragen in Informationssystemen

Alle Arten von Fragen an eine Datenbank, die wir bisher betrachtet haben, gehen
direkt auf einzelne Inhalte der Datenbank. Der Benutzer will entweder einzelne Daten
(Werte, Tupel, Relationen) oder aber daraus unmittelbar ableitbare Sammelwerte
(etwa Summen, Durchschnitte, Zählstatistiken). Dieser Bereich von Fragen kann
normalerweise von einem Datenbanksystem direkt und präzis beantwortet werden,
entweder über ausprogrammierte Anwenderprogramme oder mit einer selbständigen
Datenmanipulationssprache mit entsprechendem Abfragesystem.

Fragestellungen der Praxis nehmen allerdings häufig nicht auf die gespeicherten Daten Rücksicht, sondern sie bringen neue Problemstellungen auf. Manchmal ist dann die Benützung einer Datenbank erst nach einer wesentlichen *Umformung* der Fragestellung möglich, in anderen Fällen erlaubt der vorhandene Datenbestand nur eine *unvollständige* Beantwortung der gestellten Probleme.

Beispiele:

- *Prognose auf Grund von Statistiken:* Oft werden auf Grund von gespeicherten Zeitreihen und anderem statistischen Material Prognosen für die Zukunft gesucht. Dabei werden die gespeicherten Daten mit Hilfe bestimmter Prognosemodelle für die Zukunft *extrapoliert.* Die Resultate bleiben aber wegen der Möglichkeit externer Systemveränderungen oft fehlerbehaftet.

- *Literaturrecherchen, Dokumentation:* Ein Bibliotheksbenutzer muss seine Frage "Ich hätte gerne ein Buch, mit welchem ich besser programmieren lernen könnte" so *umformen,* dass er über den Buchkatalog einen oder mehrere geeignete Titel findet.

- *Student im Examen:* Die Fragen des Examinators zielen nur zum Teil direkt auf das gelernte Sachwissen (Datenbank), zum Teil aber auf Zusammenhänge und Verständnis. Zuerst muss die *Fragestellung* vom Geprüften *analysiert* werden, damit er herausfindet, welcher Teil des Sachwissens überhaupt benötigt wird. Nachher ist es meistens noch nötig, das für die Frage relevante Sachwissen in einer *neuen Situation* richtig *anzuwenden.*

Unsere Beispiele zeigen deutlich, dass zwischen Datenbestand (Zeitreihen, Katalog, Sachwissen) und Fragesteller eine über die reine Datenorganisation weit hinausgehende *Hilfsorganisation* benötigt wird; es handelt sich hier um eigentliche *Informationssysteme* (vgl. Figur 1-15). Neben Hilfsmitteln zur Analyse und Umformung der Fragestellung benötigt das System verschiedenste Auswertetechniken, um viele echte Benutzerfragen beantworten zu können.

In der Praxis (nicht nur bei Examen!) kommt übrigens noch eine weitere Unsicherheit dazu: Soll man besonders viel ständig speichern und nachführen (Datenbank), oder soll man es darauf ankommen lassen und die benötigten Daten erst im Bedarfsfall zusammentragen (zusätzliche Recherchen)? Die letztere Methode ist vor allem dort wirtschaftlich, wo Daten nur selten gebraucht werden, ihre Gewinnung jedoch jederzeit nachgeholt werden kann. Diese grundsätzliche Problemstellung - systematischer Aufbau einer Datensammlung oder Informationsbeschaffung nach Bedarf - soll hier nicht weiter behandelt werden; sie muss auf Grund spezifischer Wirtschaftlichkeits- und Realisierungsstudien im Einzelfall entschieden werden.

Untersuchen wollen wir aber das Problem der *Hilfsorganisation,* die für die Beantwortung unpräziser Suchfragen nötig ist, und zwar am Beispiel der *bibliothekarischen Dokumentation.*

Es ist an diesem Beispiel zu zeigen, dass
- die Hilfsorganisation schon bei der Datenbereitstellung berücksichtigt werden muss ("benutzerfreundliche Daten"),
- der Benutzer sich an eine Hilfsorganisation gewöhnt, sich darauf einstellt und damit einen viel effizienteren Gebrauch davon machen kann ("systemgerechtes Benutzerverhalten").

Die Frage ist berechtigt, ob ein systemgerechtes Benutzerverhalten überhaupt erwünscht sei, ob der Mensch einem automatischen System "zuliebe" Gewohnheiten ändern soll. Sicher ist der Mensch nicht "für den Computer" da, aber das Dokumentationsproblem wird zeigen, dass nicht der Computer, sondern vielmehr das Verständnis für die systematische Behandlung grösster Datenmengen durchaus ein Lernziel ist, das menschenwürdig ist und keineswegs nur kleinlichen Effizienzüberlegungen zugrunde liegt.

Die Problematik des "systemgerechten Benutzerverhaltens" kann aber beträchtlich entschärft werden, wenn der Aspekt der *Benutzerfreundlichkeit* von allem Anfang an in die Entwurfsüberlegungen einbezogen wird. Dies ist in Dokumentationssystemen besonders wichtig, da deren Benutzer selten exakt formulierte Suchfragen bereithalten. Die Hilfsorganisation muss daher den Benutzer bereits bei der Formulierung der Fragestellung unterstützen [Frei/Jauslin 83].

Für die Beurteilung einer Hilfsorganisation in einem Informationssystem benötigen wir ein *Qualitätsmass.* Von G. Salton stammt zu diesem Zweck ein *Präzisions-Ausbeute-Diagramm* [Salton/McGill 83], das folgende Begriffe und Definitionen benützt:

| *Dokument:* | Information (Bücher, Zeitschriftenartikel, etc.)

| *Dokumentation:* Information über die vorhandene Information (Kataloge, Bibliographien etc.)

Ein bestimmtes Dokumentationssystem enthalte N Dokumente. Eine Suchfrage an dieses System ("Dokumente zum Thema ABC") fördere nun x Dokumente zutage. Der Benutzer untersucht diese x Dokumente auf ihre *Relevanz* bezüglich der gestellten Frage. Er beurteilt r der erhaltenen x Dokumente als relevant. (Diese Beurteilung "relevant/nichtrelevant" kann sehr subjektiv sein!) Für die Klassifizierung des Dokumentationssystems müssen wir nun dem Benutzer noch den ganzen Inhalt (alle N Dokumente) zeigen und ihn daraus die p relevanten Dokumente angeben lassen (eine sehr umfangreiche und schwierige Aufgabe). Aber jetzt können wir zwei massgebende Quotienten angeben, nämlich die Präzision und die Ausbeute des Dokumentationssystems:

Präzision (precision) = <u>Anzahl erhaltener relevanter Dokumente</u> = $\dfrac{r}{x}$
Anzahl erhaltener Dokumente

Ausbeute (recall) = <u>Anzahl erhaltener relevanter Dokumente</u> = $\dfrac{r}{p}$
Anzahl vorhandener relevanter Dokumente

Diese Quotienten lassen sich für verschiedene Anfragen empirisch bestimmen und in ein Diagramm (Fig. 4-13) eintragen, darin sei jeder * ein Punktepaar (Präzision/Ausbeute).

Figur 4-13: Präzisions-Ausbeute-Diagramm (nach Salton)

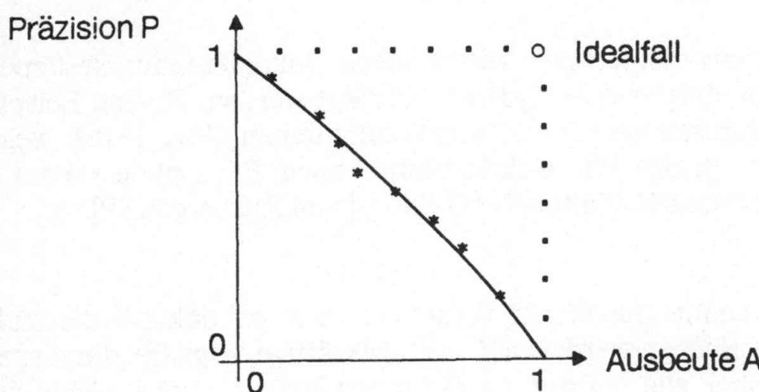

Die beobachteten P- und A-Werte für Dokumentationssysteme liegen in der Nähe der Kurve von Figur 4-13, wobei für die Extreme folgendes gilt:

P klein, A = 1: Diese Werte sind für jedes System einfach zu erreichen, aber für die Verwendung nutzlos: Man nimmt einfach die ganze Kollektion als Antwort auf Suchfragen.

P = 1, A klein: Die maximale Präzision wird erreicht, wenn das System bei einer Suchfrage ausschliesslich relevante Dokumente liefert und alle nicht ganz eindeutigen Fälle sofort ausschliesst. So wird die Ausbeute jedoch klein.

P = 1, A = 1: Idealfall: beim privaten Büchergestell vorstellbar.

Figur 4-14: Vergleich von Präzisions-Ausbeute-Diagrammen

Ein bestimmtes Dokumentationssystem kann nun durch eine bestimmte Kurve beschrieben werden. Der Leistungsvergleich zwischen verschiedenen Systemen geschieht durch den Vergleich der entsprechenden Kurven. Der Vergleich von f und g etwa sagt aus, dass das Dokumentationssystem g dem System f dann überlegen ist, wenn relativ umfangreiche Antworten produziert werden, sonst aber unterlegen ist.

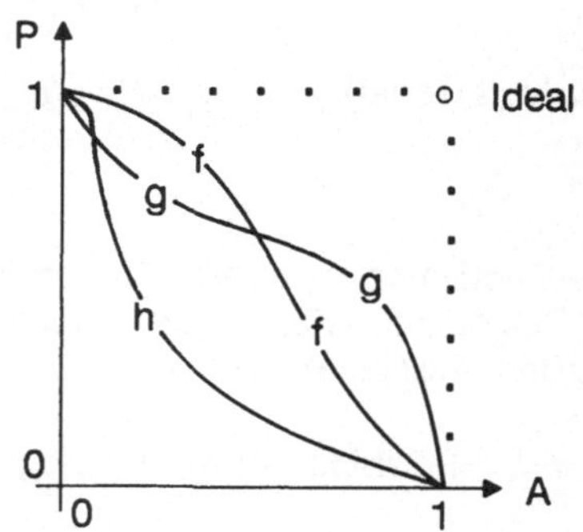

Nachdem wir nun - wenigstens theoretisch - verschiedene Dokumentationssysteme zu unterscheiden wissen, sollen einige solche Systeme skizziert werden. Es sind Beispiele für die erwähnten Hilfsorganisationen in Informationssystemen (Fig. 1-15), welche den Weg von der Informationsfrage zum Datenbestand ebnen. Für Details sei auf die Fachliteratur verwiesen: [Mresse 84], [Salton/McGill 83], [Van Rijsbergen 79].

- *Stichwortkataloge:*
  Die Titel oder die Zusammenfassungen (abstracts) der zu dokumentierenden Zeitschriftenartikel oder Bücher werden auf aussagekräftige Begriffe durchsucht. Weggelassen werden dabei alle Wörter (sog. Stoppwörter), welche nichts zum Suchprozess beitragen, wie etwa Artikel, Präpositionen, Konjunktionen, wenig aussagekräftige Wörter ('Theorie', 'Einführung', 'System', 'integriert').
  Vorteile: Einfache Datenerfassung und Bearbeitung.
  Nachteile: Viele Autoren verwenden in Titeln wenig aussagekräftige Begriffe; Synonyme werden nicht automatisch verbunden.

- *Schlagwortkataloge:*
  Man benützt in diesem Fall nicht *Stichwörter* (aus dem ursprünglichen Dokument), sondern speziell ausgewählte *Schlagwörter* aus einem *Schlagwortregister.* Der Benutzer muss seine Fragen mit diesen Schlagwörtern aufbauen. Die *Erfassungstiefe* bezeichnet die Anzahl angegebener Schlagwörter pro Dokument.
  Ein *Thesaurus* ist ein Verzeichnis von Schlagwörtern samt deren internen Hierarchien und Querbeziehungen zur Verbesserung des Zugriffs.

  Beispiel: Titel: "The Physics of the Aurora"
                geeignetes Schlagwort: "Radiation", da "Physik" zu allgemein,
                                     "Aurora" hingegen zu speziell ist.

  Vorteile: Einfache und koordinierte Abfrage.
  Nachteile: Das Zuteilen von Schlagwörtern kann nur mit einigem Aufwand erfolgen,

meist geschieht es manuell. Aufwand für die Thesaurusentwicklung.

- *Systematischer Katalog:*
Darunter verstehen die Bibliothekare die Verwendung eines künstlichen Schlagwortsystems, nämlich der "Universellen Dezimal-Klassifikation" (UDK oder DK), wobei der zugehörige Thesaurus von einer zentralen Redaktion immer weiter auf dem ganzen Gebiet des menschlichen Wissens ergänzt wird. *Vorteile:* keine Synonym- und Fremdsprachenprobleme.
Nachteile: Warten auf Festlegung neuer Begriffe, sehr grosse Auffächerung im technisch-naturwissenschaftlichen Bereich, schlechte menschliche Assoziationsfähigkeit der Nummernbegriffe, Spezialistenarbeit.

- *Referenzkataloge, Zitationsindex:*
Zugriff über Literaturhinweise und über gemeinsame Referenzen.
Vorteil: keine manuelle Indexierung/Schlagwortzuteilung nötig.
Nachteil: nur unvollständige Erschliessung.

Diese Kataloge bilden nun die gesuchte Hilfsorganisation für unbestimmte Suchfragen. Sie erlauben dem Dokumentationsbenutzer, der sich ihrer zu bedienen weiss, einen viel schnelleren Zugang zur Literatur. Dabei ist gerade der häufige Benutzer mit wachsender Erfahrung immer besser imstande, seine Fragen katalogkonform zu formulieren. Er weiss, mit welchen Fragen er auf ergiebige Antwort rechnen kann. Der Benutzer passt sich also dem System etwas an und verbessert damit dessen Wirkung.

Können die aufwendigen Katalogisierungstechniken ihrerseits automatisiert werden? Ein Beispiel ist die *Automatische Schlagwort-Zuteilung* (vgl. [Kuhlen 79]). Andere Automatisierungsstudien betreffen die Abfrageseite, etwa ein automatisches Auskunftsystem (also die Führung eines Benutzers am Terminal, so dass er im Dialog zur gewünschten Auskunft geführt wird). Mit solchen Problemen befasst sich das Fachgebiet der Informationswissenschaften (information retrieval, information sciences, library sciences).

Wir wollen aber zum Schluss dieses Abschnittes über unpräzise Suchfragen noch einen weiteren Schritt ins Offene andeuten. Bei unseren Beispielen von Dokumentationssystemen war der Inhalt der Datenbank, also die Datenbasis, immer stabil (es waren "die Dokumente"). Das Problem bestand nur darin, auf unpräzise Suchfragen die richtige *Auswahl* zu finden.

Eine wesentliche neue Schwierigkeit kann nun dadurch entstehen, dass der *Inhalt* der Datenbasis selber "unpräzis" (fuzzy) wird. Derartige Situationen kommen in "Informationssystemen der 5. Generation" (vgl. Abschnitt 10.1), in Expertensystemen und ähnlichen Frage-Antwort-Systemen vor, die heute noch weitgehend Forschungscharakter haben. Wer sich dafür interessiert, sei auf [Hayes-Roth et al. 83] und [Appelrath 85] verwiesen.

5 Physische Datenorganisation

Wer bereits über Computererfahrung verfügt und seine Kenntnisse nur in Richtung Datenbanken erweitern möchte, wird in diesem Kapitel relativ viel Wohlbekanntes finden, von der einfachen Speicherorganisation bis zu Optimierungsüberlegungen. Für den Studenten, aber teilweise auch für den Praktiker, soll jedoch hier die Querverbindung zwischen "Datenbanken" und computertechnischen Überlegungen im engeren Sinn sichtbar gemacht werden. Für eine ausführlichere Einführung in die klassischen Methoden der Speicherorganisation, wie sie im Zusammenhang mit Datenbanken etwa benötigt werden, sei auf [Bauknecht/Zehnder 83] verwiesen.

5.1 Arbeits- und Sekundärspeicher

Unser Modell einer Datenbank (Fig. 1-4 und Fig. 1-10) unterscheidet zwei wesentliche Komponenten:
- die eigentlichen Daten (Datenbasis) und
- die Datenverwaltung (das Datenbankverwaltungssystem).
Das Datenbankverwaltungssystem arbeitet dabei primär mit dem Arbeitsspeicher des Computers und baut darin Tabellen und andere Organisationshilfen auf; es unterhält auch die Verbindung mit den Anwendern (Anwenderprogrammen). Die eigentlichen Daten der Datenbank sowie grosse Hilfstabellen haben aber keinen Platz im Arbeitsspeicher, wenn wir von den seltenen "Kleindatenbanken" (gerade etwa im Unterrichtsbetrieb) absehen. Eine zentrale Aufgabe der physischen Datenorganisation besteht somit darin, den Datentransfer zwischen Arbeitsspeicher und Sekundärspeicher sicherzustellen.

Für eine Zusammenarbeit zwischen Arbeitsspeicher und Sekundärspeicher müssen vorerst deren unterschiedliche Zugriffszeiten betrachtet werden. Wir wollen uns im folgenden bei den Sekundärspeichern auf Magnetplattenspeicher beschränken (obwohl auch andere Speichermedien, etwa Magnetbänder oder Laserplattenspeicher, bei Datenbanken Verwendung finden). Magnetplatten haben Zugriffszeiten von 10 - 100 Millisekunden, während alle Arbeiten, welche sich auf den Arbeitsspeicher beschränken, innert Mikrosekunden ablaufen können. Die Zeitverhältnisse sind also wie 1 : 10'000 bis 1 : 100'000. Ziel einer guten Speicherorganisation muss es daher sein, die *Anzahl Plattenzugriffe* möglichst klein zu halten, auch wenn dafür ein nicht unbedeutender Aufwand innerhalb des Arbeitsspeichers in Kauf genommen werden muss.

Mit jedem einzelnen Plattenzugriff können jedoch auf dem Sekundärspeicher nicht bloss Einzelwerte, sondern ganze *Datenblöcke* abgerufen werden, ohne dass damit erheblich mehr Zeitaufwand verbunden wäre. Solche Datenblöcke müssen allerdings gesamthaft auf dem Sekundärspeicher genügend "kompakt" untergebracht sein, um in einem Plattenzugriff übertragen werden zu können. Im Arbeitsspeicher wiederum hat die Grösse der Datenblöcke Konsequenzen: Da die Datenblöcke immer als Ganzes zwischen Sekundärspeicher und Arbeitsspeicher verschoben werden, muss im Arbeitsspeicher ein entsprechend grosser *Pufferbereich* zur Aufnahme jeweils ganzer Blöcke vorhanden sein (siehe Fig. 5-1).

Figur 5-1: Blockweiser Datentransfer

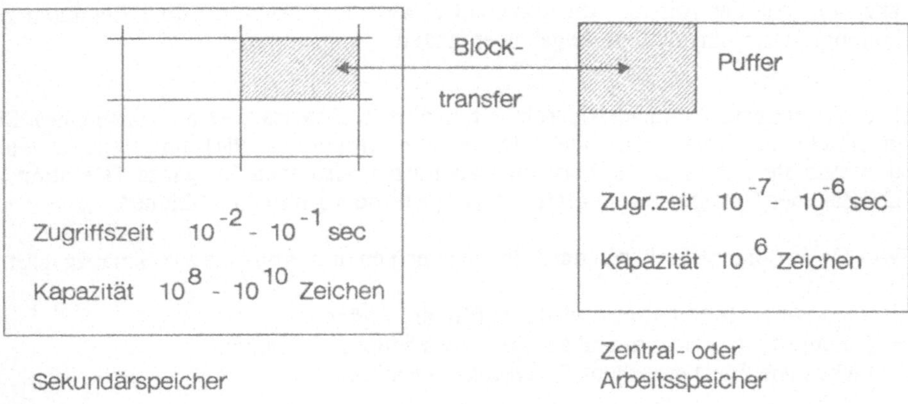

Innerhalb eines Blocks können alle einfachen, direkten Speicherorganisationsformen verwendet werden, welche in einem Direktzugriffspeicher möglich sind, also etwa Tabellen, Listen, Zeiger etc. Sobald aber eine Fortsetzungsangabe oder ein Zeiger über den Block hinausweist, müssen vom Sekundärspeicher Anschlussblöcke geholt und in den Arbeitsspeicher transferiert werden: zusätzliche Plattenzugriffe!

Leistungsfähige Datenorganisationssysteme erlauben, mehrere Pufferblöcke parallel zu benützen und auf diese Weise die Abfrage komplizierterer Datenstrukturen zu optimieren. Die physische Datenbankorganisation zeigt damit durchaus Parallelen zu bestimmten Methoden der Systemprogrammierung (man denke an virtuelle Speicherbereiche, aber auch an Synchronisationsverfahren, vgl. Unterabschnitt 6.3.2). Der Interessierte kann sich in der entsprechenden Spezialliteratur für Betriebssysteme auch wesentliche Überlegungen für die physische Datenorganisation in Datenbanksystemen beschaffen. Wir wollen uns in diesem Kapitel auf einige Überlegungen beschränken, die für Datenbanken besonders typisch sind.

5.2   Einige Datenorganisationsformen für grosse Dateien

Die kleinste Organisationseinheit, welche im Zusammenhang mit Datenbanken interessiert, ist der *Datensatz* (record); er entspricht auf logischer Ebene im Relationenmodell dem Tupel und umfasst mehrere Einzelwerte. "Mit Daten arbeiten" ist demgemäss gleichbedeutend mit "den richtigen Datensatz zur Hand haben". Als Beispiel diene die Telefonauskunft: Sowohl für die Angabe der Telefonnummer als auch für jene der Adresse von Abonnent X wird der "Datensatz über Abonnent X" benötigt; darin sind all diese Angaben enthalten.

Die nächstgrössere Organisationseinheit nach dem Datensatz ist die *Datei* (file). Sie entspricht im Relationenmodell der Relation (oder Tabelle) und umfasst eine unbestimmte Zahl von gleichartigen Datensätzen, also etwa das ganze Telefonbuch. Die Zahl der Datensätze geht oft in die Tausende oder gar in die Millionen.

Wer Daten "organisiert", will damit im allgemeinen drei Probleme zweckmässig lösen:

- abgespeicherte Datensätze wieder auffinden: *Abfragen*
- Datensätze abspeichern und allenfalls auch ändern: *Mutationen*
- nicht zuviel Platz brauchen: *Speicherplatz* ausnützen

Wenn wir daher Datenorganisationsformen betrachten und bewerten wollen, sollen sie an folgenden Kriterien gemessen werden:

- Erlauben sie effiziente Abfragen? (Häufigste Art der Benützung)
- Erlauben sie effiziente Mutationen?
- Gehen sie mit dem Speicherplatz haushälterisch um?

Da wir nur Organisationsformen für grössere Datenmengen behandeln wollen, müssen wir auf jeden Fall Sekundärspeicher miteinbeziehen. Wir benützen also bei allen Speicherungsformen ein Modell gemäss Fig. 5-2.

Die gesamte Datei muss im Sekundärspeicher in einzelne *Datenblöcke* aufgeteilt werden. Diese sind von fester Länge (10^3-10^4 Zeichen je nach Computersystem) und enthalten einen oder mehrere Datensätze. Um den einzelnen Datensatz zu finden, muss man vorerst seine *Blockadresse* kennen. Alle *Abfragen* laufen so ab, dass aus dem Suchschlüssel in der Hilfsorganisation die Blockadresse des gesuchten Datensatzes bestimmt wird; darauf wird mit einem Plattenzugriff ein ganzer Datenblock in den Arbeitsspeicher geholt. Die Suche nach dem einzelnen Datensatz innerhalb des Datenblocks ist unabhängig von der Art der Hilfsorganisation, läuft aber sowieso im Arbeitsspeicher und damit schnell ab. Bei der Beurteilung der *Mutationsmöglichkeiten* muss vor allem berücksichtigt werden, ob die Abspeicherung zusätzlicher Datensätze (mit gleichem oder benachbartem Suchschlüssel) ohne grosse Umstände möglich ist. Und die *Speicherplatzbelegung* hängt davon ab, wie gut einerseits die Datenblöcke

Figur 5-2: Speicherorganisationsmodell (in zweistufiger Form)

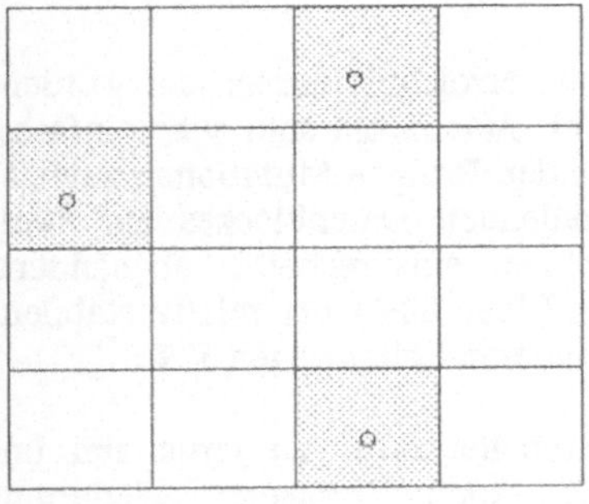

gefüllt werden können und ob anderseits die Hilfsorganisation selber wesentlichen zusätzlichen Speicherplatz (auf Sekundärspeicher) benötigt.

Verschiedene Organisationsformen unterscheiden sich nun vor allem darin, wie die Hilfsorganisation aufgebaut ist und nach welchen Regeln verschiedene Datensätze im gleichen Datenblock untergebracht werden. Damit sind diese Organisationsformen nicht generell besser oder schlechter, sondern sie eignen sich je nachdem besonders gut für die eine oder andere Anwendung und die damit verbundenen häufigen Abfragen oder Mutationen. Wenn in einem Fall alle Abfragen den gleichen Suchschlüssel verwenden, so liegt es auf der Hand, die Daten entsprechend zu organisieren und diesen Suchschlüssel zum Primärschlüssel der Datenorganisation zu machen. Werden aber die Datenzugriffe auf sehr verschiedene Art benötigt, so sind zusätzliche Hilfsorganisationen (etwa invertierte Dateien) für Sekundärschlüssel oder generell eine mehrdimensionale Zugriffsorganisation aufzubauen. Die nachstehende Übersicht über besonders häufige oder wichtige Organisationsformen soll dem Leser zeigen, welch breites Spektrum an Möglichkeiten in der Praxis zur Organisation grosser Datenbestände zur Verfügung steht.

Indexsequentielle Organisation

Hier denkt man sich alle Datensätze innerhalb der Datei nach einem bestimmten Schlüssel (Primärschlüssel) sortiert (sequentielle Datei). Nun werden laufend gleich grosse Gruppen abgeschnitten und als Datenblock auf den Sekundärspeicher gebracht. Die Hilfsorganisation besteht aus einem einfachen Inhaltsverzeichnis (Indextabelle), welche ihrerseits nach dem Primärschlüssel sortiert ist und für jeden Datenblock enthält:

- *Schlüsselwert* des 1. Datensatzes im Block,
- *Blockadresse*

Zur *Abfrage* kann daher einfach das sortierte Inhaltsverzeichnis durchsucht werden (binäres Suchen!), worauf die Blockadresse feststeht. *Mutationen* sind sehr einfach, solange alles im entsprechenden Datenblock Platz findet. Bringen Mutationen zuviele neue Datensätze, so wird der Inhalt des überquellenden Datenblockes auf zwei Datenblöcke aufgeteilt und das Inhaltsverzeichnis entsprechend abgeändert (verlängert). Die *Speicherausnützung* darf hoch sein (über 80%) bei relativ stabilen Anwendungen mit seltenen Mutationen, sie sinkt in anderen Fällen gegen 50%.

Bei sehr grossen Datenbeständen wird die Indextabelle selber zu gross, um im Arbeitsspeicher untergebracht zu werden. Sie kann ihrerseits wiederum indexsequentiell organisiert werden, womit bei jeder Abfrage zwei Plattenzugriffe nötig werden. Diese - wiederholbare - Massnahme erlaubt eine sehr leistungsfähige und flexible Organisation für grosse Datenmengen, welche häufig nach dem Primärschlüssel abgefragt werden.

Balancierte Bäume

Die soeben skizzierte indexsequentielle Organisation ist vielen Situationen gewachsen, auch Fällen, wo laufend Datensätze zugefügt oder weggenommen werden müssen. Nur wenn diese Bestandesänderungen den Datenbestand stark einseitig treffen, möchte man gelegentlich die lineare Indextabelle, die bei jedem Zugriff (allerdings nur binär) abgesucht werden muss, durch flexiblere Organisationsformen ersetzen. Dazu eignen sich Baumstrukturen besonders gut. Die Hilfsstruktur hat dann die Form eines Baumes. Beim Systementwurf kann der Baum durch geeignete Festlegung der "Breite" und der "Höhe" noch genauer auf die konkrete Anwendung ausgerichtet werden (vgl. etwa "B-Bäume" in [Wirth 83a] und "B*-Bäume" in [Härder 78]). Allerdings sind auch diese Hilfsorganisationen vorerst nur auf Primärschlüsselabfragen ausgerichtet; wir werden sie aber weiter unten verallgemeinern.

Hash-Organisation (Gestreute Speicherung)

Die indexsequentielle Speichertechnik verwendet als Hilfsorganisation eine Tabelle, welche den Nachteil hat, dass sie selber wieder sehr gross werden kann, daher auf den Sekundärspeicher ausgelagert werden muss und damit zu weiteren Plattenzugriffen führt. Wenn es uns gelingt, die Tabelle zur Bestimmung der Blockadresse durch irgend eine geeignete *Rechenregel* f mit dem gleichen Ergebnis zu ersetzen, so fallen die zusätzlichen Plattenzugriffe weg. Die sog. Hash-Funktion lautet also

Blockadresse : = f (Primär-Schlüsselwert)

Bei der Wahl der Hash-Funktion ist man ziemlich frei; wichtig ist allerdings, dass für jede Blockadresse ähnlich viele Datensätze anfallen. (Das Alphabet wäre also ein schlechter Hash-Schlüssel für Familiennamen!) Die *Abfrage* bezüglich Primärschlüssel ist sehr schnell (1 Zugriff), bezüglich Sekundärschlüssel sehr langsam, falls nicht eine gesonderte Hilfsorganisation besteht (siehe unten). *Mutationen* sind problemlos, sofern sie innerhalb des Datenblocks bewältigt werden können, andernfalls brauchen sie entweder eine Änderung der Hash-Funktion oder eine sog. Überlauforganisation (Adresse des Fortsetzungsdatenblocks, zusätzlicher Plattenzugriff). Die *Speicherausnützung* hängt stark von der Eignung der Hash-Funktion für eine bestimmte Anwendung ab.

Invertierte Dateien

In der Praxis möchte man häufig Datensätze nicht bloss nach einem einzigen, sondern nach Bedarf nach verschiedenen Suchkriterien (Sekundärschlüssel) absuchen. Dazu kann die Hilfsorganisation durch sekundäre Hilfsorganisationen erweitert werden. Wenn wir invertierte Dateien verwenden, kommt somit für jeden Sekundärschlüssel eine eigene Hilfsorganisation dazu! Wir bilden dazu eine *Hilfsdatei* aus folgendem Wertepaar für jeden einzelnen Datensatz:

(Sekundärschlüsselwert, Primärschlüsselwert)

Darauf sortieren wir die Hilfsdatei nach dem Sekundärschlüssel, womit binäres Suchen möglich wird. Meist ist diese invertierte Datei von erheblicher Grösse und muss ihrerseits wieder strukturiert und auf dem Sekundärspeicher untergebracht werden (z.B. indexsequentiell).

Die Bevorzugung eines Primärschlüssels in allen bisherigen Organisationsformen hat zur unerwünschten Nebenfolge, dass Sekundärschlüsselzugriffe gegenüber dem Primärschlüssel meist bedeutend verlangsamt werden. Zuerst muss über die sekundäre Hilfsorganisation der Wert des Primärschlüssels ausfindig gemacht werden und anschliessend muss man über die Hilfsorganisation des Primärschlüssels noch den Datensatz suchen. Das kann 4 und mehr Plattenzugriffe benötigen. In hochflexiblen und -dynamischen Datensystemen sollte dieser Nachteil vermieden werden. Das ist dann möglich, wenn die Hilfsorganisation selber von vornherein auf mehrere Suchschlüssel ausgelegt ist. Zwei mögliche Lösungskonzepte sollen nachstehend kurz vorgestellt werden.

Verwendung eines internen Primärschlüssels

Bei dieser Organisationsform erhalten alle Datensätze einen *internen, künstlichen Primärschlüssel.* Dieser kann für die Speicherung besondere Vorteile aufweisen, weil er extern überhaupt nicht in Erscheinung tritt. Für jeden der vorgesehenen Suchschlüssel (ohne Bevorzugung eines einzelnen davon) wird eine Hilfsorganisation zum Auffinden des internen Primärschlüssels erstellt. Dieser interne Primärschlüssel wird nun so gewählt, dass nach dem Auffinden seines Wertes (in der Hilfsorganisation) der Zugriff zum Datensatz sehr schnell erfolgen kann, z.B. wenn man als Primärschlüssel gerade die Adresse des Datensatzes (mit Blockadresse) wählt.

Der interne Primärschlüssel, etwa auch als TID (= $\underline{T}$uple $\underline{I}$dentifier) bezeichnet, besteht im allgemeinen aus zwei Teilen: Der eine Teil enthält die Adresse des Datenblocks, der andere Teil vermittelt (direkt oder über eine blockinterne Organisation) die Adresse des Datensatzes innerhalb des Blocks.

Der *Zugriff* auf einen bestimmten Datensatz über einen beliebigen Suchschlüssel benötigt somit typischerweise zwei Plattenzugriffe, nämlich einen für das Aufsuchen des TID (über die Hilfsorganisation eines Suchschlüssels) und den zweiten beim Zugriff auf den Datenblock. Einzig bei sequentiellen Massenarbeiten, wo die Reihenfolge der Datensätze keine Rolle spielt, können die unter sich verketteten Datenblöcke ohne Hilfsorganisation verwendet werden. *Mutationen* sind einfach, da die Datensätze in beliebiger Reihenfolge abgespeichert sein dürfen. Aus demselben Grund ist auch die *Speicherausnützung*, zumindest was die Datenblöcke betrifft, sehr gut, denn ein frei werdender Platz kann beim nächsten Einfügen sofort wieder verwendet werden. (Ein Beispiel für eine Organisation mit internem Primärschlüssel ist dargestellt in Abschnitt 3.4 mit dem System ADABAS; der TID heisst dort ISN.)

Mehrdimensionale Hilfsorganisation

Ausgangslage auch für diese Organisationsform ist Fig. 5-2 und damit das Problem, wie für eine bestimmte Suchfrage die Datenblockadresse des gesuchten Datensatzes möglichst ohne zusätzliche Plattenzugriffe bestimmt werden kann. Werden alle Suchfragen mit dem *gleichen* Suchschlüssel gestellt, so wird dieser zum Primärschlüssel für eine indexsequentielle, Baum- oder Hash-Organisation gemacht und unser Problem ist gelöst. Werden nun aber *mehrere* Suchschlüssel verwendet (einzeln oder auch gleichzeitig gemischt), so lässt sich eine interessante Verallgemeinerung der eindimensionalen Formen bilden: Die Hilfsorganisation wird direkt mehrdimensional aufgebaut.

Jeder Datensatz hat jetzt nicht nur einen einzigen Primärschlüsselwert p, nach welchem er in einen bestimmten Datenblock eingeordnet wird, sondern mehrere solche Primärschlüsselwerte (p, q, r, ..) gleichzeitig. Eine Abfrage kann nun ganz verschieden lauten, etwa

<pre>
Gesucht alle Datensätze mit   p = 25   oder
     "   "   "   "   q < 200   oder
     "   "   "   "   p = 25   und   q < 200
</pre>

In jedem dieser Fälle kann auf Grund der Gesamtheit der Primärschlüsselwerte die

Datenblockadresse direkt bestimmt werden. Das Problem bei dieser Speicherorganisation liegt nun natürlich darin, einen guten Umrechnungsalgorithmus zwischen den Primärschlüsselwerten (p, q, r, ...) und der Blockadresse zu finden, und zwar so, dass dabei der Speicherplatz im Sekundärspeicher nicht allzu schlecht ausgenützt wird. Die verschiedenen Datenblöcke sollten nämlich alle etwa gleichmässig und zu mindestens 50% belegt werden können, unabhängig davon, wie häufig die verschiedenen Schlüsselvariablen p, q, ... mit Daten tatsächlich belegt sind: Wie das geht, soll an einem zweidimensionalen Beispiel mit den beiden Schlüsseln p und q gezeigt werden. (Die Verallgemeinerung in höhere Dimensionen ist ohne weiteres möglich.) Für die *Hilfsorganisation* betrachten wir den zweidimensionalen Wertebereich der Schlüssel p und q (Fig. 5-3). Jeder Datensatz belegt darin einen bestimmten Punkt, wobei Mehrfachbelegungen möglich sind. Alle Punkte, welche in Fig. 5-3 innerhalb eines Rechtecks B_i liegen, entsprechen einem Datensatz im Datenblock i.

Figur 5-3: 2-dimensionaler Schlüsselwertebereich als Hilfsorganisation (Beispiel)

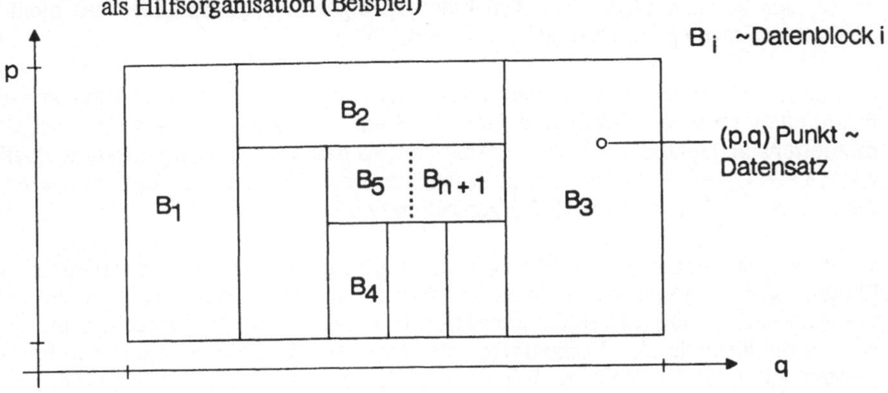

Die zweidimensionale Bereichsaufteilung bildet nun die Hilfsorganisation. Bei der *Abfrage* bestimmt man aus dem Suchschlüssel, der auch die Form eines Wertepaars (p,q) hat, den Datenblock i, worin der entsprechende Datensatz zu finden ist. *Mutationen* sind problemlos, solange der Datenblock noch freien Platz hat. Sonst muss er aufgeteilt werden, allerdings hier eben mehrdimensional. *Bsp.:* B überläuft, man teilt die Daten auf B_n und den neuen Datenblock B_{n+1} auf und erweitert die Hilfsorganisation. Dieses und ähnliche Verfahren (Grid files [Nievergelt et al. 84]) sind somit schnell und gleichzeitig von der Speicherausnützung aus vergleichbar mit indexsequentiellen oder B-Baumverfahren. Damit haben wir eine Organisationsform, welche für mehrere Suchschlüssel mit einem einzigen Plattenzugriff auskommt, allerdings nur solange, wie die Darstellung des Wertebereichs (Fig. 5-3) im Arbeitsspeicher möglich ist.

Die soeben vorgestellten Datenorganisationsformen geben dem Leser einige Hinweise, wie grosse Dateien physisch gespeichert werden können und wie Zugriff, Mutationsmöglichkeiten und Speicherplatzverwaltung ökonomisch unterstützt werden. Die Liste ist aber keineswegs vollständig. Insbesondere sind die eigentlichen Optimierungsmassnahmen hier nicht beschrieben, die in jedem Computerbetriebssystem drin stecken. Das ist aber nicht ein spezifisches Problem von Datenbanken, ganz im Gegensatz zur Frage nach der Grösse der Datenmenge beim Zugriff auf die Datenbank, der wir uns noch kurz zuwenden wollen.

Einzelabfragen und Massenarbeiten mit Datenbanken

Auch von der physischen Datenorganisation aus ist es wichtig, einen Unterschied zwischen "kleinen" und "grossen" Abfragen zu machen, etwa ähnlich wie bei den prozeduralen Verfahren, die auf einzelne Tupel, und den deskriptiven Verfahren, die auf ganze Datenmengen (Relationen) ausgehen. Die Analogie trifft aber nicht ganz zu, da es hier bei den physischen Aspekten um eigentlich quantitative und nicht um qualitative Fragen geht. Dazu gerade ein Beispiel.

Aus der Personaldatei einer Firma werden die Datensätze aller Mitarbeiter aus einer bestimmten grösseren Wohngemeinde "Y-Stadt" benötigt. Der Wohnort sei dabei mindestens als Sekundärschlüssel vorbereitet, so dass eine Hilfsorganisation existiert, welche alle Datenblockadressen mit Einwohnern von "Y-Stadt" liefern kann, eine um die andere. Wollen wir diese Hilfsorganisation benützen?

Wenn wir sie benützen, müssen wir die Hilfsorganisation *und* anschliessend den Plattenzugriff auslösen, und zwar beides sehr oft, bis wir alles durchgearbeitet haben. Die Alternative wäre, die Hilfsorganisation von vorneherein zu übergehen und direkt *alle* Datenblöcke in der Reihenfolge, die vom System am raschesten bereitgestellt werden kann, durchzusuchen. Wir nennen das eine sequentielle Suche oder einen *sequentiellen Zugriff*, wie er übrigens immer dort notwendig ist, wo keine Hilfsorganisationen für einen schnelleren Zugriff existiert.

Ein Vergleich der beiden Verfahren (über Hilfsorganisation oder über sequentiellen Zugriff) zeigt nun, dass dann, wenn eine Abfrage mehr als bloss *1 bis 2% aller* Datensätze eines Datenbestandes betrifft, die sequentielle Absuche generell rationeller ist. Somit sind Hilfsorganisationen von Datenorganisationssystemen allgemein nur dann einzusetzen, wenn einzelne oder relativ wenige Datensätze betroffen sind, also für typische *Einzelabfragen.* Wo grosse Teile einer Datei angesprochen sind (*Massenarbeiten*) und anschliessend weiterverarbeitet werden müssen, lohnt es sich übrigens häufig, die ausgewählte Teildatei nicht nur als Menge von Datensätzen (ohne explizite Ordnung), sondern als sortierte Datei zu behandeln, sie nötigenfalls vor der Weiterverarbeitung mit effizienten System-Sortierverfahren umzusortieren und darauf aufgabenorientiert sequentiell zu verarbeiten.

Vergleich

Die folgende Tabelle zeigt, welche Zugriffsformen von welchen Dateiorganisationen unterstützt werden. Beim sequentiellen Zugriff wird vorausgesetzt, dass eine grössere Teilmenge des Datenbestandes angesprochen wird; beim Zugriff über den Primär- oder Sekundärschlüssel wird dagegen angenommen, dass nur wenige Datensätze gesucht sind.

Figur 5-4: Dateiorganisationen und Zugriffsformen (Aufwand)

	sequentieller Zugriff	Zugriff über Primärschlüssel	Zugriff über andere Schlüssel
sequentielle Organisation	sehr gut	schlecht	s.schlecht
index-sequentielle Org. oder B*-Baum	gut	sehr gut	s.schlecht
+ Hilfsorganisation für Sekundärschlüssel	gut	sehr gut	gut
Hash-Organisation	möglich *	sehr gut	s.schlecht
+ Hilfsorganisation für Sekundärschlüssel	möglich *	sehr gut	gut
Org. mit internem Primärschlüssel (ohne Hilfsorg.)	möglich *	s.schlecht	s.schlecht
+ Hilfsorg. für Primär- und Sekundärschlüssel	möglich *	sehr gut	sehr gut
Mehrdimensionale Hilfsorg.	möglich *	sehr gut	sehr gut

* Die Datensätze sind nicht in einer logischen Reihenfolge abgespeichert; in der durch das Speichersystem unterstützten Reihenfolge gelesen, sind sie schnell zugänglich.

5.3 Verknüpfungen und Zugriffspfade

Datenbanken zeichnen sich gegenüber einfachen Dateisystemen dadurch aus, dass sie Daten aus *mehreren Dateien* abrufen und miteinander verknüpfen können. Die Datenstrukturen, die aus dem Entwurfsprozess des Kapitels 2 hervorgegangen sind, umfassen eine Anzahl von mehreren bis vielen Relationen (→ Dateien auf der physischen Ebene), welche im Rahmen der festgelegten Beziehungen miteinander *verknüpft* werden können. Damit genügt es nicht, Organisationsformen zu haben, welche je in einer (wenn auch grossen) Datei die gesuchten Datensätze holen oder mutieren. Wir müssen dies gleichzeitig in mehreren Dateien tun können. Gesucht ist dabei die effizienteste (oder mindestens eine effiziente) Zugriffsmethode für die *Gesamtheit* der betroffenen Dateien. Eine solche gesamthafte Zugriffsorganisation für eine Abfrage nennen wir einen *Zugriffspfad.*

> Ein *Zugriffspfad* (access path) legt für eine bestimmte Auswahl von Datensätzen (Abfrage) fest, wie und in welcher Reihenfolge die einzelnen Dateien bearbeitet werden müssen.

Im *einfachsten Fall*, wenn nur *Daten einer Datei* verfügbar gemacht werden müssen, beschränkt sich die Wahl des Zugriffspfades auf die durch die physische Datenorganisation angebotenen Möglichkeiten, d.h. es muss entschieden werden, ob sequentiell oder über den Primär- bzw. über einen Sekundärschlüssel zugegriffen werden soll.

In *komplexeren Fällen* dagegen, bei denen *Daten aus mehreren Dateien* verknüpft werden müssen, sind für die Wahl des Zugriffspfades sowohl die Reihenfolge, in der die einzelnen Dateien angesprochen werden, als auch die Zugriffsform auf jeder einzelnen Datei festzulegen.

Und nun begegnen wir natürlich erneut der wohlbekannten Erkenntnis jeder Datenorganisation.

- Wer wenig Hilfsorganisationen vorbereitet, muss im Fall der konkreten Abfrage alles Notwendige nachholen (Bsp.: Datenbasis in 3. Normalform ohne Redundanz).

- Wer viel in geeignete Hilfsorganisationen hineinsteckt, kann die entsprechenden Abfragen mit sehr wenig Aufwand ausführen. (Bsp.: Vorbereitete invertierte Hilfsdateien oder Zeigerstrukturen für Hierarchien und zwar vom Vater zu den Söhnen und/oder vom Sohn zum Vater)

Betrachten wir zuerst eine logische *Hierarchie* (Fig. 5-5). Zwei Dateien seien in der Form 1-mc verbunden.

Die Verbindung sei relational in 3. Normalform, d.h. so dargestellt, dass der Primärschlüssel der Datei-1 in der Datei-2 als Merkmal gespeichert ist. Sind nun

Figur 5-5:   Hierarchie zweier Dateien

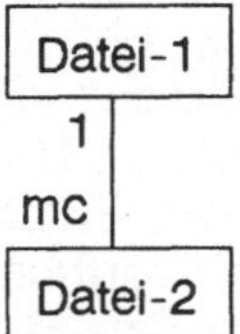

Werte von Daten aus der Datei-1 vorgegeben und die zugehörigen Datensätze aus Datei-2 gesucht (wie dies etwa für einen "natürlichen Verbund", vgl. Abschnitt 4.2.3, nötig ist), so müssen vorerst in einer äusseren Programmschleife die Datensätze von Datei-1 durchlaufen werden. Zu jedem Datensatz in Datei-1 sind in einer inneren Schleife die Datensätze von Datei-2 verfügbar zu machen. So wird in einem *reinen* Relationensystem abgesucht. Anders in hierarchischen oder Netzwerksystemen, welche vorbereitete Hilfsorganisationen für die Verknüpfung von Datensätzen in verschiedenen Dateien anbieten. Diese Hilfsorganisationen erlauben, von einem "Vater-Datensatz" direkt auf alle "Sohn-Datensätze" zuzugreifen.

Dieser in der Praxis äusserst häufige, wechselweise Zugriff auf Dateien, die einander hierarchisch zugeordnet sind, kann bei geschickter Definition einer Hilfsorganisation auch von *erweiterten* relationalen Systemen unterstützt werden. Die Idee besteht im wesentlichen darin, zum voraus für das den Dateien Datei-1 und Datei-2 gemeinsame Attribut (ev. Attributskombination) eine gemeinsame Hilfsorganisation bereitzustellen. Auf dem Hilfsdatenblock, der zu einem bestimmten Schlüsselwert die Blocknummer des "Vater-Datensatzes" enthält, wird auch gerade ein Verzeichnis aller "Söhne" gespeichert. Mit dieser Methode ("Verallgemeinerte B*-Bäume", vgl. dazu [Härder 78]) muss für den Zugriff auf einen Vater und alle seine Söhne die Hilfsorganisation nur einmal aufgerufen werden.

Figur 5-6:   Netzwerk dreier Dateien

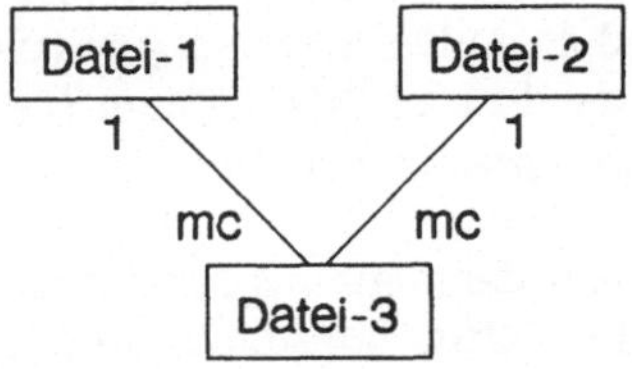

Als nächstkompliziertere Struktur betrachten wir ein *Netzwerk.* Verbindet man *drei Dateien* zu einem Netzwerk (Fig. 5-6), so sind bei einem rein relationalen Ansatz die Werte der Identifikationsschlüssel von Datei-1 und Datei-2 auch in den Datensätzen der Datei-3 enthalten. Werden bei einer Abfrage z.B. Werte von Daten der Dateien 1 und 2 vorgegeben und die "gemeinsamen Söhne" in Datei-3 gesucht, so ist für den Aufbau des Zugriffspfades zunächst abzuschätzen, von welcher dieser beiden Dateien weniger Datensätze angesprochen werden. Werden z.B. in der Datei-1 *weniger* Datensätze von der Abfrage betroffen, sind entsprechend diese Datensätze in der *äusseren* Programmschleife verfügbar zu machen. In der inneren Schleife werden dann die zugehörigen Datensätze von Datei-3 über den Primär- oder über einen Sekundärschlüssel abgefragt, und es wird durch einen Zugriff auf den entsprechenden Datensatz von Datei-2 geprüft, ob der Datensatz von Datei-3 zu der in der Abfrage gesuchten Datenmenge gehört. Auch für Netzwerke, welche eigentlich mehrfache Hierarchien sind (vgl. Unterabschnitt 3.1.3), sind nun Hilfsorganisatonen möglich, welche etwa durch vorbereitete invertierte Dateien oder über Zeigerstrukturen den Zugriffsaufwand reduzieren können.

Alle noch komplizierteren Datenstrukturen und Abfrageoperationen können durch Zusammensetzung von Bausteinen der hier beschrieben Art behandelt werden. Damit wird der Aufbau von Zugriffspfaden in komplexen Datenstrukturen ermöglicht. Bereits beim Netzwerk wurde aber deutlich, dass mit sequentiellem Zugriff praktisch nicht immer durchzukommen ist (es wären zahlreiche Umkopier- und Sortierprozesse notwendig) und dass daher neben den Primärschlüssel-Organisationen auch Hilfsorganisationen für Zugriffe über Sekundärschlüssel notwendig werden.

Vorbereitete und spontan aufgebaute Zugriffspfade

Die ganzen Normalisierungsüberlegungen in Abschnitt 2.5 haben wir seinerzeit vor allem damit begründet, dass damit alle unerwünschten Redundanzen aus der Datenbasis eliminiert werden können. Das hat den grossen Vorteil, dass bei allfälligen Mutationen keine sog. Mutationsanomalien auftreten können. Wenn eine Angabe nur einmal gespeichert ist, muss sie auch nur einmal mutiert werden.

Sobald nun Hilfsorganisationen vorbereitet werden, kann sich das ändern. Hilfsorganisationen, welche in invertierten Dateien, über Zeigerorganisationen, in Indextabellen oder ähnlich selber Daten enthalten, müssen bei entsprechenden Mutationen der Grunddaten ebenfalls laufend, vollständig und konsistent nachgeführt werden, unter Umständen mit bedeutendem Aufwand. Beim *physischen Systementwurf* muss dieser allfällige Mutationsmehraufwand zusammen mit dem Speichermehrbedarf dem reduzierten Zugriffsaufwand gegenübergestellt werden.

Neben Hilfsorganisationen mit eigenen Hilfsdaten gibt es aber auch Vorbereitungen für Zugriffspfade, welche nur programmmässig bestimmte Abfragen zum voraus vorbereiten. Solche Zugriffspfadvorbereitungen sind mutationstechnisch unproblematisch, tragen aber allein (d.h. ohne Hilfsdaten) auch nur unwesentlich zur Beschleunigung der Datenzugriffe bei.

5.4 Internes Schema

Von den durch das 3-Schema-Konzept (vgl. Fig. 1-6) abgegrenzten Teilbereichen der Datendefinition wurden in den Kapiteln 2 und 3 die konzeptionellen Aspekte, im Abschnitt 4.3 dann der Problemkreis der externen Schemata behandelt. Jetzt wenden wir uns der physischen Datenorganisation zu und vervollständigen die Datenbankdefinition in dieser Hinsicht. Welche Angaben fehlen nun dem System noch, zu welchem Zeitpunkt und in welcher Form teilt man diese fehlenden Definitionen dem System mit?

Man kann sich auf den Standpunkt stellen, dass ein gutes Datenbankverwaltungssystem nach der Definition des konzeptionellen und der externen Schemata die anfallenden Daten vorerst einmal "auf Zusehen hin" mit geeigneten Standardmethoden verwalten und dem Benutzer für die Datenmanipulationen zur Verfügung halten sollte. Auf Grund von Benützungsstatistiken sollte das System dann je nach Bedarf häufig benütze Zugriffe mit besonderen Zugriffshilfen selbständig unterstützen und auch die Speicherorganisation für den Grunddatenbestand automatisch den wechselnden Anforderungen anpassen.

Von diesen Idealvorstellungen ist aber die Praxis (vor allem bei kommerziellen Systemen) weit entfernt. Selbstlernende Systeme mit häufiger Nachoptimierung verursachen einen grossen Aufwand und schaffen unstabile Verhältnisse. Zudem ist die Frage zu stellen, ob wirklich die "freien Abfragen" (vgl. 4.1) das System physisch definieren und dimensionieren sollen, oder ob nicht viel eher die häufigen Massenarbeiten und vorbereiteten Datenmanipulationen den künftigen Gebrauch im wesentlichen festlegen. Diese sind aber bereits zur Definitionszeit bekannt, und es ist daher sinnvoll, dass bei dieser Gelegenheit dem System auch die wesentlichen Angaben zur internen Datenorganisation mitgeteilt werden.

Die Spezifikation dieser die physische Datenstruktur betreffenden Parameter sollte möglichst gut *von der logischen Definition getrennt* werden, also mittels eines separaten internen Schemas erfolgen. Manche der heute erhältlichen Datenbanksysteme werden dieser Zielsetzung allerdings noch nicht gerecht, indem nämlich auch Definitionen eindeutig internen Charakters (Grösse von Datenblöcken, physische Nachbarschaftsbeziehungen etc.) zusammen mit den Definitionen der logischen Ebene im konzeptionellen Schema (dann einfach "Schema" genannt) formuliert werden müssen.

Im internen Schema nimmt man normalerweise Bezug auf die Definitionen aus dem konzeptionellen und eventuell auch aus den externen Schemata. Die Spezifikationen des physischen Systementwurfs erfolgen aus diesem Grunde im allgemeinen *nachträglich*, zumindest aber nach der Bearbeitung des konzeptionellen Entwurfs.

Der sich mit der Zeit ändernde Umfang und die wechselnde Benutzung der Daten machen *Anpassungen der physischen Datenstruktur* (Speicherorganisation) oftmals unumgänglich und gehören mit zum Betrieb einer Datenbank. Notwendige Reorganisationen sind dann direkt mittels speziellen Dienstprogrammen oder, was vom Konzept her eigentlich die sauberste Lösung wäre, durch entsprechende Änderungen im internen Schema einzuleiten.

Ausgeprägter noch als auf der konzeptionellen Ebene unterscheiden sich praktisch eingesetzte Datenbanksysteme bezüglich der benötigten Parameter für die physische Systemdefinition. Die folgende unvollständige Aufzählung kann deshalb nur dazu dienen, einen Eindruck über die Art der Informationen in einem internen Schema zu vermitteln:

- Namen und Passwörter für die Speicherverwaltung im Betriebssystem

- Übertragungspuffergrössen zwischen Arbeitsspeicher und Sekundärspeicher (d.h. Blockgrösse, vgl. Abschnitt 5.1).

- Zugriffspfade für bestimmte Attribute, bzw. Attributskombinationen. Dabei müssen natürlich die künftigen Anwendungen im Auge behalten werden, damit das Laufzeitsystem gezielt unterstützt werden kann: Wird nämlich für einen häufig begangenen Zugriffspfad keine Hilfsorganisation vorbereitet, so müssen die Daten bei jedem Zugriff sequentiell abgesucht werden, anderseits verursacht eine Hilfsorganisation, welche nur selten gebraucht wird, einen beträchtlichen Mehraufwand. In diesem Zusammenhang ist anzumerken, dass viele Datenbanksysteme bereits auf Grund der Datendefinitionen im konzeptionellen Schema für einige Attribute (Identifikationsschlüssel etc.) eine Hilfsorganisation aufbauen, weil unabhängig vom Zugriffspfad des Benutzers die internen Datenzugriffe u.a. für Konsistenztests unterstützt werden müssen.

- Je nach Typ der Hilfsorganisationen, welche das Datenbankverwaltungssystem zur Verfügung stellt, können oder müssen für die Speicherdisposition vom Datenbank-Administrator noch zusätzliche Parameter geliefert werden (Beispiele: prozentuale Belegung der Datenblöcke bei der Erstspeicherung, Hash-Funktion, geschätzter Umfang der Daten zur optimalen Auslegung der Indizes etc.).

Die physische Datenorganistion und mit ihr das interne Schema sind wesentlich mit dem zur Verfügung stehenden Computersystem verbunden. Ohne Geräte und Betriebssystem gibt es keine computergestützte Datenbank; deren Leistungsgrenzen können nicht überlistet werden. Falsch wäre es aber, langfristige Datensysteme allzu eng an lokale Einzelheiten der jeweils verfügbaren Computersysteme anzupassen. Technische Leistungsgrenzen können sich nämlich ändern.

6 Datenintegrität

6.1 Begriffe und Forderungen

Jede Datensammlung ist innert kürzester Zeit unbrauchbar, wenn ihre Integrität nicht gewährleistet ist. Man betrachte dazu als Beispiel das Telefonbuch in einer öffentlichen Telefonkabine. Da werden Seiten herausgerissen (bequem und billig für den Täter), gelegentlich Unflätigkeiten zu einzelnen Abonnentennamen hinzugefügt, während Nachträge von Neuabonnenten (begreiflicherweise) fehlen. Zum Glück gibt es da noch die Damen von der Telefonauskunft! Sie können direkt auf eine zentrale Datensammlung zugreifen, welche jederzeit auf dem neuesten Stand gehalten wird, gegen Verlust und Diebstahl gesichert ist, und nur durch autorisierte Personen in genau definierter Weise mutiert werden kann.

Damit stecken wir bereits in den weitreichenden Problemen und Anliegen drin, die unter dem Begriff Datenintegrität zusammengefasst werden. Um sie besser zu verstehen, gliedern wir den Problembereich auf nach Datenkonsistenz, Datensicherheit und Datenschutz. Fig. 6-1 gibt einen Hinweis auf deren Verschiedenartigkeit.

Figur 6-1:   Ansatzstellen von Gefahren für die Datenintegrität

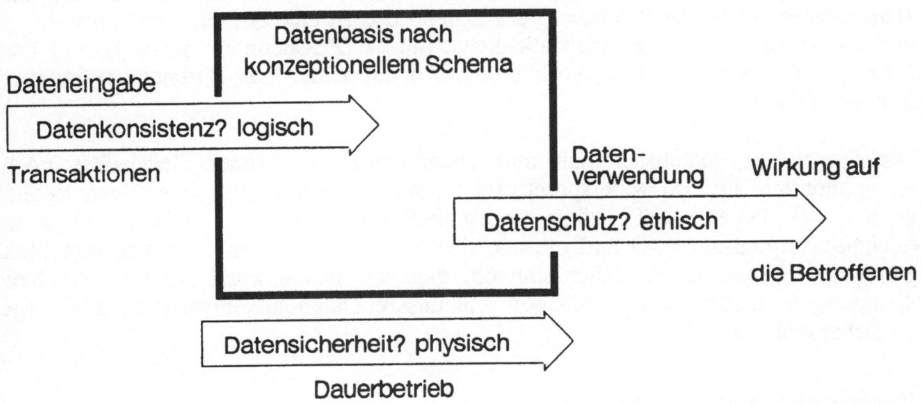

Die *Datenkonsistenz* (wir haben sie schon im Abschnitt 1.5 im wesentlichen als "Widerspruchsfreiheit" definiert) geht auf die *logische Richtigkeit* der Daten, die in die Datenbank aufgenommen werden, und heisst darum auch "semantische Integrität". Was "richtig" ist, muss natürlich zuerst von jemandem festgelegt werden; das ist einer der wichtigsten Zwecke des logischen Entwurfs einer Datenbank und damit des konzeptionellen Schemas. Daten, welche allen Regeln des konzeptionellen Schemas (samt den sog. Konsistenzregeln) entsprechen, sind in diesem Sinne "richtige" oder "korrekte" Daten und bilden zusammen eine konsistente Datenbank. Datenmanipulationen, welche nur "richtige" Daten in die Datenbank einbringen und somit keine Widersprüche produzieren, heissen *Transaktionen.* Konsistente Datenbanken dürfen nur mit Transaktionen bearbeitet werden. - Die Datenkonsistenz befasst sich also primär mit semantischen, inhaltlichen Fragen der Datenbank und ihrer Definition; sie wird im einzelnen in Abschnitt 6.2 behandelt.

Die *Datensicherheit* (data security) befasst sich mit dem technischen Dauerbetrieb der Datenbank; sie erfordert *technische und organisatorische* Massnahmen, um den Datenbestand *physisch* vor Verlust, Beschädigung und unerlaubtem Zugriff zu sichern.

Die weitaus häufigsten Gefahren bilden dabei Fahrlässigkeit der Bedienung und technische sowie Programmier-Fehler; die absichtlichen (kriminellen) Handlungen gegen die Datensicherheit sind die Ausnahmen. Weil Datenbanken im allgemeine auf Dauer angelegt sind und oft als Mehrbenutzersysteme betrieben werden, bilden die kontinuierliche Sicherstellung der Daten und die gegenseitige Abschirmung der Benutzer die Hauptprobleme.Viele Probleme der Datensicherheit von Datenbanken sind ganz ähnlich jenen der normalen *Betriebssysteme* von Computern, wie in Abschnitt 6.3 gezeigt wird.

Der *Datenschutz* (data protection) hingegen hat - anders, als man dem Wort entnehmen könnte - gar nichts mit dem Schutz der Daten selber zu tun, eher mit dem Schutz der Betroffenen *vor* den Daten. Es geht hier um die *Verhinderung des Datenmissbrauchs bei der Verwendung* der Daten. Das ist eine ethische Problemstellung und steht mit Fragen des Persönlichkeitsschutzes (Privatsphäre, privacy) und des Informationsgleichgewichts in Verbindung. Wir betrachten den Datenschutz genauer in Abschnitt 6.4.

Datenkonsistenz, Datensicherheit und Datenschutz sind weder Gegensätze noch Komponenten, die sich widerspruchsfrei zu einem Ganzen zusammenfügen lassen, denn sie liegen auf völlig verschiedenen Ebenen, logisch, physisch (technisch-organisatorisch) und ethisch. Bevor wir uns mit den einzelnen Aspekten getrennt befassen, ist es daher sinnvoll, dass wir uns bewusst werden, wie hier Spannungen sichtbar werden können, die unsere Datenbankentwurfsaufgabe nicht einfacher machen.

Widersprüchliche Anforderungen

Es genügt nicht, "Datenintegrität" zu postulieren. Diese ist nämlich durchaus nicht immer widerspruchsfrei erreichbar. Erstens sind ganz bestimmte Aufgaben mit der Datenbank zu erfüllen. Dazu kommt die Kostenfrage: Ein Datenbanksystem muss nämlich auch *effizient* betrieben werden können. So müssen sich alle technischen Systeme - auch Datenbanken gehören dazu - mit gewissen *Grenzen* abfinden, die dem

Wunsch nach höchster Sicherheit, Richtigkeit etc. von der Aufwandseite her gesetzt sind. Diese Grenzen sind aber nicht etwa zum voraus fixiert. Der Verantwortliche für einen Datenbankentwurf kann seine Präferenzen unterschiedlich verteilen und wird dadurch umso mehr haftbar für die Lösung, die er wählt. Die folgenden Beispiele für widersprüchliche Anforderungen geben ein Bild des Spektrums von Möglichkeiten.

- *Datensicherheit verlangt Duplikate der Daten, Datenschutz will Duplikate vermeiden:*
Datensicherheit bedeutet insbesondere Rekonstruktionsfähigkeit; dazu müssen Datenduplikate (ev. sogar ausserhalb der Räume eines Rechenzentrums) sichergestellt werden. Jedes Duplikat erhöht aber die Gefahr des unrechtmässigen Zugangs zu diesem Material.

- *Der Wunsch nach "interaktiven Mehrbenutzersystemen" läuft jenem nach Datensicherheit entgegen:*
In nicht-interaktiven, sequentiellen Datenverarbeitungssystemen (datei-orientiert, Stapelverarbeitung) ist die Datensicherheit mit dem Archivieren von überholten Datenträgern (3- und Mehr-Generationen-Prinzip) einfach und billig lösbar. Abgebrochene Arbeiten können mit den gesicherten, alten Daten ohne weiteres nochmals gestartet werden. In Systemen mit interaktiven Mutationen erfordert die Datensicherheit dagegen aufwendige Massnahmen (Synchronisation, inkrementelle Datenduplizierung auf Sekundärspeicher für Rekonstruktionsmöglichkeit im Fehlerfall etc.).

- *Datenkonsistenz kann sehr leistungsbehindernd sein:*
Die Gewährleistung von nichttrivialen Konsistenzbedingungen kann einen Aufwand verursachen, der den Aufwand für die eigentliche Mutation der Daten und der zugehörigen Hilfsorganisationen weit übertrifft. Bei sehr zeitkritischen Anwendungen ist deshalb sorgfältig zu überlegen, ob besonders aufwendige Konsistenzbedingungen von geringerer Wichtigkeit aus der Datendefinition entfernt werden können, wobei man die entsprechenden Prüfungen an periodische Kontrollprogramme delegieren kann.

- *Datenschutzmassnahmen können neue Datenschutzprobleme schaffen:*
Für personenbezogene, besonders *datenschutzempfindliche Datenbank-Systeme* wird gelegentlich gefordert, dass jeder Datenzugriff (Mutation, Abfrage, ev. auch nur systeminterner Kontrollzugriff) für Kontrollzwecke registriert werde. Konsequent durchgeführt produziert diese Massnahme ihrerseits wieder schutzbedürftiges Material in riesigem Ausmass, und dessen Auswertung dürfte auch personell aufwendig sein. Damit sei diese Massnahme nicht grundsätzlich abgelehnt; nur darf sie nicht unbesehen für alle personenbezogenen Daten postuliert werden.

Die geschilderten Widersprüche weisen auf mehrere Probleme hin:

- Der reine "Datenbank-Techniker" steht manchen Integritätsmassnahmen gerne skeptisch bis ablehnend gegenüber. Datensicherheit mag ihm noch einleuchten, da diese die Funktion seines Systems sichert. Hingegen bringt Datenschutz aus der Sicht des Effizienz-Verbesserers nur zusätzliche Auflagen. Die Forderung nach Datenschutz muss daher *von einer äusseren Stelle* (Geschäftsleitung, Benutzer, Betroffene, Gesetz) erhoben und durchgesetzt werden.

- Die Widersprüche zwischen Effizienz, Datenkonsistenz, Datensicherheit und Datenschutz brauchen einen Ausgleich, der nur mit *Kompromissen* möglich ist. Diese Kompromisse sind notwendig und brauchen Verständnis, auch vom Anwender aus, der damit einmal mehr auf die Tatsache aufmerksam wird, dass vermutlich kein System absolut fehlerresistent ist und dass extreme Forderungen immer Geld kosten.

Eine Bemerkung ist nach diesen eher ernüchternden Widerspruchsschilderungen aber schon jetzt unbedingt angebracht und nötig: Nicht jede Konsistenz-, Sicherheits- und Schutzmassnahme reduziert die Leistungsfähigkeit eines Systems oder kostet Geld. Im Gegenteil! Gerade *ohne* klare Konzepte und Beschränkungen auf das Wesentliche und "Richtige" wird jedes grosse Datensystem zum Albtraum, liefert falsche (und damit wertlose) Ergebnisse und kann auf die Dauer nicht gewartet werden. Datenintegrität ist daher nicht bloss "wünschbar", sondern unabdingbar in guten Systemen. Über das Ausmass der Massnahmen lässt sich allerdings manchmal durchaus zu Recht diskutieren. Der Auftraggeber, der auch die Kosten trägt, hat dabei die entsprechende Verantwortung.

6.2 Datenkonsistenz

Eine ganz zentrale Überlegung im Bereich der Datenbanken, die in diesem Buch schon oft angesprochen wurde, betrifft die Konsistenz der gespeicherten Daten. Wir verstehen darunter die Übereinstimmung des Inhalts der Datenbank mit der Datenbeschreibung und die innere Widerspruchsfreiheit der Daten. Da in diesem Teilbereich der Datenintegrität die *Bedeutung* (Semantik) der Daten eine wichtige Rolle spielt, spricht man anstelle von Datenkonsistenz gelegentlich auch von *semantischer Datenintegrität.*

6.2.1 Klassen von Konsistenzbedingungen, Transaktionen

Eine Datenbeschreibung legt fest, von welcher Art die abzuspeichernden und zu bearbeitenden Daten sein müssen. In diesem Sinne ist jede Angabe eines *Datentyps* (INTEGER, BOOLEAN, ...) in einem Programm eine Datenbeschreibung, die nicht nur deren Verwendung möglich macht, sondern bewusst auch Grenzen setzt. So ist eine als BOOLEAN definierte Grösse ausschliesslich imstande, "wahr" oder "falsch" zu sein; jede andere Wertezuteilung ist nicht vorgesehen und wird daher von der Maschine verweigert. Natürlich könnte man die gleiche Information, die im Wertepaar

wahr/falsch (=1 bit) steckt, auch mit 0/1 in einer INTEGER-Grösse unterbringen. Das hätte aber zwei fundamentale Nachteile:
- Die INTEGER-Darstellung belegt viel mehr Speicherplatz.
- Die INTEGER-Darstellung verzichtet auf die systematische Kontrolle, dass diese Variable *nie* andere Werte als wahr/falsch annimmt.
Und genau dieser zweite Punkt ist es, wo die Überlegungen der Datenkonsistenz primär einsetzen.

Nun ist die Beschreibung einer Datenbank allerdings eine wesentlich kompliziertere Angelegenheit als eine blosse Aufzählung von Datentypen, obwohl das auch dazugehört. In jedem Fall geht es aber auch bei diesen Datenbeschreibungen darum, genau zu sagen, welche Datenwerte wo, unter welchen Umständen und in welchem zeitlichen Ablauf zulässig sein sollen. Wir nennen solche Beschreibungen *Konsistenzbedingungen.*

Um eine Übersicht über verschiedene Arten von Konsistenzbedingungen zu gewinnen, unterscheiden wir diese nach drei Kriterien, nämlich wie strikt eine Konsistenz-bedingung dauernd eingehalten werden muss (primär, sekundär), sodann nach der Komplexität der zur Prüfung der Konsistenzbedingung zu betrachtenden Datenmengen (Komplexitätsstufen) und drittens nach den allfälligen Fehlerreaktionen.

Wir betrachten nun einen Datenbestand, während er manipuliert wird. "Manipulation" heisst Ausführung von - oft mehreren - Elementaroperationen, wie etwa die Änderung eines Merkmalswerts. Man beachte, dass eine "Elementaroperation" lediglich aus der Sicht des Benutzers als atomare Manipulation erscheint; systemintern löst jede Elementaroperation eine ganze Reihe von Massnahmen und viele Maschinenbefehle aus, indem neben den eigentlichen Datentupeln auch sämtliche zugehörigen Hilfsorganisationen manipuliert werden müssen. Damit das überhaupt möglich ist, müssen einige Grundvorschriften über die Daten strikt, d.h. jederzeit eingehalten werden:

Primäre Konsistenzbedingung:
Eine Konsistenzbedingung heisst primär, wenn sie nach jeder elementaren Datenbankoperation (insert, delete, modify) auf einem Tupel einer konzeptionellen Relation erfüllt sein muss.

Beispiele: - "pno identifiziert die Tupel der Relation PERSON"
(Eindeutigkeitsbedingungen)
- "Zivilstand ist ledig, verheiratet, geschieden oder verwitwet"
(statische Wertebereiche)

Primäre Konsistenzbedingungen umfassen also insbesondere solche Teile der Datenbeschreibung, welche die Datendarstellung logisch, aber auch physisch überhaupt erst ermöglichen, also Datentypen, Tupelidentifikation und ähnliche. Ohne sie könnte das Datensystem an sich gar nicht existieren.

> *Sekundäre Konsistenzbedingung:*
> Eine Konsistenzbedingung S heisst sekundär, wenn für einen Übergang von einem bezüglich S konsistenten Datenbankzustand zu einem anderen hinsichtlich S konsistenten Zustand mehr als eine elementare Datenbankoperation erforderlich sein kann.

Aus dieser Definition folgt, dass sekundäre Konsistenzbedingungen während bestimmten Übergängen (temporäre Inkonsistenz) verletzt werden dürfen, wie das nächste Beispiel zeigt, das wir schon bei den Definitionen im Abschnitt 1.5 benützt haben.

Beispiele:

- In einer Bank (und damit in ihrer doppelten Buchhaltung, Fig. 6-2) werde eine Überweisung von Fr. 100.- gemacht: Der Betrag 100 wird dem Konto x belastet und dem Konto z gutgeschrieben. Vor und nach dieser Gesamt-Transaktion ist die Bilanz der Bank in Ordnung (Summe = 0). Zwischen der Operation Belastung und der Operation Gutschrift ist die Bilanz der Bank aber falsch (Summe = -100); die Datenbasis ist während einer beschränkten Zeit inkonsistent geworden.

Figur 6-2:   Beispiel einer temporären Inkonsistenz: "Überweisung"

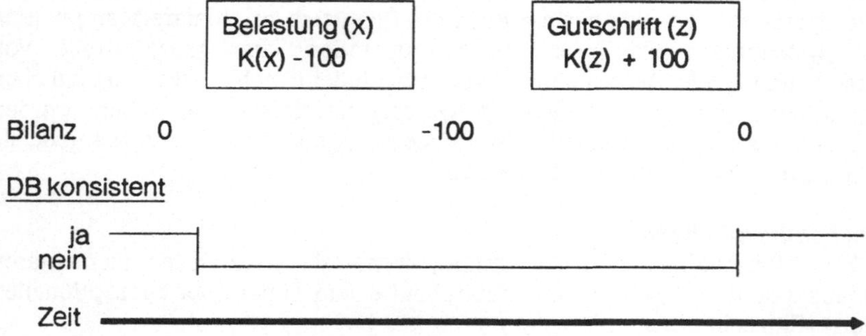

- Im konzeptionellen Schema der Datenbank einer Sparkasse wird die Beziehung zwischen Kunden und deren Konten folgendermassen dargestellt (Fig. 6-3):

Die 1-m-Beziehung zwischen den Entitätsmengen BANKKUNDE und BANKKONTO enthält eine sekundäre Konsistenzbedingung, weil in BANKKONTO kein Tupel eingefügt werden darf, bevor der zugehörige Kunde als Tupel in der Relation BANKKUNDE existiert, umgekehrt aber jeder Kunde mindestens ein Konto zugeteilt haben muss, da er sonst nicht Kunde sein kann.

Figur 6-3: Beispiel einer sekundären Konsistenzbedingung

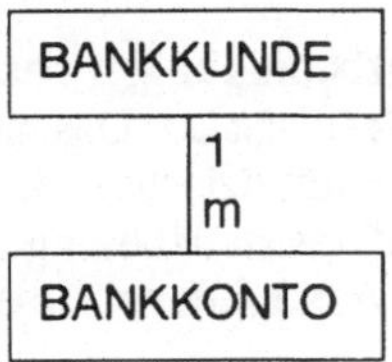

Beide Beispiele zeigen, dass erst die geeignete Kombination von Elementaroperationen wieder auf einen konsistenten Zustand führt. Wir nennen diese Kombination eine *Transaktion*, die schon in Unterabschnitt 1.5.3 als *"konsistenzerhaltende Operation"* definiert wurde. Sie ist somit eine Kombination von Elementaroperationen, welche *in ihrer Gesamtheit* die Datenbasis bezüglich aller definierten primären und sekundären Konsistenzbedingungen von einem ersten in einen zweiten konsistenten Zustand überführt. Daraus folgt unmittelbar eine zweite gleichwertige Definition der Transaktion, die das Gewicht besonders auf die Konsequenzen für das Datenbanksystem legt:

Eine *Transaktion* ist eine atomare Operation auf einer konsistenten Datenbasis, d.h. sie darf nur vollständig oder überhaupt nicht ausgeführt werden. (2. Definition)

Im Falle eines Fehlers darf also eine Transaktion nicht einfach unterbrochen werden (wenn erst ein Teil, aber nicht alle der zugehörigen Elementoperationen ausgeführt worden sind), sondern sie muss *zurückgesetzt* werden auf den (konsistenten) Ausgangszustand. Wie das möglich ist, werden wir im Abschnitt 6.3 aufzeigen.

Im Beispiel der Banküberweisung wäre Belastung plus Gutschrift gesamthaft eine Transaktion, während im Beispiel der Bankkunden eine Transaktion "neuer Kunde" zusätzlich zu einem neuen Tupel in BANKKUNDE (mindestens) ein Tupel in BANKKONTO einfügen muss.

Nachdem wir jetzt den zentralen Begriff der Transaktion genauer betrachtet haben, sei hier noch eine kleine Ergänzung gestattet: Nicht jeder Übergang von einer konsistenten Datenbasis auf eine andere konsistente Datenbasis ist erlaubt und durch eine Transaktion vollziehbar! Es gibt nämlich neben den operationsunabhängigen *Zustandsbedingungen* auch sogenannte *Übergangsbedingungen*, die an einzelne Operationen gebunden sind, wie folgende Beispiele zeigen:
- Ein Identifikationsschlüssel darf nicht geändert werden.
- Der Zivilstand kann nicht von "verheiratet" auf "ledig" geändert werden.
- Personen mit Steuerschulden dürfen nicht aus dem Einwohnerregister gelöscht werden.
Solche Übergangsbedingungen sind natürlich nach Definition weder primär noch sekundär, können aber ebenfalls durch Transaktionstechniken sichergestellt werden

[Rebsamen 83].

Als zweites Kriterium zur Klassierung von Konsistenzbedingungen betrachten wir die *Mengen* der bei der Prüfung zu einzubeziehenden *Datenobjekte*. Das geht stufenweise von einzelnen Attributen (Wertebereich) bis zu komplizierten Beziehungen, wo mehrere Tupel in mehreren Relationen von einer Konsistenzbedingung gleichzeitig angesprochen werden. Wir betrachten stufenweise verschiedene Objektmengen mit Beispielen.

(1) *Ein einzelnes Attribut:* Prüfung auf statischen Wertebereich, Datentyp

- Zivilstand: (ledig, verheiratet, geschieden, verwitwet)
- Alter: [0..110]

(2) *Ein einzelnes Tupel:* Zusammenhänge zwischen verschiedenen Attributen des gleichen Tupels.

- Zivilstand: (ledig, verheiratet, geschieden, verwitwet)
  Alter: [0 ..110] falls Zivilstand = ledig
  [16..110] bei anderem Zivilstand

(3) *Ein Tupel als Teil einer Relation:* Prüfung, ob ein Tupel mit einem bestimmten Identifikationsschlüssel in einer Relation schon existiert (Eindeutigkeitsbedingung).

- Ist Mitarbeiternummer "1234" schon belegt?

(4) *Ein Tupel als Teil einer Datenstruktur:* Abhängigkeiten bei dynamischen Wertebereichen

- Hat Mitarbeiter "1234" eine Abteilungsnummer einer existierenden Abteilung?

(5) *Eine Relation (Menge von Tupeln):* Bedingungen, z.B. Summen, Kardinalitäten etc., über gesamte oder Teile von Relationen.

- Die Summe aller Gehälter in einer Personalrelation darf einen bestimmten Budget-Betrag nicht überschreiten.

(6) *Mehrere Relationen:* Allgemeine Verknüpfungen.

- Die Summe der Gehälter der Abteilungen A und B dürfen sich höchstens um den Betrag X unterscheiden. Ist die Neuanstellung von Mitarbeiter "1234" mit Lohn Y zulässig?

Der Aufwand für die Überprüfung dieser Konsistenzbedingungen ist nicht in jedem

Fall direkt aus der Zugehörigkeit zu einer der Klassen (1) bis (6) herauszulesen. Der Aufwand hängt nämlich auch stark davon ab, welche Hilfsorganisation für die zu prüfenden Relationen zur Verfügung stehen.

Als drittes Kriterium für eine Gliederung von Konsistenzregeln soll auf die *Fehlerreaktionen* hingewiesen werden, welche eine *Verletzung* der Bedingungen haben soll. Wir unterscheiden strenge und schwache Konsistenzbedingungen.

| *Strenge Konsistenzbedingungen* müssen durch alle Transaktionen voll eingehalten werden.

| *Schwache Konsistenzbedingungen* (soft assertions) sind im Normalfall einzuhalten, können aber in Ausnahmefällen umgangen werden.

Mit dem Mittel der schwachen Konsistenzbedingung lassen sich jene Fälle des praktischen Betriebs einer Datenbank vernünftig regeln, welche bei strenger Behandlung die ganze Formulierung von Konsistenzbedingungen ad absurdum führen und damit unmöglich machen würden. Ein hübsches Beispiel dafür bilden Familienstammbäume. Jedermann akzeptiert als Konsistenzbedingung "Eltern", dass jede Person einen Vater und eine Mutter haben muss. Dennoch wird ein Stammbaumforscher bei normalen Bürgerfamilien bereits im 18. und 17. Jahrhundert auf Lücken stossen, wo Vater oder Mutter unbekannt sind und damit für das Datensystem *nicht existieren.* Soll nun deswegen die Konsistenzbedingung "Eltern" aufgegeben werden? Als Lösung muss für den *Ausnahmefall* eben eine tolerantere Regel vorgesehen werden. Solche schwache Konsistenzbedingungen sind daher für den praktischen Betrieb einer Datenbank nicht unwichtig. Wenn wir an das Bankkundenbeispiel von Fig. 6-3 denken: Eine Lockerung des Beziehungstyps von 1-m auf 1-mc könnte doch für den *Ausnahmefall* erlaubt werden. Aber dies braucht eine Fehlerreaktion. Als *Fehlerreaktionen* kommen etwa in Frage:
- Fehlermeldungen (Warnungen verschiedener Dringlichkeit) und Markierung der inkonsistenten Daten,
- Rückfragen beim Benutzer (im interaktiven Betrieb),
- automatische provisorische Korrekturen auf Ersatzwerte (default values),
- Einsatz von Reaktionsprozeduren (trigger procedures), die durch den Benutzer formuliert werden und sehr flexible Reaktionen bewirken können.
Allerdings ist hier eine *Warnung* notwendig. Fehlerreaktionen dieser Art sind ja nur notwendig, wenn eine *Transaktion in Ausführung* steht, welche eine schwache Konsistenzregel nicht einhalten kann. Transaktionen dürfen aber nur voll oder gar nicht ausgeführt werden. Somit darf die Fehlerreaktion sicher nicht selbständig neue Transaktionen starten, da damit die Konsistenz der Datenbank erst recht gefährdet würde.

Mit diesem dritten Gliederungskriterium für Konsistenzbedingungen wollen wir es bewenden lassen. [Rebsamen 83] gibt dazu eine detailliertere Übersicht und zeigt gleichzeitig, dass die meisten weiteren Gliederungen auf die soeben vorgestellten zurückgeführt werden können. Hingegen müssen wir jetzt überlegen, wie man solche Bedingungen definieren (Abschnitt 6.2.2) und ihre Einhaltung sicherstellen kann (Abschnitt 6.2.3).

6.2.2 Definition von Konsistenzbedingungen

Bei der Definition einer Konsistenzbedingung müssen im wesentlichen vier Parameter festgelegt werden (nach [Schlageter/Stucky 77]):

- eine Menge von *Objekten* (Attribute, Entitäten), auf die sich eine Konsistenzbedingung bezieht;
- eine Bedingung (*Prädikat*), die für die Objektmenge erfüllt sein muss;
- eine *Auslöseregel*, die angibt, wann das Prädikat zu überprüfen ist;
- eine *Reaktionsregel*, die angibt, welche Aktionen bei der Verletzung einer schwachen Konsistenzbedingung auszulösen sind.

Der Entwerfer einer Datenbank erhält so die Mittel, um selber über die Wirksamkeit (und den dafür nötigen Aufwand) der Konsistenzbedingungen einer Datenbank entscheiden zu können. Die Konsistenz einer Datenbank geht genau so weit, wie sie durch zugehörige Kontrollmassnahmen sichergestellt wird.

Mit der *Auslöseregel* kann man bestimmen, ob man eine Konsistenzbedingung als primär (Überprüfung des Prädikats nach jeder Elementaroperation) oder als sekundär (Überprüfung erst am Schluss einer Transaktion) definieren will. In gewissen Fällen kann es aber auch sinnvoll sein, eine Konsistenzbedingung nur periodisch (automatisch nach einer bestimmten Zeit oder auf einen expliziten Befehl) zu überprüfen. Die *Reaktion* auf eine Verletzung der Konsistenzbedingungen ist entweder - bei strengen Konsistenzbedingungen - Abbruch der Transaktion oder - bei schwachen Konsistenzbedingungen - ein Verfahren gemäss Reaktionsregel.

Nur relativ wenige Datenbanksysteme erlauben eine explizite Definition aller Parameter (Objekt, Prädikat, Auslöse- und Reaktionsregel) einer Konsistenzbedingung und ihre freie Kombination. Auf der andern Seite bieten nicht nur Datenbanksysteme, sondern bereits alle höheren Programmiersprachen, besonders die *strukturierten*, Ansätze für präzise Datenbeschreibungen, welche darauf ausgehen, Unsicherheiten zu eliminieren und damit die Voraussetzungen für eine *korrekte* Datenverarbeitung zu schaffen. Alle diese Hilfsmittel zur Datenbeschreibung enthalten natürlich sog. modellinhärente Konsistenzbedingungen.

Modellinhärente Konsistenzbedingungen können mit Mitteln der verfügbaren Systemsprache *direkt* dargestellt werden; sie werden durch die zugehörigen Compiler und Laufzeitsysteme automatisch sichergestellt.

In diesem Sinne bilden etwa Wertebereiche in der Definition von Datentypen typische modellinhärente Konsistenzbedingungen. Wir alle wissen aber, dass die verschiedenen Programmiersprachen und -compiler sehr unterschiedliche Fehlerreaktionen kennen. Wenn ein Index in einem Vektor (array) über den zulässigen Wertebereich hinausläuft, reichen die Fehlerreaktionen vom Programmabbruch über Fehlermeldungen bis zum kommentarlosen Weiterrechnen. Daraus wird klar, dass in Datenbanksystemen, welche Konsistenzaspekte ernst nehmen, sehr harte Anforderungen an die Durchsetzung der modellinhärenten Konsistenzbedingungen gestellt werden müssen.

Kompliziertere Konsistenzbedingungen können jedoch im allgemeinen - auch in qualifizierten Datenbanksystemen - nicht direkt modellinhärent dargestellt werden. Dazu wird ein zusätzliches Formulierungsinstrument benötigt, in welchem Bedingungen, Grenzen etc. ausgedrückt werden können. Was wäre dazu besser geeignet, als eine Programmiersprache selber?

Modellexterne Konsistenzbedingungen werden in einer geeigneten allgemeinen Programmiersprache zur Darstellung der nicht modellinhärent formulierbaren Bedingungen ausformuliert.

Je nach verfügbaren Programmier- und Datenbanksprachen sind daher die Möglichkeiten zur Formulierung von Konsistenzbedingungen unübersehbar zahlreich. Wir müssen uns im folgenden auf *einige Beispiele* beschränken, um dem Leser zu zeigen, mit welch unterschiedlichen Ansätzen die Definition von Konsistenzbedingungen angegangen werden kann. Die jeweils angegebenen Stufen beziehen sich auf den Umfang der einbezogenen Datenobjekte (S. 164).

Modula/R (vgl. Abschnitt 2.11):

Die Basissprache Modula-2 ist bereits ausgesprochen auf saubere Strukturen und Entwurfsmethoden ausgerichtet [Wirth 83b]; sie enthält eine vollständige Typenprüfung mit Wertebereichen (Stufe 1) sowie ein striktes Modulkonzept zur Abgrenzung von Verantwortlichkeitsbereichen.

Als Erweiterung bietet Modula/R die Datenstruktur Relation und damit die Eindeutigkeitsprüfung des Identifikationsschlüssels (Stufe 3) an, was durch Compiler und Laufzeitsystem gewährleistet wird. Die im Zusammenhang mit Datenbanken wichtigste Spracherweiterung von Modula/R liegt aber in der Einführung des Transaktionskonzepts. Das bedeutet, dass Programmteile, die als TRANSACTION in prozedurähnlicher Form beschrieben werden, automatisch nur ganz ausgeführt oder ganz zurückgesetzt werden. Was hingegen in welchem Fehlerfall vorzukehren ist, muss der Anwendungsprogrammierer selber organisieren. Modula/R bietet damit keine inhärenten Modellierungsmittel für kompliziertere Datenstrukturen (etwa Stufe 4, dynamische Wertebereiche) an; aber es legt eine extrem hilfreiche Grundlage für weitere Entwicklungsarbeiten. In diesem Sinn ist das nachstehend geschilderte System LIDAS-Gambit auf Modula/R aufgebaut.

LIDAS-Gambit (vgl. Abschnitt 2.10):

Das Datenbank-Entwurfssystem Gambit unterstützt den gesamten Entwurfsprozess, den wir im Kapitel 2 kennengelernt haben, von der Festlegung von Entitätsmengen und ihren Beziehungen, über Global- und Lokalattribute bis zur Formulierung von modellexternen Konsistenzbedingungen und Transaktionen. Damit lassen sich an diesem Beispiel die meisten der oben genannten Komplexitätsstufen bei Konsistenzbedingungen gut verfolgen. (Die zugehörigen Figuren 2-23 bis 2-28 finden sich im Abschnitt 2.10.)

- *Definition einer Relation* (Fig. 2-23 und 2-24): Eindeutigkeitsbedingung für Schlüsselattribut, Stufe (3)

- *Definition einer Beziehung* (Fig. 2-25): Dynamische Wertebereiche, Stufe (4)

- *Definition von Attributen* (Fig. 2-26 und 2-27): Wertebereiche, Stufe (1)

All die bisher gezeigten Strukturtypen (Relation, Beziehungen, Attribute etc.) sind somit durch Gambit direkt darstellbar; die für ihre korrekte Darstellung nötigen Konsistenzbedingungen sind *modellinhärent* und werden durch das Gambitsystem selber automatisch bereitgestellt. Benötigt der Anwender weitere Konsistenzbedingungen, insbesondere auch von den Stufen (2), (5) und (6), so muss er diese jedoch selber formulieren.

- *Definition von modellexternen Konsistenzbedingungen* (Fig. 2-28): Dafür steht eine mächtige Programmiersprache zur Verfügung, nämlich wiederum Modula/R mit den beiden Grundquellen, Modula-2 als normaler Programmiersprache und dem Prädikatenkalkül zur Abgrenzung von (Daten-)Mengen. Aber normalerweise braucht man zur Definition von Konsistenzbedingungen davon sehr wenig, wie Fig. 2-28 zeigt. Die Vorgabe auf dem Bildschirm mit

    BEFORE < Typ der Tupeloperation wie Einfügen, Ändern etc. >
    ASSERT < Logischer Ausdruck (Prädikat), der wahr sein muss >
    ELSE ERROR < Fehlerreaktion >

zeigt sehr schön, wie hier die Elemente vollständig eingeholt werden. Auch die Unterscheidung zwischen *starker* und *schwacher* Konsistenzbedingung (Abbruch/*Fehlerreaktion*) kann direkt festgehalten werden.

Da Gambit selber auch auf Modula/R aufbaut, liegt es auf der Hand, dass es seinerseits für die Definition einer Relation die RELATION von Modula/R und das entsprechende Identifikationsschlüsselkonzept einsetzt und dass alle konsistenzkritischen Operationen im Entwurfsprozess als Modula/R-Transaktionen formuliert sind. Auch das Ergebnis eines Datenbankentwurfs, das konzeptionelle Schema, muss selber regelkonform, also konsistent sein.

System R (vgl. [Astrahan et al. 76]):

Beim System R stehen dem Benutzer für die Definition von Konsistenzbedingungen praktisch alle Konstrukte der selbständigen Datenmanipulationssprache SQL (vgl. Beispiel F, Abschnitt 4.2.5) zur Verfügung. Die Bedingungen werden mittels sog. *Zusicherungen* (assertions) definiert und durch einen Namen gekennzeichnet.

```
assert maxLohn on PERSONAL: lohn < 15000                Stufe (1)


assert jobLohn on PERSONAL:                             Stufe (2)
       if job = 'Angest' then
          lohn between 2000 and 8000


assert AbtZugeh                                         Stufe (4)
       (select abtno from PERSONAL) is in
          (select abtno from ABTEILUNG)


assert steigend on update to PERSONAL:                 Stufe (1)
       new lohn >= old lohn
```

Die letzte Zusicherung ist ein Beispiel einer *Übergangsbedingung* (transition assertion), während alle bisher betrachteten Vorschriften sog. *Zustandsbedingungen* (state assertions) darstellten. Bei der Datenmanipulation im System R werden normalerweise zusammengehörige Operationen als Transaktionen definiert: `begin-trans ... end-trans`. Wenn eine Bedingung nicht explizit als primäre Konsistenzbedingung (`assert immediate ..`) definiert wurde, erfolgen sämtliche Prüfungen erst am Ende der Transaktion.

System R und SQL bieten auch Fehlerreaktionsprozeduren (triggers) bei schwachen Konsistenzbedingungen an.

6.2.3 Gewährleistung von Konsistenzbedingungen

So verschieden die Definitionen von Konsistenzbedingungen von den einzelnen Datenbanksystemen angegangen werden, so unterschiedlich präsentieren sich auch die Methoden zur Prüfung und Sicherstellung dieser Bedingungen. Es kann in diesem Buch nicht darum gehen, diese im einzelnen zu behandeln. Weil aber die Konsistenzsicherung eine zentrale Stellung im Datenbankkonzept hat, ist es sinnvoll, einige grundsätzliche Lösungsmöglichkeiten (längst nicht alle) zu skizzieren, sowie die Frage zu stellen, wie die Konsistenzsicherung in der Praxis wirklich geschieht.

Dazu beginnen wir mit einer Schichtendarstellung unseres Datenbanksystems; wir zeichnen die Datenbank unten (Datenbasis und Datenbankverwaltungssystem; maschinennah) und die Anwenderprogramme oben (benutzernah) in Fig. 6-4. Unsere Frage lautet nun, *wo* die Konsistenzbedingungen technisch sichergestellt werden, in den Anwendungsprogrammen (Variante A) oder im Datenbankverwaltungssystem (Variante B).

Figur 6-4: Verschiedene Standorte für die Konsistenzsicherung

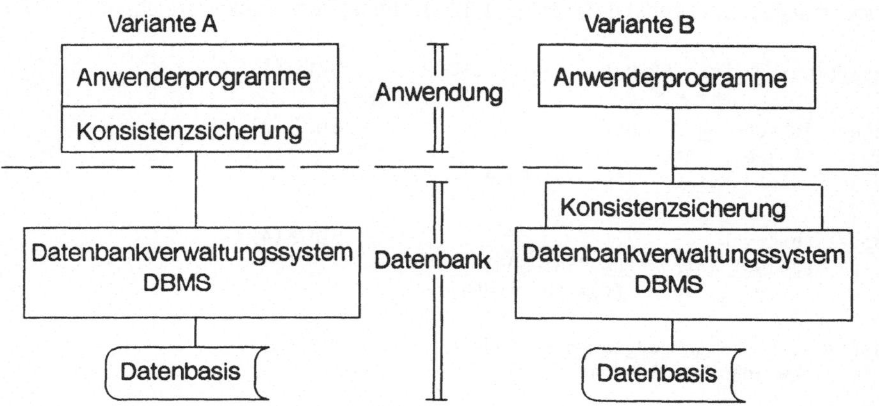

Je nachdem trägt nämlich der Anwendungsprogrammierer (Variante A) oder der für die Datenbank Verantwortliche, der Datenbankadministrator, die *Verantwortung* für die Konsistenzsicherung. Aus allen unseren bisherigen Überlegungen, angefangen bei den Datenbankgrundsätzen in Abschnitt 1.1, kann kein Zweifel darüber bestehen, dass die anzustrebende Lösung nur Variante B sein kann. Nur so lässt sich garantieren, dass *alle* Anwenderprogramme die Konsistenzbedingungen beachten. Im weitern hat diese Lösung vermutlich den Vorteil, dass der Programmierungsaufwand dafür nur einmal zentral zu leisten ist, aber auch den Nachteil, dass die Konsistenzbedingungen in jedem Fall überprüft werden müssen, was Aufwand zur Ausführungszeit bedeutet.

Daher hat die Praxis verschiedene Methoden entwickelt, um diese verschiedenen Aspekte so gut wie möglich zu berücksichtigen, wobei Kompromisse aller Art einzugehen sind. Vier Varianten seien hier vorgestellt.

- Variante 1: *Unterprogramm-Bibliotheken*

Bereits in Anwendungssystemen, die sich noch nicht auf echte Datenbank-Software, sondern auf einfache Dateisysteme stützen, ist die zentrale Bedeutung der Datenkonsistenz erkannt worden. Deshalb werden für Gruppen von Anwendungen oftmals Bibliotheken mit gemeinsam verwendbaren, parametrisierbaren Überprüfungsprogrammen erstellt, damit wenigstens formale Prüfungen und Plausibilitätstests einheitlich durchgeführt werden können.

Figur 6-5:   Verwendung gemeinsamer Unterprogramme für die Ueber-
prüfung von einfachen Konsistenzbedingungen

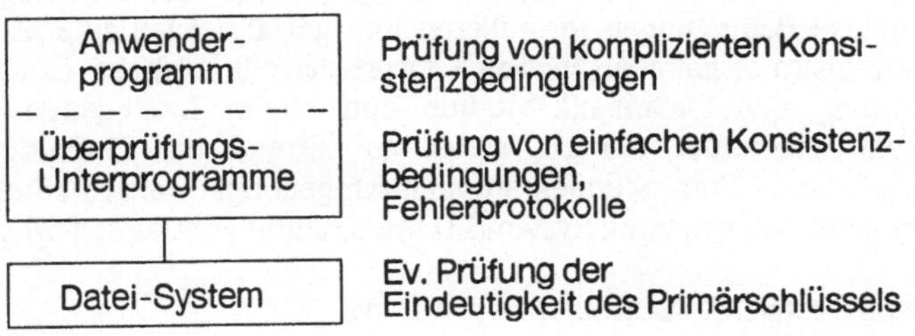

Alle schwierigeren Konsistenzbedingungen müssen bei diesem Ansatz in die Anwenderprogramme integriert werden. Und falls das Datei-System für bestimmte Schlüsselbegriffe nur eine sequentielle Verarbeitung zulässt, führen viele Prüfungen zu aufwendigen Mutationsprogrammen, weil vor jedem Abgleich zweier Dateien (d.h. dem Test, ob Mutationsdatensätze in einer anderen Datei die notwendigen Anschlusswerte aufweisen) die beiden Dateien in die gleiche Sortierreihenfolge gebracht werden müssen.

- Variante 2: *Datenbank-Module*

In Fällen, wo das zur Verfügung stehende Datenbankverwaltungssystem nur wenige Konsistenzbedingungen automatisch unterstützt, kann die Konsistenz der Datenbasis umfassender gewährleistet werden, indem man zusätzliche Konsistenzmodule erstellt, diese dem DBMS aufsetzt und damit Anwendungsprogrammierer nicht direkt über die Schnittstelle des DBMS auf den Daten arbeiten lässt. Das entspricht exakt der Variante B in Fig. 6-4. Der Datenbank-Administrator ist in diesem Fall nicht nur für die eigentliche Datendefinition verantwortlich, sondern er formuliert auch konsistenzerhaltende Grundoperationen (Transaktionen) auf den Daten und stellt diese dem Anwendungsprogrammierer als Arbeitswerkzeug zur Verfügung.

Figur 6-6:   Datenbankmodule als Transaktionsschnittstelle

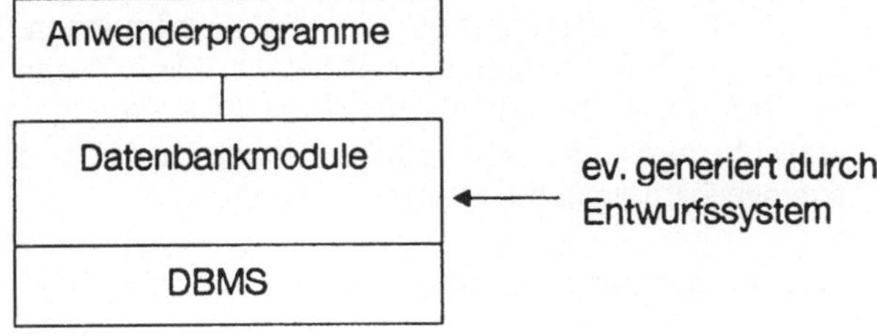

Dieser Lösungsansatz schränkt die Freiheiten des Anwendungsprogrammierers etwas ein und führt unter Umständen auch zu Effizienzeinbussen. Dem stehen aber die zentrale Kontrolle des Konsistenzproblems gegenüber und die Möglichkeit, auch sehr komplexe Bedingungen formulieren und gewährleisten zu können. Der Datenbank-Administrator hat allerdings eine anspruchsvolle Aufgabe. Er kann aber bei der Erstellung der Datenbank-Module von einem intelligenten Daten-definitionssystem unterstützt werden, wobei auf Grund der Definitionen im konzeptionellen Schema Transaktionen automatisch generiert werden können. Das in diesem Buch mehrfach genannte System LIDAS-Gambit geht diesen Weg.

- Variante 3: *DBMS enthält Konsistenz-Unterprogramme*:

Auch bei diesem Ansatz erfolgt die Definition von Konsistenzbedingungen im konzeptionellen Schema. Das Datenbankverwaltungssystem muss bei jeder Datenmanipulation (ev. auch erst am Ende einer Transaktion) herausfinden, welche Konsistenzbedingungen durch die Datenmanipulation verletzt werden könnten. Dann sind die eigentlichen Prüfungen durchzuführen, und zwar durch parametrisierten Aufruf von DBMS-eigenen Unterprogrammen.

Figur 6-7:   Konsistenzprüfung durch Unterprogramme des DBMS

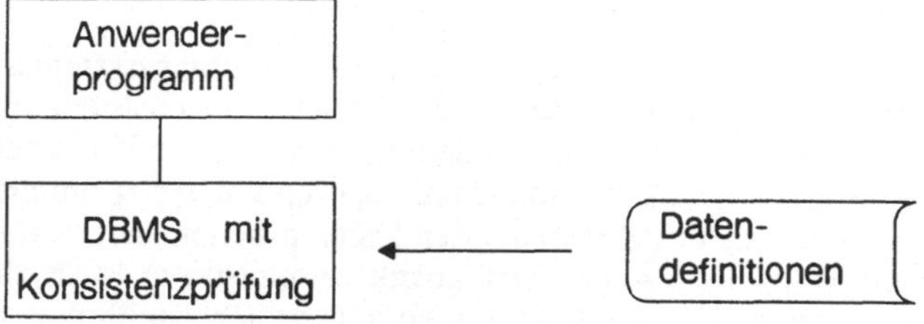

Die Konsistenz-Unterprogramme des DBMS müssen für den allgemeinen Fall konzipiert sein. Dies ergibt i.a. für den einzelnen Konsistenztest mehr Code, als wenn man das prüfende Unterprogramm auf eine spezielle Anwendung ausrichten könnte. Zudem müssen zur Ausführungszeit die Datendefinitionen ständig zugreifbar sein, damit das DBMS überhaupt entscheiden kann, wann welche Prüfungen auszuführen sind. Diese beiden Nachteile werden aber in grösseren Anwendungen wettgemacht durch die wiederholte Verwendbarkeit derselben Unterprogramme für analoge Prüfungen bei verschiedenen Dateien.

- Variante 4: *Modifikation der Datenmanipulationen*:

Bei dieser Lösung stecken zwar die Konsistenzsicherungen schliesslich in den Anwendungsprogrammen, sie werden aber auf Grund des konzeptionellen Schemas

(Datendefinitionen) automatisch generiert und damit garantiert. Der Einbau in die Anwenderprogramme erfolgt durch den DML-Compiler, der oft als Precompiler ausgebildet ist und das ursprüngliche Anwenderprogramm um die datenbank-spezifischen Funktionen erweitert. Die DML-Befehle werden zu konsistenz-erhaltenden Transaktionen ergänzt, resp. in bedingte Anweisungen eingekleidet, so dass sie nur unter bestimmten Voraussetzungen zur Ausführung kommen.

Figur 6-8:   Einsetzen der Konsistenztests durch den DML-Compiler

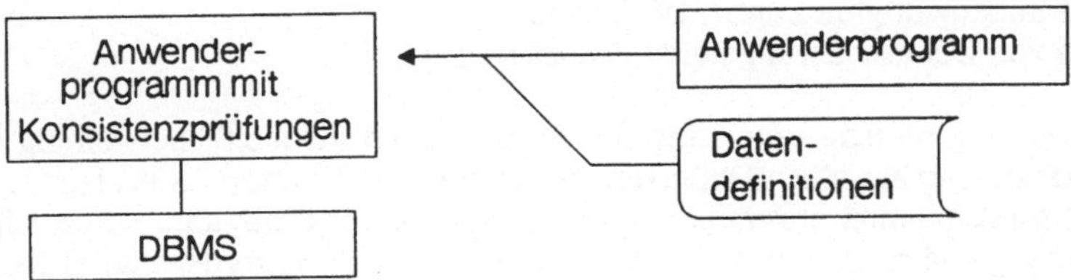

Selbstverständlich ist auch der parallele Einsatz mehrerer dieser Techniken möglich. So wird eine Konsistenzbedingung, welche auch für die physische Datenorganisation von Belang ist (z.B. die Eindeutigkeit des Identifikations- resp. Primärschlüssels), mit Vorteil direkt ins DBMS integriert (Variante 3), während sehr ausgefallene Konsistenzbedingungen am wenigsten Aufwand verursachen, wenn sie von einem Compiler erzeugt werden und dann zur Ausführungszeit als Teil eines Datenbank-Moduls (Variante 2) oder als Teil des Anwendungsprogramms (Variante 4) eingesetzt werden

Die Möglichkeiten zur integrierten Definition und Ausführung von Datenbankkonsistenzmassnahmen sind somit vorhanden und umfangreich. Dennoch werden heute in der Praxis oft andere Wege eingeschlagen, weil die systemintegrierte Darstellung der Konsistenzbedingungen, wie sie in Unterabschnitt 6.2.2 vorgestellt wurde, kompliziert und aufwendig werden kann. Manche Datenbanksystemhersteller überlassen diese undankbare Aufgabe weiterhin dem Anwendungsprogrammierer. Sicher dürfen nebensächliche Bedingungen in Datensystemen auch in Zukunft in Anwenderprogrammen verteilt sein. Zentrale Bedingungen, deren Verletzung den Gesamtzweck des Datensystems gefährden kann, gehören aber zu *100% zentral verwaltet.* Eine Datenbank ist genau soweit korrekt, als diese Korrektheit auch sichergestellt ist. Konsistenzbedingungen, die zwar irgendwo, aber nicht als Teil des Datenbanksystems formuliert und überprüft werden, können nicht zur Konsistenz der Datenbank gerechnet werden.

6.3 Datensicherung

6.3.1 Allgemeine und datenbankspezifische Aspekte

Die Datensicherung wendet sich gegen Gefahren für die Daten selber, insbesondere also
- gegen den Verlust und die Verfälschung von Daten und
- gegen den unberechtigten Zugriff auf Daten.
Das Ergebnis von Datensicherung heisst Datensicherheit.

Die Datensicherung umfasst unterstützende Massnahmen für die Sicherstellung eines *ordnungsgemässen Betriebs* eines Datenverarbeitungs- und Datenspeicherungssystems, sowie Abwehrmassnahmen gegenüber jeder Art von Beeinträchtigung. Offensichtlich ist der ordnungsgemässe Betrieb keine datenbankspezifische Anforderung; er ist Voraussetzung für jede Art von professioneller Arbeit und liegt im direkten Interesse aller Beteiligten (Rechenzentrumsmitarbeiter, Anwender). Für die allgemeinen Methoden der Datensicherung (Redundanzerhöhung etc.) darf daher auf den Überblick in [Bauknecht/Zehnder 83] und auf Spezialliteratur [Weck 84] verwiesen werden.

Dennoch hat vom Standpunkt der Datenbanken aus die Datensicherheit eine besondere Bedeutung. Eine Datenbank ist u.a. dadurch charakterisiert (vgl. Abschnitt 1.1), dass mehrere Benutzer auf die gleichen Daten zugreifen und dass die Daten *permanent* verfügbar sein sollen. Das sind besonders qualifizierte Anforderungen bezüglich Datensicherheit, und zu ihrer Befriedigung wurden auch besondere Verfahren entwickelt. Für die Simultanbedienung mehrerer Benutzer sind Synchronisations- verfahren nötig (6.3.2); Rekonstruktionsmassnahmen (6.3.3) dienen der möglichst guten Aufrechterhaltung der Permanenz.

6.3.2 Synchronisation von Datenzugriffen

Was kann passieren, wenn mehrere Benutzer gleichzeitig mit der gleichen Datenbank arbeiten, d.h. die gleiche Datenbasis benützen? Dabei darf vorausgesetzt werden, dass jeder einzelne Benutzer ausschliesslich korrekte konsistenzerhaltende Transaktionen verwendet.

Wir nehmen zuerst drei Fälle voweg, die einerseits problemlos sind, anderseits in der Praxis aber doch häufig vorkommen und damit in vielen Fällen einen Transaktionsbetrieb überhaupt *ohne spezielle Synchronisationsverfahren* erlauben (was viel billiger und sicherer ist):

- *Die Transaktionen lassen sich seriell abwickeln:*
  Wenn die einzelnen Transaktionen sehr kurz sind oder relativ selten anfallen und wenn eine gewisse zeitliche Flexibilität vorhanden ist, können die verschiedenen

Transaktionen so gestaffelt werden, dass sie nicht direkt parallel bearbeitet werden müssen. Damit beeinflussen sie sich gegenseitig nicht in bezug auf Konsistenzüberlegungen. (Bsp.: Automatische Fahrzeugzähler an einer Strassenkreuzung)

- *Die Transaktionen betreffen unterschiedliche Datenbereiche:*
Wenn zum vorneherein klar ist, dass sich verschiedene Beteiligte an einer Datenbank nicht "ins Gehege kommen", weil sie auf unterschiedlichen Teilen der Datenbasis arbeiten, so kann auch so eine klare Trennung der Transaktionen erreicht werden. (Bsp.: Datenerfassungssystem mit mehreren Schreibarbeitsplätzen für Brieftexte.)

- *Alle Transaktionen sind ausschliesslich Leseoperationen:*
Leseoperationen verändern die Datenbasis nicht. Sie sind somit konsistenzerhaltend; sie stören sich gegenseitig nicht und können beliebig parallel arbeiten. Dieser Fall tritt überall dort auf, wo die Nachführung der Datenbasis nicht sofort erfolgen muss, sondern z.B. einmal täglich, wobei dies in der Nacht in Form einer Stapelverarbeitung stattfinden kann. (Bsp.: Katalog einer Bibliothek mit Direktabfragen am Tag, Nachführung im Stapelbetrieb nachts.)

Übrig bleibt der kritische Fall für die Synchronisation (Fig. 6-9):

- Mehrere Benutzer arbeiten wirklich gleichzeitig (parallel) an der gemeinsamen Datenbasis, wobei mindestens einer dieser Benutzer auch Daten verändern will.

Die Lösungsidee für diesen kritischen Fall (Fig. 6-9) besagt nun, dass man die Datenbasis in *Teildatenbereiche* aufteilt, welche für eine bestimmte Dauer ausschliesslich für bestimmte Arbeiten und Benutzer zur Verfügung stehen. Für andere Arbeiten und Benutzer ist in dieser Zeit der Zugang zu den entsprechenden Teildatenbereichen gesperrt. Wie diese Sperre wirkungsvoll und doch ohne allzugrossen Aufwand durchgeführt werden kann, soll jetzt gezeigt werden. Dabei gibt es zwei Haupttechniken, *Sperrprotokolle* und *optimistische Verfahren,* sowie gewisse Kombinationen davon.

Die beiden Synchronisationsverfahren verhalten sich ähnlich wie die verschiedenen Möglichkeiten der Verkehrsregelung auf einer einspurigen Bergstrasse. Die Sperrtechnik entspricht dabei der Lösung mit Verkehrssignalen, die optimistische Technik der Lösung mit Probieren auf gut Glück, wobei einer zurückfahren muss, falls sich zufällig doch zwei Wagen im Engpass begegnen. Schon aus dieser Analogie wird sofort klar, in welchen Fällen sich die beiden Techniken besonders gut oder schlecht eignen.

- *Sperrtechniken* sind besonders für Fälle mit starken Verkehr geeignet.

- *Optimistische Verfahren* sind dort geeignet, wo Konflikte wenig wahrscheinlich sind.

Figur 6-9:   Zeitlicher Ablauf paralleler Transaktionen und mögliche Konflikte

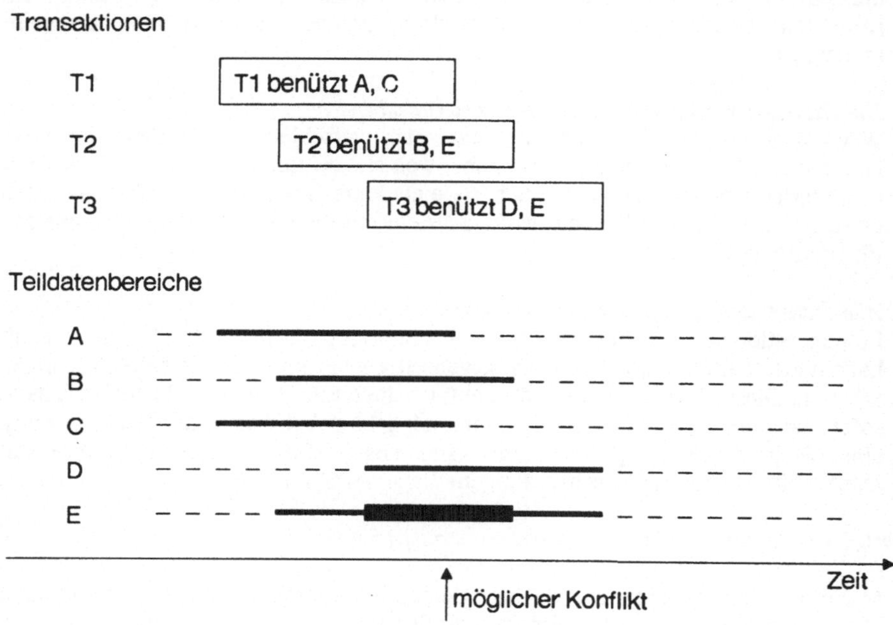

Übertragen auf die Welt der Computersysteme ergeben sich sofort wichtige Anwendungsgebiete. Wir kennen vor allem den Bereich des Betriebssystems, wo natürlich "starker Verkehr" herrscht. Deshalb dienen Sperrtechniken im Betriebssystem zur Verwaltung der Betriebsmittel (Ein- und Ausgabegeräte, Bereiche des Arbeitsspeichers, Prozessoren). In Datenbanken ist im allgemeinen der Zugriffsverkehr auf einzelne Teildatenbereiche doch schwächer, so dass optimistische Verfahren eine gute Chance haben. (Bsp.: Kontenverwaltung einer Bank: Die Wahrscheinlichkeit ist relativ gering, dass das *gleiche* Kundenkonto *gleichzeitig* von mehreren Stellen her benötigt wird, etwa von einer Schalterstation und von einer Gutschriftdienststelle für Löhne.) Bevor wir aber auf Vor- und Nachteile nochmals kurz zurückkommen, müssen wir uns etwas in die eigentlichen Verfahren vertiefen. Wir werden dabei feststellen, dass bei Sicherheitstechniken - und die Synchronisationsverfahren gehören dazu - Einzelheiten eine grosse Rolle spielen. Wer sie verstehen will, muss sich durch einige Seiten durchbeissen.

Für beide Verfahren benötigen wir vorerst einige *Begriffe* gemeinsam:

- *Elementaroperationen:* Bestandteile von Transaktionen, wie Lesen (aus einem Datenbereich), Schreiben (in einen Datenbereich), Sperre Setzen, Sperre Lösen, Transaktionsbeginn, Transaktionsende.

- *Parallele Transaktionen* (concurrent transactions): Transaktionen, welche miteinander mindestens teilweise gleichzeitig ablaufen.
- *Serielle Transaktionen:* Transaktionen, welche nacheinander ablaufen.
- *Lesetransaktion* (read transaction): Transaktion, deren Elementaroperationen keine Schreiboperationen enthalten.
- *Mutationstransaktion* (modify transaction): Transaktion, deren Elementaroperationen auch Schreiboperationen enthalten.
- *Temporäre Inkonsistenz* (vgl. Abschnitt 6.2.1): Möglicher inkonsistenter Zustand der Datenbasis während einer Mutationstransaktion.

Die weiteren Begriffe beziehen sich auf Sperren und optimistische Verfahren getrennt.

Sperrprotokolle

Die Sperrverfahren beruhen darauf, dass ganz bestimmte Bedingungen über parallele Transaktionen, sog. *Sperrprotokolle*, formuliert werden können, deren Einhaltung eine konsistente Ausführung dieser parallelen Transaktionen sicherstellt. Dazu müssen Sperren definiert werden:

- *Sperre* (lock): Unzugänglichkeit eines bestimmten Datenbereichs für bestimmte Transaktionen während einer bestimmten Zeitdauer.
- *Exklusive Sperre* (exclusive lock): Die Transaktion, welche die Sperre verlangt, benötigt einen bestimmten Datenbereich ausschliesslich für sich selber. Die exklusive Sperre wird nur von Mutationstransaktionen für *Schreiboperationen* verlangt.
- *Teilsperre* (shared lock): Die Transaktion, welche die Sperre verlangt, will nur verhindern, dass der betroffene Datenbereich während des Zugriffs verändert wird. Andere Transaktionen mit gleichem Bedürfnis dürfen parallel an der Teilsperre teilhaben. Die Teilsperre wird von Lesetransaktionen und Mutationstransaktionen für *Leseoperationen* verlangt.

Eine Transaktion kann also nur eine neue Sperre verlangen (setzen), wenn der betreffende Datenbereich bisher nicht gesperrt oder nur mit einer Teilsperre belegt ist.

Figur 6-10: Verträglichkeit von Sperren

| | | vorhandene Sperre: | |
		Teilsperre	exkl. Sperre
neu verlangte Sperre:	Teilsperre	verträglich	Konflikt
	exkl. Sperre	Konflikt	Konflikt

In einem System, das parallele Transaktionen zulässt, sollte jede Transaktion nur soviele Datenbereiche sperren, als sie wirklich benötigt. Dazu betrachten wir die Transaktion "Ueberweisung" aus 6.2.1, Fig. 6-2, einmal im Detail, also in einzelnen Elementaroperationen:

Figur 6-11a: Transaktion Ueberweisung-1

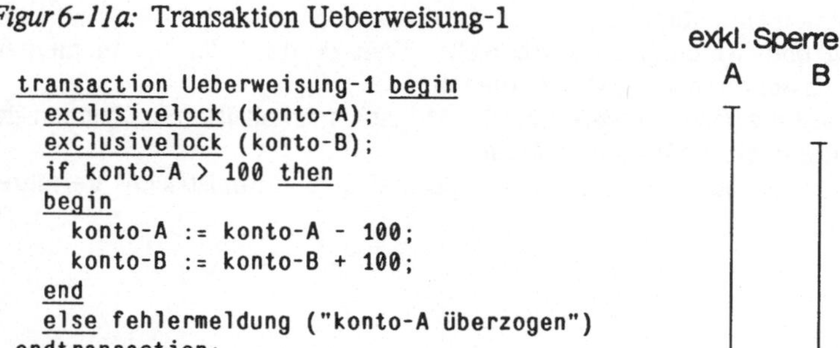


```
transaction Ueberweisung-1 begin
  exclusivelock (konto-A);
  exclusivelock (konto-B);
  if konto-A > 100 then
  begin
    konto-A := konto-A - 100;
    konto-B := konto-B + 100;
  end
  else fehlermeldung ("konto-A überzogen")
endtransaction;
```

Mit dem Ende der Transaktion werden automatisch alle gesetzten Sperrbegehren hinfällig.

Nun wissen wir, dass jede exklusive Sperre die übrigen Transaktionen von der Benützung der gesperrten Daten ausschliesst und damit u.U. stark behindert. Daher könnte die obige Transaktion Ueberweisung-1 eventuell so formuliert werden:

Figur 6-11b: Transaktion Ueberweisung-2

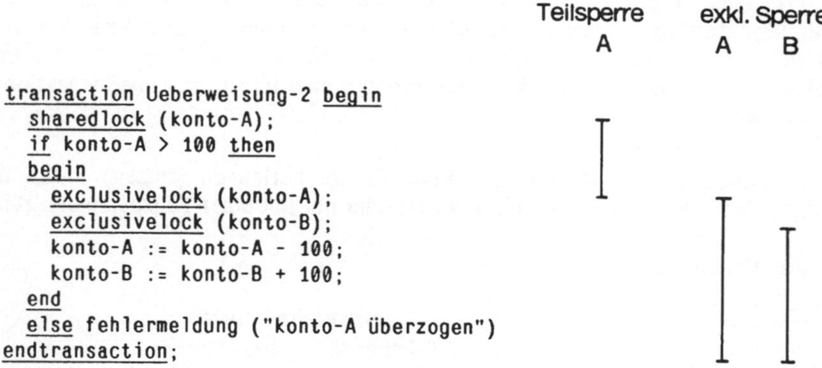


```
transaction Ueberweisung-2 begin
  sharedlock (konto-A);
  if konto-A > 100 then
  begin
    exclusivelock (konto-A);
    exclusivelock (konto-B);
    konto-A := konto-A - 100;
    konto-B := konto-B + 100;
  end
  else fehlermeldung ("konto-A überzogen")
endtransaction;
```

Diese zweite Variante hat den Vorteil, dass im Falle eines ungenügenden Kontostandes überhaupt keine Exklusivsperre verlangt werden muss, sie hat aber den grossen Nachteil, dass mitten in der Transaktion eine Sperrenänderung verlangt wird, welche unter Umständen (wenn nämlich auf konto-A wegen einer parallelen Transaktion eine zweite Teilsperre liegt, die vorher nicht störte) zu einem Unterbruch des Transaktionsablaufs führen kann.

Das Beispiel unserer Transaktion "Ueberweisung (1 oder 2)" zeigt noch mehr: Eine Transaktion benötigt nicht nur einzelne Datenbereiche, sondern meist *gleichzeitig zwei oder mehr*. Dabei darf die Sperre für den erstbehandelten Datenbereich nicht ohne weiteres freigegeben werden, bevor die Transaktion fertig ist, oder zum mindesten bis alle benötigten Datenbereiche für die gesamten Bedürfnisse dieser Transaktion gesperrt sind, weil ja Transaktionen immer *ganz oder gar nicht* auszuführen sind. Wenn nämlich noch ein Abbruch (mit Zurücksetzung auf den Anfang) nötig würde, so würde das extreme neue Sperrenprobleme, möglicherweise eine Verklemmung (siehe unten) bewirken. Wir wollen daher schon jetzt grundsätzlich *Zweiphasen-Sperrprotokolle* verlangen.

In *Zweiphasen-Sperrprotokollen* dürfen in einer Transaktion Sperren erst freigegeben werden, nachdem alle notwendigen Sperren gesetzt worden sind. (Also Phase 1 = Sperren setzen, Phase 2 = Sperren lösen)

Diese Forderung genügt allein aber längst nicht zur Synchronisation mehrerer paralleler Transaktionen. Dazu braucht es vollständige Sperrprotokolle. Wir beginnen mit einer globalen Formulierung, die dann verfeinert wird [Gray 78]:

1. Formulierung eines Sperrprotokolls: "Konsistenz-Protokoll"
Eine Transaktion T sieht einen konsistenten Zustand der Datenbasis, falls
a) T keine temporären Inkonsistenzen einer anderen Transaktion liest oder überschreibt,
b) T keine durch T geänderten Daten vorzeitig (d.h. vor *endtransaction*) freigibt,
c) keine andere Transaktion Daten von T vorzeitig (d.h. vor *endtransaction*) liest oder überschreibt.

Wird dieses Konsistenz-Protokoll eingehalten, folgen daraus zwei Sätze (Beweise in [Eswaran et al. 76]):

Äquivalenz mit serieller Ausführung:
Wenn alle Transaktionen einer Menge von beliebig parallelen Transaktionen das Konsistenz-Protokoll befolgen, dann ist jede Ausführung dieser Transaktionsmenge äquivalent einer seriellen Ausführung dieser Transaktionen.

Allgemeine Konsistenz:
Unter der gleichen Voraussetzung sieht *jede* Transaktion einen konsistenten Zustand der Datenbasis.

Die Beachtung aller möglichen temporären Inkonsistenzen, wie sie das Konsistenz-Protokoll verlangt, ist eine globale, nicht sehr leicht einhaltbare Vorschrift. Daher betrachten wir für eine zweite Protokollformulierung die Elementaroperationen. Jede Transaktion besteht aus einer Folge von Elementaroperationen, beginnend mit "transaction <tname> begin" und endend mit "endtransaction". Betrachten wir etwa die zwei Transaktionen T1 und T2.

Figur 6-12: 2 Transaktionen

```
T1:   transaction T1 begin      T2:   transaction T2 begin
      sharedlock     A                sharedlock     B
      exclusivelock  B                read           B
      read           A                sharedlock     A
      write          B                read           A
      endtransaction T1                endtransaction T2
```

Die beiden Transaktionen bestehen zusammen aus 6 + 6 = 12 Elementaroperationen. Sind T1 und T2 *parallel*, so bedeutet das, dass nach dem Beginn von T1 noch Elementaroperationen von T2 stattfinden und umgekehrt. Die Elementaroperationen von T1 und T2 bilden eine gemischte Folge. Wir nennen eine solche Folge einen *Ablaufplan.*

Ablaufplan (schedule) heisst jede Folge von Elementaroperationen von (mehreren) Transaktionen, sofern alle Elementaroperationen, die zu einer einzelnen Transaktion gehören, in der ursprünglichen Reihenfolge auftreten.

Ein *Ablaufplan* heisst *seriell*, wenn eine Transaktion nach der anderen vollständig ausgeführt wird.

Uns interessieren nun solche Ablaufpläne, welche konsistenzerhaltend, oder kurz "konsistent", sind. Dazu gehören sicher die seriellen Ablaufpläne (Bsp.: Ablaufplan 1 in Fig. 6-13). Damit ist jede Parallelität aufgehoben und es gilt:

Ein serieller Ablaufplan ist *konsistent.*

Gefragt sind aber auch nichtserielle Ablaufpläne. Gibt es solche, welche trotzdem konsistent sind? Fig. 6-13 zeigt drei verschiedene Ablaufpläne für die gleichen Transaktionen T1 und T2. Ablaufplan 1 ist seriell und daher auch konsistent. Ablaufplan 2 ist nicht seriell, aber trotzdem konsistent; wir wollen anschliessend sehen, welche zusätzlichen Bedingungen dafür nötig sind. Ablaufplan 3 ist nicht konsistent.

Figur 6-13:   3 Ablaufpläne zu den Transaktionen T1 und T2

```
Ablaufplan 1            Ablaufplan 2            Ablaufplan 3

T1 trans.begin         T1 trans.begin         T1 trans.begin
T1 sharedlock  A       T2 trans.begin         T1 sharedlock  A
T1 exclus.lock B       T2 sharedlock  B       T2 trans.begin
T1 read        A       T2 read        B       T2 sharedlock  B   1)
T1 write       B       T1 sharedlock  A       T1 exclus.lock B
T1 endtrans.           T2 sharedlock  A       T1 read        A
```

```
T2  trans.begin        T2  read          A    T1  write        B    2)
T2  sharedlock    B    T2  endtrans.          T2  read         B
T2  read          B    T1  exclus.lock  B    T2  sharedlock   A
T2  sharedlock    A    T1  read          A    T1  endtrans.
T2  read          A    T1  write         B    T2  read         A
T2  endtrans.          T1  endtrans.          T2  endtrans.
```

| seriell | nicht seriell | nicht seriell |
| konsistent | konsistent | inkonsistent |

Kritisch wird es immer dann, wenn verschiedene Transaktionen auf den gleichen Datenbereich zugreifen. Eine erste notwendige Bedingung für konsistente Ablaufpläne verlangt die ausschliessliche Verwendung *verträglicher (kompatibler) Sperren* für den gleichen Datenbereich gemäss Fig. 6-10.

Solange ein Datenbereich mit einer Teilsperre belegt ist, dürfen auch andere Transaktionen mit Lesebedürfnissen Teilsperren setzen (wobei sie die Sperrdauer unter Umständen verlängern!); jede Kombination mit exklusiven Sperren ist jedoch unzulässig. Alle Schreiboperationen *müssen* seriell abgewickelt werden. Der Ablaufplan 3 in Fig. 6-13 verletzt die Bedingung der verträglichen Sperren bei 1).

Das gleiche Beispiel zeigt aber bei 2) eine weitere, schwierigere Konfliktsituation. Wir stellen sofort fest, dass die Reihenfolge der Elementaroperationen

```
T1  write B   und   T2  read  B
T2  read  B         T1  write B
```

nicht gleichwertig (äquivalent) sind. Sobald verschiedene Transaktionen auf den gleichen Daten arbeiten (und mindestens eine Schreiboperation dabei ist), kommt es auf die Reihenfolge der Verarbeitung an. Dabei werden die nachfolgenden Transaktionen von den vorangehenden Mutationstransaktionen *abhängig*. Diese Abhängigkeiten müssen berücksichtigt werden, wenn die Vertauschbarkeit von Transaktionen und Elementaroperationen zu untersuchen ist.

Wir wollen an dieser Stelle den mathematischen Apparat für eine umfassende Beschreibung solcher Abhängigkeitsordnungen (Halbordnung, Totalordnung) nicht aufbauen [Gray 78] und auch keine Beweise führen. Dennoch sollten folgende Sätze verständlich sein:

Äquivalenz von Ablaufplänen:
Zwei Ablaufpläne heissen *äquivalent*, wenn sie gleiche Abhängigkeiten aufweisen.

2. Formulierung eines Sperrprotokolls: "Ablaufplan-Protokoll"
Ein Ablaufplan ist *konsistent*, wenn er äquivalent ist zu einem seriellen Ablaufplan, und wenn alle Sperren verträglich sind.

Die bisherigen (1. und 2.) Formulierungen von Sperrprotokollen haben übrigens nicht davon Gebrauch gemacht, dass wir bereits früher Zweiphasen-Sperrprotokolle verlangt haben. Wenn wir das jetzt nachholen, lässt sich eine dritte Formulierung angeben:

3. Formulierung eines Sperrprotokolls: "Sperren-Protokoll"
Eine Transaktion T erfüllt die Konsistenzforderungen, falls gilt
a) T sperrt alle Datenbereiche, die sie ändert, exklusiv.
b) T belegt alle übrigen Datenbereiche, die sie liest, mit Teilsperren.
c) T gibt erst Sperren wieder frei, nachdem alle notwendigen Sperren gesetzt sind.

Alle drei Forderungen beleuchten bestimmte Aspekte des Sperrproblems besonders deutlich. Daher soll gerade anhand der 3. Formulierung noch ein Zusatzproblem angesprochen werden, das aus der Welt der Betriebssysteme altbekannt ist, nämlich die Verklemmung.

Verklemmungen (deadlocks)

Die Forderung, keine Sperren freizugeben, bevor man alle notwendigen beisammen hat, kann sehr rasch zu den berühmten Verklemmungen führen. Schon zwei parallele Transaktionen T3 und T4 mit folgendem Anfang genügen:

```
T3  transaction .. begin     T4  transaction .. begin
    exclusivelock  A             exclusivelock  B
    exclusivelock  B             exclusivelock  A
    . . .                            . . .
```

Beide Transaktionen können einen ersten Datenbereich A resp. B sperren, beiden gelingt dies aber bezüglich B resp. A nicht mehr und die vorzeitige Lösung einer Sperre widerspricht dem Sperrprotokoll Nr.3. Also hat sich das Gesamtsystem verklemmt. Allerdings gibt es dafür schon Abhilfen, z.B. indem bei jedem Transaktionsbeginn die maximalen Sperrbedürfnisse ermittelt und mit jenen anderer laufender oder startbereiter Transaktionen verglichen werden. So lässt sich zum voraus eine mögliche Verklemmung erkennen und verhindern.

Optimistische Synchronisationsmethoden

Während die Sperrmethode mit eiserner Konsequenz alle Datenbereiche, mit denen eine Transaktion zu tun haben kann, *zum voraus* exklusiv oder teilweise sperrt, gehen die optimistischen Verfahren einen umgekehrten Weg. Sie erlauben zuerst die weitgehende (aber nicht abschliessende) Ausführung der Transaktion, untersuchen erst *hinterher* in einer Validierungsphase, ob überhaupt Konflikte aufgetreten sind, und regeln in diesem Fall das Verfahren des Zurücksetzens. Die Ausführung von

Transaktionen wird somit in drei sequentiell klar unterscheidbare Phasen aufgeteilt, nämlich:

- *Lesephase:* Alle Operationen der Transaktion werden ausgeführt, die Ergebnisse allfälliger Schreiboperationen aber nicht in die Datenbank eingefügt, sondern in einem *Hilfsspeicher* zwischengespeichert. Gleichzeitig werden *Tabellen* mit allen gelesenen und beschriebenen Datenbereichen aufgebaut.

- *Validierungsphase:* Es wird geprüft, ob Konflikte möglich sind. Das ist genau dann der Fall, wenn parallele Transaktionen gleiche Datenbereiche benützen oder benützt haben. Ist das der Fall, wird die später kommende Transaktion *abgebrochen* (es ist ja noch keine definitive Speicherung erfolgt, so dass das völlig problemlos ist) *und neu gestartet.*

- *Schreibphase:* Ist die Validierung positiv verlaufen (keine vorangehende Transaktion mit gleichen Datenbereichen), so erfolgt jetzt die eigentliche Mutation der Datenbank. Bei Lesetransaktionen entfällt diese letzte Phase überhaupt.

Figur 6-14: Parallele Transaktionen mit Validierungszeitpunkt

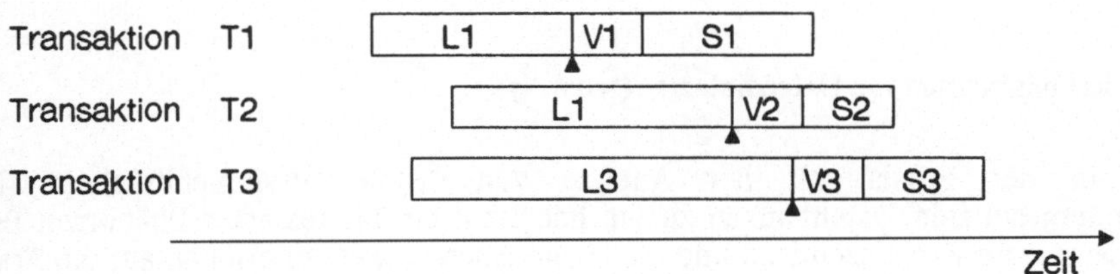

Die Kontrollführung über die parallelen Transaktionen und deren Datenbereichstabellen (für gelesene und zu beschreibende Datenbereiche) ist dabei recht einfach, wie wir an Fig. 6-14 sehen können. Jede Transaktion beginnt erst bei der Validierungsphase mit Prüfungen. Das ist gleichzeitig der massgebende Zeitpunkt (*Validierungszeitpunkt*), der die zeitliche Reihenfolge und damit die Prioritäten im Falle eines Abbruches regelt. Die prüfende Transaktion muss dabei ihre Datenbereichstabellen nur mit denjenigen jener *Mutations*transaktionen vergleichen, die *vor* ihr ihre Validierung begonnen haben *und* zum Zeitpunkt des Transaktionsbeginns noch nicht vollständig beendet sind.

Probleme bringt dieses Verfahren nur bei intensivem Betrieb, wenn viele Transaktionen in der Validierungsphase abgebrochen werden müssen, sowie für besonders langdauernde Transaktionen (Bsp. T3 in Fig. 6-14), die dauernd "zu spät" kommen, um akzeptiert zu werden. Aber auch dafür gibt es Gegenmassnahmen, auf die wir hier nicht eintreten können. Der Leser sei dafür auf die Übersicht [Reimer 84] mit Literaturangaben verwiesen.

Die Verfahren der vorbeugenden Sperren und der nachträglichen Validierung lassen sich natürlich auch kombinieren und sind in verschiedenen Formen in heutigen Datenbanksystemen implementiert.

Zum Schluss dieses Abschnitts ist noch ein Hinweis auf die *Grösse der Teildatenbereiche* angebracht, auf welche sich beide Verfahren beziehen. Theoretisches Minimum ist der einzelne Merkmalswert, theoretisches Maximum die ganze Datenbasis. Beide sind nicht sinnvoll, das Minimum wegen des Aufwandes für die Verwaltung, das Maximum wegen der dann verunmöglichten Parallelität von Transaktionen. Die Bestimmung der Datenbereichsgrösse ist somit ein wichtiges Optimierungskriterium beim physischen Datenbankentwurf.

- Für *grosse* Bereiche spricht die Möglichkeit, mit einer einzigen Massnahme mehrere Bedürfnisse einer Transaktion gleichzeitig abzudecken (Bsp.: alle Konten eines Bankkunden).

- Für *kleine* Bereiche spricht die Absicht, möglichst wenig unbeteiligte "Umgebung" eines benötigten Datenwerts zu blockieren. Diese Überlegung ist besonders wichtig bei hochinteraktiven und verflochtenen Situationen, bewirkt aber erheblichen Aufwand für die Datenbereichsverwaltung.

6.3.3 Rekonstruktion von Datensystemen (recovery)

Wer in der Praxis mit der Analyse von "Systemzusammenbrüchen" bei computergestützten Datenbanken zu tun hat, stellt ein interessantes Phänomen fest. Die Leute vom Rechenzentrum und die eigentlichen Anwender erteilen auf die Frage nach der Zeitdauer für die Rekonstruktion des Systems nach einem Zusammenbruch völlig unterschiedliche Antworten. Sagt der RZ-Mann "20 Minuten", so sind es beim Anwender leicht "2 Stunden". Die Zahlen könnten auch anders lauten, das Verhältnis bleibt ähnlich. Wieso?

Die Rekonstruktion nach einem grösseren oder kleineren Fehler oder gar System-zusammenbruch erfordert mehrere Arbeitsschritte:
a) Erkennen des Fehlers/Zusammenbruchs
b) Behebung des Schadens am Computersystem (Hardware, Betriebssystem, Anwenderprogramme). Als Ergebnis dieses Schrittes sollte das System wieder "unter Kontrolle" sein.
c) Rekonstruktion der Datenbasis. Als Ergebnis dieses Schrittes ist das System für den Anwender wieder nutzbar.

Während sich die RZ-Leute natürlich nach Schritt b) bereits wieder stabil fühlen, gilt das für den Anwender erst nach Schritt c), womit unser eingangs erwähntes Paradox geklärt wäre.

Eine Rekonstruktion der Datenbasis ist nur möglich, wenn anstelle der verlorenen Information auf Kopien zurückgegriffen werden . kann, also auf ursprünglich *redundante Information.* Diese muss systematisch *laufend* und *zum voraus* bereitgestellt werden, damit sie im Falle eines Schadens zur Verfügung steht. Wir wollen diesen Problemkreis hier nicht mehr allgemein behandeln, sondern verweisen auf [Bauknecht/Zehnder 83] als Grundlage.

Datenbankspezifisch wird es jedoch in folgenden Fällen:

Rekonstruktion eines konsistenten Zustandes bei parallelen Transaktionen.

Solange *Transaktionen nur seriell* ablaufen (vgl. Abschnitt 6.3.2), ist die Datenbasis jeweils vor und nach jeder Transaktion in einem konsistenten Zustand. Bricht das System zusammen, so muss der "Zustand vor Beginn der laufenden Transaktion" rekonstruiert werden. Dazu benötigt man an Daten
- einen abgesicherten früheren Stand der Datenbasis (z.B. vom Vorabend);
- alle abgeschlossenen Mutationstransaktionen seit dem Zeitpunkt der Absicherung (z.B. als Mutationsrecords auf einem Log-Magnetband).
Ein anderer Rekonstruktionsweg, besonders im Fall von bloss geringfügigen Schäden an der Datenbasis, besteht darin, dass die laufende Transaktion rückgängig gemacht wird bis zurück zu ihrem Anfang. Damit wäre wieder ein konsistenter Zustand erreicht, die Arbeit kann wieder aufgenommen werden.

Ein solches einfaches Vorgehen ist aber ungenügend bei *parallelen Transaktionen.* Hier gibt es zu Beginn der einzelnen Transaktion keinen klaren konsistenten Zustand, auch wenn alle Regeln der Sperrprotokolle und Validierungsverfahren sauber eingehalten sind, weil eben zu jedem Zeitpunkt, auf den wir zurückgehen möchten, irgendwelche andere Transaktionen auf anderen Datenbereichen wiederum temporäre Inkonsistenzen aufweisen können (Fig. 6-15). Dabei dürfen wir ja nicht annehmen, bei einem Systemzusammenbruch gerade auf die besonders dynamischen (und damit gefährdeten) Hilfstabellen sicher zurückgreifen zu können, welche die gegenseitigen Sperren oder Validierungsdatenbereiche festhalten!

Betrachten wir Fig. 6-15. Im Zeitpunkt des angenommenen Systemzusammenbruchs ist die Transaktion T1 abgeschlossen, T2 und T3 sind angefangen, aber noch nicht abgeschlossen. Ein Zurücksetzen auf den Beginn dieser Transaktionen, etwa von T2 oder von T3 (von welcher?) kommt nicht in Frage, weil zu diesen Zeitpunkten weitere Transaktionen (hier T1) wieder einbezogen werden müssten, was wir sicher nicht wollen. Der Zustand, der nach der Rekonstruktion erreicht werden sollte, wird durch die gestrichelte Linie "nach T1, aber vor T2 und T3" markiert.

Lösungen für dieses Problem sind auf verschiedene Arten möglich, etwa indem in bestimmten zeitlichen Abständen (in Fig. 6-15 etwa zum Zeitpunkt h) automatisch alle

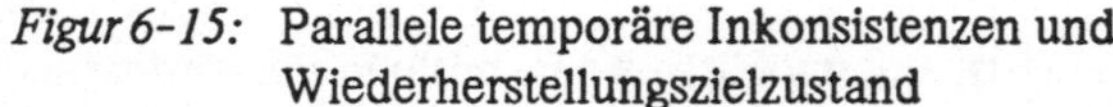

Figur 6-15: Parallele temporäre Inkonsistenzen und
Wiederherstellungszielzustand

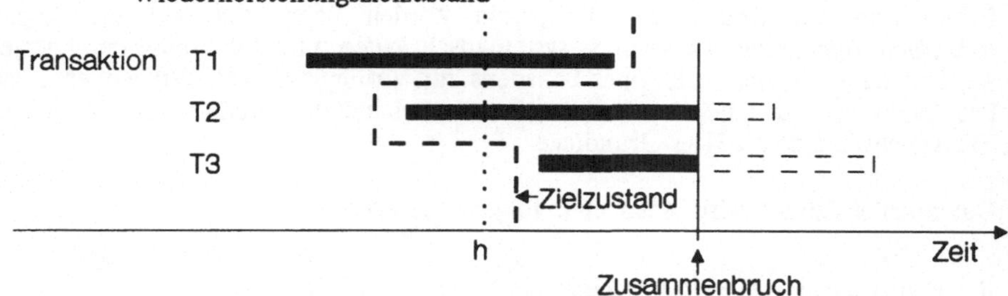

laufenden Transaktionen unterbrochen und allfällig vorhandene temporäre
Inkonsistenzen zurückgesetzt werden, damit ein konsistenter Hilfszustand erreicht
(und abgesichert) wird, auf welchen im Fall eines Systemzusammenbruchs
zurückgesetzt werden kann [Härder 83].

Datenintegrität im Arbeits- und Sekundärspeicher

Im Kapitel 5 haben wir als wesentliches Problem der physischen Datenorganisation die
Transfers von Datenblöcken zwischen Sekundärspeicher und Arbeitsspeicher
bezeichnet. Im Falle von Mutationstransaktionen müssen nun aktuelle Datenblöcke
nicht bloss aus dem Sekundärspeicher in den Arbeitsspeicher kopiert werden.
Anschliessend an die Bearbeitung muss der veränderte Datenblock zurück auf den
Sekundärspeicher übertragen werden, da sonst der neue Zustand der Datenbank zwar
im Arbeitsspeicher, nicht aber im Sekundärspeicher vorhanden wäre.

Damit ergeben sich aber neue Fragen:

- Wann soll dieses Zurückschreiben stattfinden (bei jeder Mutation oder erst, wenn
  der Platz dieses Datenblocks anderweitig gebraucht wird?

- Soll dabei der alte Platz im Sekundärspeicher überschrieben werden (wobei ev.
  "gute Daten" durch "schlechte" ersetzt werden)? Oder soll der zurückgeschriebene
  Datenblock einfach zusätzlich gespeichert werden (was jedoch bis zur
  Konsolidierung, etwa am Abend, viel zusätzlichen Speicherplatz braucht, aber viel
  sicherer ist)?

Falls auf diese Weise die alten Daten aber dauernd unverändert aufbewahrt werden
(man spricht etwa von einer Schattendatenbank), muss dafür der Zugriffsmechanismus
für die laufende Benützung dauernd auf neue Datenblöcke umgestellt werden.

Beim physischen Systementwurf muss eine grosse Zahl von Entwurfsproblemen
anwendungsbezogen studiert und gelöst werden. Spezialliteratur: [Härder 78], [Gray

78], [Reuter 81], [Reimer 84].

6.4 Datenschutz

Der Datenschutz bildet die ethische Komponente unserer Datenintegritätsüberlegungen. Der Informatiker als der technisch Verantwortliche für Datensysteme darf sich nicht mit einer sauberen technischen Leistung zufriedengeben, solange er nicht dem Anwender geholfen hat, sein neues Instrument, das Datenbanksystem, verantwortungsvoll zu benützen. Weil auch ein technisch gutes Datenbanksystem durchaus Gefahren in sich bergen kann, sollen hier einige Überlegungen beigefügt werden, welche aus intensiven Auseinandersetzungen zwischen Informatikern, Juristen und Datenbankanwendern hervorgegangen sind.

6.4.1 Grundsätze des Datenschutzes

Seit den siebziger Jahren bildet der Begriff "Datenschutz" (als Missbrauchsverhinderung) ein ständiges Gesprächsthema der Öffentlichkeit. In der Bundesrepublik Deutschland (und vorher schon im Bundesland Hessen) hat ein Datenschutzgesetz schon früh spezifische Vorschriften gesetzt. Viele andere Länder, darunter Österreich, folgten anfangs der achtziger Jahre mit eigenen Gesetzen nach, während die Schweiz im wesentlichen auf Verordnungsstufe, aber mit ähnlichen Grundsätzen arbeitet.

Dabei geht es natürlich nicht nur um Datenbanken, wie sie in diesem Buch definiert sind, sondern um viele Arten der Datenverarbeitung, mit und ohne Mittel der automatischen Datenverarbeitung (also auch um Archive, Dossiers etc.). Ausgelöst wurde die Diskussion um den Datenschutz (obwohl die fotostatischen Kopiergeräte auch datenschutzgefährdend sind) ganz eindeutig durch das Aufkommen des Computers zur Bearbeitung personenbezogener Datenbestände, damals auf Lochkarten und Magnetbändern.

Fach- und Populärliteratur über Datenschutzfragen haben inzwischen sehr grosse Ausmasse angenommen; wir können hier nicht darauf eingehen. Allerdings wendet sich diese in den seltensten Fällen an den Informatiker mit seinen spezifischen Problemen. Aber die Grundsätze sind einfach. Daher können wir auch hier die *allgemeinen Grundsätze*, wie sie in [Bauknecht/Zehnder 83] behandelt sind, als gültige Ausgangsbasis nehmen. Sie verlangen:

- Für jede Art der Datenverarbeitung und -speicherung müssen *Ziel und Zweck* klar bestimmt sein; allfällige Rechtsgrundlagen, Vertragsbestimmungen oder Zweckartikel sind dafür massgebend; Zweckänderungen von Daten sind nur beschränkt zulässig.

- Die Speicherung heikler Daten, die eine Person besonders betreffen, ist nur *beschränkt* zulässig.

- Sammlungen von Personendaten sind zu *registrieren*; ein Auskunftsrecht erlaubt jedermann, die ihn persönlich betreffenden Daten in einer Datensammlung *einzusehen.*

- Falsche oder unvollständige Daten sind zu *berichtigen* oder zu ergänzen, soweit dies der Verarbeitungszweck erfordert; unzulässige oder nicht mehr benötigte Daten sind zu vernichten.

- Besondere Sorgfaltspflichten bestehen bei der allfälligen *Weitergabe* von Daten (Datenverkehr).

Im Hinblick auf Datenbanken sind all diese Grundsätze voll gültig. Aber einige Aspekte erhalten bei Datenbanken ganz besondere Bedeutung. Diese sollen hier kurz dargestellt werden.

6.4.2 Datenverknüpfungen in Datenbanksystemen

Die Brisanz des Computereinsatzes für grosse Bestände von Personendaten besteht in der Kombination folgender Eigenschaften:

- Schnelles Absuchen grosser Datenbestände nach verschiedenen Kriterien;
- Verknüpfung verschiedener Daten;
- eventueller Einbezug von falschen Daten (welche wegen ihrer Menge gar nicht mehr manuell überprüfbar sind oder in unzulässiger Weise miteinander verglichen werden; Problem der Kompatibilität von Daten).

Datenschutzbeflissene suchen nun zu Recht nach Wegen, wie die hier angesprochenen potentiellen Risiken möglichst effizient unter Kontrolle gebracht werden können. So ist etwa die Frage aufgetaucht, ob es besser sei, die Datenbestände oder die darauf wirkenden Programme einer Kontrolle zu unterstellen. Wenn wir dazu nur einige grobe quantitative Überlegungen machen, wird die Bedeutung der Datenbeschreibung deutlich.

Datenbezogene Betrachtung: Wir nehmen an, über eine Person seien insgesamt n *Datenwerte* gespeichert. (Das ist eine Vereinfachung der Realität wegen allfälliger nichtformatierter Daten.) Da zu gewissen Merkmalen mehrere Datenwerte möglich sind, ist die Anzahl m der *vorhandenen Merkmale* sicher nicht grösser ($m <= n$). Die Zahl m der Merkmale liegt in der Praxis der Personalinformationssysteme, Kundendatenbanken etc. meist unter 100. Die Datenbeschreibung umfasst die entsprechenden höchstens 100 Datentypen.

Programmbezogene Betrachtung: Die eigentliche Datenverknüpfung geschieht durch Programme. Daher könnte man versuchen, die Gefährlichkeit allfälliger Verknüpfungsmöglichkeiten dadurch unter Kontrolle zu bringen, dass man alle vorhandenen Verknüpfungsprogramme einer Überwachung unterstellt. Die Zahl dieser Verknüpfungsmöglichkeiten von m Merkmalen (oder gar n Werten) ist allerdings überwältigend:

$$\text{Anzahl möglicher Verknüpfungen von m Elementen} = 2^m$$

Bei m = 100 ist diese theoretische Anzahl etwa 10^{30} . Aber auch in der Praxis hat eine grössere Anwendung ohne weiteres einige Tausend Programme. Das sind somit Tausende oder Hunderttausende von Programmzeilen.

Datenbankbezogene Betrachtung: Das Datenbanksystem erlaubt technisch alle Datenverknüpfungen, bietet aber anderseits Möglichkeiten für Sperren an, indem bestimmte Benutzer (externe Schemata) nur über einen festgelegten, aber beschränkten Teil der Daten verfügen dürfen. Das Sperrschema lässt sich in einer Zugriffsbefugnistabelle einfach darstellen (Fig. 6-16). Die Datenbeschreibung hat die Form eines konzeptionellen sowie verschiedener externer Schemata.

Figur 6-16: Zugriffsbefugnistabelle

Datenbereiche (z.B. Merkmale)

Benutzer
(-Gruppe):

	a	b	c	....	i	....
A	L	LS	L		L	
B	L	L	-		L	
.					.	
.					.	
K	LS	L	-	....	b_{ik}	....
.					.	
.					.	

b_{ik} = Lese/Schreib-
angabe (L/S)
plus ev.
Passwort- und
Kontrollangaben

Beim Vergleich dieser drei Betrachtungsweisen sehen wir sofort, dass die programmbezogene Form der Kontrolle einen unverhältnismässig grossen Aufwand ergibt, ja in der täglichen Arbeit gar nicht praktikabel ist. Wir müssen datenbezogen vorgehen. Dabei ist aber der Datenschutz daran auszurichten, dass
alle Datenkombinationen möglich sind, sofern sie nicht ausdrücklich durch geeignete Massnahmen (Konsistenzbedingungen, Zugriffsbefugnistabelle etc.) verboten werden.
Eine Zugriffsbefugnistabelle regelt im übrigen nicht nur die Berechtigung, Daten zu *lesen,* sondern auch zu *mutieren.* Dieses Mutationsrecht hat nicht nur Bedeutung für

den Datenschutz im engeren Sinn (so dass also nur "Berechtigte" eine Eintragung machen können), sondern auch für die Integrität des Datensystems in einem allgemeineren Sinn. So muss nämlich sichergestellt werden, dass verschiedene Berechtigte einander nicht gegenseitig die Daten "verschlimmbessern". Idealerweise sollte daher in der Zugriffsbefugnistabelle (Fig. 6-16) für jeden Datenbereich (Spalte) nur *eine* Stelle mutationsberechtigt sein.

6.4.3 Datenföderalismus

Die in 6.4.2 gezeigte Methode zur Regelung des Datenzugangs in grossen und vermaschten Datenbanksystemen ist sicher geeignet für einen besseren Datenschutz. Aber es ist eine technokratische Lösung, welche Technik mit noch mehr Technik ergänzt, um einem Problem beizukommen. Nun wissen wir jedoch ungefähr seit 1970, als die damaligen Superinformationssysteme (die "integrierten Management-informationssysteme IMIS") in verschiedenen Grossfirmen trotz gewaltigem Mittelleinsatz nicht zu laufen kamen, dass es auch anders geht. Gerade weil grosse Datenbanken gelegentlich an *Komplexitätsgrenzen* stossen, muss das automatische Zusammenschliessen und Verknüpfen auch seine bewussten *Grenzen* finden.

Zwischen der integrierten Super-Datenbank und vielen isolierten Kleinsystemen gibt es auch technische und organisatorische Zwischenlösungen. Auf die technische Seite werden wir in Kap. 9 über *"Verteilte Datenbanken"* zurückkommen. Aber da grosse Datensysteme auch organisatorisch entsprechend eingebettet werden müssen, ist es zweckmässig, auch unter dem Thema Datenschutz die Frage der Superdatenbank mit ihren Verknüpfungen aufzugreifen.

Gerade auch in der öffentlichen Verwaltung ist es ein Anliegen des Datenschutzes, dass Daten über den einzelnen Bürger nicht allzu freizügig über alle Amtsgrenzen hinwegfliessen. Nicht jeder Beamte soll meine Steuer-, Gesundheits- und Polizeidaten gesamthaft automatisch abrufen können. Natürlich kann dies, wie bereits erwähnt, mit Zugriffsbefugnistabellen geregelt werden. Wenn die Regelung aber selber einmal ausfällt, ist es geschehen! Ein wesentlich stärkeres Mittel zur Regelung ist daher ein systematischer Datenföderalismus.

Datenföderalismus bezeichnet eine Organisationsform für Daten in grossen Organisationen, bei welcher Teildatenbereiche autonom organisiert werden, aber unter genau definierten Voraussetzungen zusammenarbeiten können.

Damit werden beide Probleme, die Komplexität grosser Systeme und der Datenschutz, effizient angegangen.

Als Beispiel für solche Lösungen eignen sich die Verwaltungen aller als Bundesstaaten organisierten Länder. Wir betrachten dazu die vielleicht besonders föderalistische Schweiz. Da sind autonome Verwaltungsdatensysteme der *Normalfall*:

Gemeinde: Einwohnerkontrolle, separate AHV-Stelle (Sozialversicherung), Steueramt, Sektionschef (Militär), ...

Kanton: Polizei, Strassenverkehrsamt, Gebäudeversicherung, kantonale Steuer, ...

Bund: AHV, Fremdenpolizei, Militär, Bundessteuer, ...

Natürlich haben diese Systeme Kontakt miteinander, etwa beim Militär oder bei den Steuern, aber die Datensysteme sind gegenseitig nicht direkt zusammengeschlossen. Zum Teil wäre das sogar gesetzlich verboten (etwa Datenweitergabe von AHV ans Steueramt!).

Nun gibt es allerdings einen wichtigen Grund, den Datenföderalismus (der heute sogar zwischen verschiedenen Ämtern der gleichen Stufe stark spielt) zu reduzieren und in gewissen Bereichen aufzuheben: die *Verwaltungsrationalisierung*. Wenn man weiss, dass schon auf kantonaler Ebene in einem einzigen Kanton weit über 100 personenbezogene Datensammlungen (beim Bund ein Vielfaches!) existieren, muss man sich schon fragen, ob hier nicht gemeinsame Datenbanksysteme für mehrere Ämter dringend einzuführen wären, und zwar dem Bürger zuliebe (Kosten der Verwaltung, Unübersichtlichkeit auch für den Bürger)! Man stelle sich den Verlauf einer einfachen Adressänderung eines Bürgers innerhalb dieses Verwaltungsdschungels einmal vor!

Die Vor- und Nachteile einer Zusammenlegung (Datenbankbildung) für die öffentliche Verwaltung und einige mögliche Konsequenzen seien kurz angedeutet:

- Für administrativ wichtige und beim Staat datenschutzmässig unkritische Datenarten (etwa Identifikation, Name, Geburtsdatum, Adresse) sollte der Zusammenlegung nichts entgegengehalten werden (etwa in Form einer zentralen Adressdatei pro staatliche Einheit).

- Datenschutzmässig kritische Daten (etwa Polizeidaten) sollen nicht in zentrale Verwaltungsdatenbanken übernommen werden. Das gleiche gilt für schwierig zu formatierende Daten (etwa im Personalwesen, im Gesundheitsbereich); hier stösst man rasch an Komplexitätsgrenzen.

- Werden ämterüberschreitende Verwaltungsdatenbanken gebildet, muss die Verantwortung klar geregelt werden: Jemand muss die Verantwortung für ein solches Gesamtsystem übernehmen (z.B. für das Aufstellen und Durchsetzen der Zugriffsbefugnisse). Die Verantwortung für die Daten selber (samt Auskunftspflicht) kann dabei aber ruhig dezentralisiert bleiben.

Der Datenföderalismus ist eine kräftigere Massnahme als die oben geschilderte Zugriffsbeschränkung (Fig. 6-16). Er bildet ein ausgezeichnetes Mittel, den

Datenschutz durchzusetzen, und verhindert gleichzeitig, dass eine Datenbank die - betrieblich gefährliche - Komplexitätsgrenze erreicht oder sich ihr nähert. Das gilt gleichermassen für Datensysteme im öffentlichen Bereich wie auch in grossen Privatfirmen.

7 Aufbau und Betrieb einer Datenbank

Jeder automatisierte Arbeitsablauf im *Betrieb* benötigt eine entsprechende *Vorbereitung*; das ist bei computergestützten Datenbanken nicht anders als bei anderen Computerlösungen. Bei Datenbanken kommen aber zusätzliche Aspekte hinzu, weil wir nicht nur ein Computersystem mit Hard- und Software benötigen, sondern auch *Daten.*

Jede Entwicklung einer neuen Computerlösung muss sich am künftigen Betrieb orientieren, da erst im Betrieb ein Nutzen greifbar wird. (Wir lassen hier den Aspekt der reinen Ausbildungssysteme beiseite.) Daher werden wir uns vorerst mit den personellen Aspekten eines Datenbankbetriebs befassen (Abschnitt 7.1), sowie mit langfristigen Überlegungen (Lebensdauer, Kosten, Nutzen), welche die technischen Komponenten eines Datenbanksystems betreffen (Abschnitt 7.2). Auf diesem Hintergrund folgen dann Überlegungen zur Verwendung von Standard-Datenbanksystemen oder zur Eigenentwicklung eines Systems (Abschnitt 7.3). Betriebliche Aufgaben kommen abschliessend (Abschnitt 7.4) zur Sprache. Obwohl es in der Praxis Datenbankanwendungen von ganz unterschiedlicher Grössenordung gibt, gelten die meisten der nachfolgenden Überlegungen - mit entsprechenden Anpassungen - für grosse wie für kleine Systeme.

7.1 Mitarbeiterfunktionen bei Datenbanken; der Datenbankadministrator (DBA)

Der Lebenszyklus eines Datenbanksystems umfasst eine Vorbereitungs- und eine Betriebsphase. Darin lassen sich insgesamt sechs Tätigkeiten oder Funktionen unterscheiden (Fig. 7-1), welche durch Menschen ausgeführt oder unterstützt werden müssen. Mehreren davon sind wir bereits in früheren Kapiteln begegnet. Wir betrachten sie jetzt im einzelnen.

(a) *Datenbank-Entwurf und -Entwicklung:*
Verschiedene Schritte, die zum Entwurf und zur Bereitstellung einer vollständigen Datenbankorganisation gehören, sind bereits im Detail diskutiert worden, so der Entwurf einer logischen Datenstruktur (Kapitel 2 und 3) und der physischen Speicherorganisation (Kapitel 5), aber auch die Gestaltung der Benutzer-schnittstellen (Kap. 4). Hingegen wurden Systemevaluation, Rahmenorganisation und Entwicklung von Anwendungsprogrammen bisher kaum berührt. Wir kommen in Abschnitt 7.3 darauf zu sprechen..

(b) *Erste Datenbeschaffung:*
Die Datenbank besteht aber nicht bloss aus Verwaltungshilfsmitteln für die Daten,

Figur 7-1: Funktionen bei Datenbank-Systemen

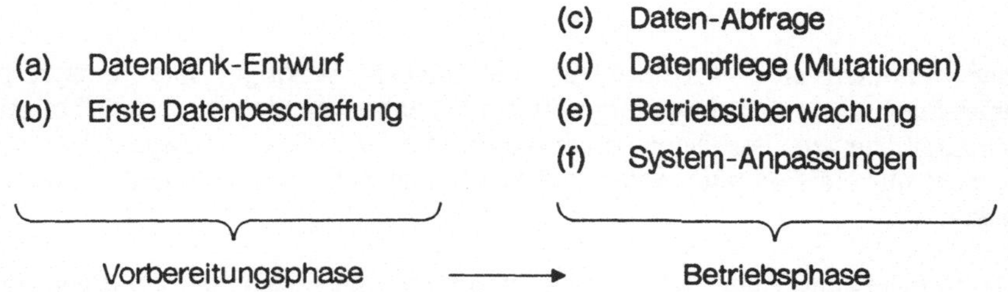

sondern auch aus Daten selber. In vielen Fällen muss daher ein erster Datenbestand mit Sondermassnahmen bereitgestellt werden. Dazu kann eventuell bereits die neue Systemumgebung (neues Datenbanksystem) benützt werden, wobei in einem ersten Schritt eine besondere Datenerfassungsleistung erbracht werden muss. In anderen Fällen werden für diesen Übergang aber auch spezielle Arbeitsabläufe und Programme entwickelt. Wenn die Applikationen bisher mit nichtautomatischen oder überholten EDV-Systemen bewältigt wurden, stellen sich meist grosse Probleme bezüglich Datenübernahme: Neuformatierung, Überarbeitung und teilweise Ergänzung der Daten erfordern aufwendige Konversionsprogramme, gelegentlich auch Abschreibarbeiten und Fragebogenaktionen.

(c) *Daten-Abfrage:*
Die Benützung des Systems erfolgt direkt mittels vorbereiteten oder freien Abfragen (vgl. Kapitel 4).

(d) *Datenpflege:*
Zum Nachführen des Datenbestandes, für Mutationen und Korrekturen werden normalerweise vorbereitete Mutationsprogramme (Transaktionen) eingesetzt, in Ausnahmefällen auch Systeme, die freie Formulierungen von Mutationstransaktionen erlauben (vgl. Kap. 4 und 6).

(e) *Datenüberwachung:*
Die Überwachung der Betriebsdaten und des Personals zur Sicherstellung der Datenintegrität, die Analyse von Betriebsstatistiken über die Verwendung von Daten und Zugriffspfaden, sowie die Bewältigung von auftretenden Fehlersituationen werden im Abschnitt 7.4 behandelt.

(f) *Systemanpassungen:*
Jede Datenbank ist auf eine lange Lebensdauer ausgerichtet. Im Laufe der Zeit können sich aber die Randbedingungen von Seite des Anwenders (neue Bedürfnisse) wie von Seiten des Computersystems (neue Komponenten) ändern,

oder man möchte bestimmte Verbesserungen ·vornehmen. Solche Anpassungen werden wir ebenfalls in Abschnitt 7.4 betrachten.

Die hier unterschiedenen sechs Funktionen kommen in fast allen Datenbankanwendungen irgendwie vor. Ihre relative Bedeutung kann aber je nach Anwendung ganz unterschiedlich sein, wie die Beispiele in Fig. 7-2 zeigen.

Figur 7-2: Relativer Aufwand für verschiedene Funktionen (a)-(f)

◯ viel   ○ normal   ∘ wenig

Datenbanktyp	Funktionen (a)	(b)	(c)	(d)	(e)	(f)
Personal-Datenbank	○	○	◯	○	◯	◯
Ausleihsystem einer Bibliothek	○	◯	◯	○	∘	∘
Dokumentationssystem	○	◯	◯	○	○	○
Bank-Buchhaltung	◯	○	◯	◯	◯	○
Messdaten-Verwaltung	○	∘	○	○	∘	○
Pilot-DB eines Studenten	ev. ◯	ev. ◯	?	○	∘	∘

Diese Beispiele sind natürlich nicht für jeden Einzelfall zutreffend, sie zeigen aber die grossen Unterschiede in der Bedeutung der verschiedenen Funktionen. Betrachten wir etwa den Aufwand für die Datenpflege. Im Beispiel der Bank-Buchhaltung ist diese Funktion dominant, laufend müssen die Konten ergänzt und modifiziert werden. Ganz anders in einem Bibliothekskatalog (Dokumentationssystem), wo die einmal erfassten Daten nachher über Jahre abgefragt, aber nicht mehr verändert werden.

Die Funktionen (a) - (f) werden normalerweise durch recht unterschiedliche Personen ausgeübt. Die Funktionen (b), (c) und (d) sind *Anwenderfunktionen*; sie gehören in den Aufgabenbereich des Anwenders (Bankbeamter, Bibliothekar, Sekretär), wo bei geeigneter Gestaltung der Mensch-Maschine·-Schnittstellen dieselben Personen tätig sein können wie in einem konventionellen System. Dennoch wird in der Euphorie des Datenbank-Entwurfs gelegentlich der Aufwand für (b) und/oder (d) unterschätzt.

Die systemorientierten Funktionen (a), (e) und (f) werden anderseits üblicherweise nicht von Benutzern, sondern von Datenbankfachleuten, insbesondere vom *Datenbank-Administrator* (DBA) wahrgenommen. Der DBA entwirft die Datenbank, macht spätere Anpassungen und überwacht den Betrieb. Je nach Grösse und Kompliziertheit der Datenbank werden daher die Funktionen des DBA auf mehrere Personen aufgeteilt werden müssen. Wir werden diesen verschiedenen Funktionen in den nächsten Abschnitten wieder begegnen.

7.2 Bedeutung und Lebensdauer verschiedener Systemkomponenten

Wer Kosten- und Nutzenüberlegungen im Zusammenhang mit Datenbanken anstellt, mag anfänglich gerne "den Computer", also Gerät und käufliche Software, als die kostenintensivsten Teile seiner Computerlösung betrachten. Diese Sicht der Dinge ist aber bei Datenbanken in der Praxis meist falsch. Bevor wir uns daher mit der Beschaffung oder Entwicklung einer eigenen Lösung (Abschnitt 7.3) befassen, müssen wir diese Grössenordnungen zurechtrücken. Wir betrachten dazu die verschiedenen Komponenten einer Datenbank im Betrieb (Fig. 7-3).

Figur 7-3: Komponenten einer Datenbank im Betrieb
(Schichtenmodell)

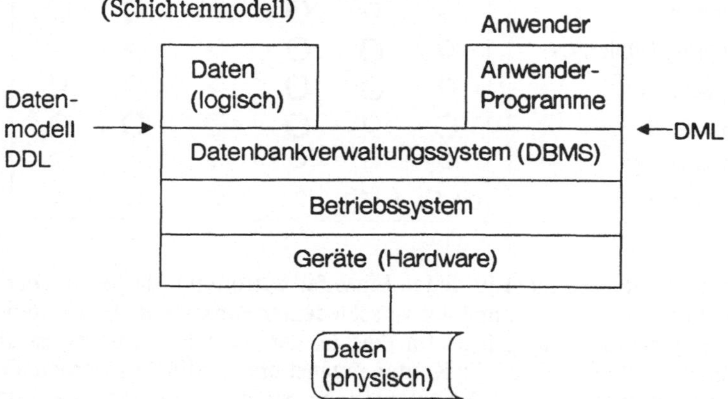

Fig. 7-3 braucht noch eine Erklärung, denn sie zeigt den Inhalt der Datenbank, die (Anwender-) Daten, zweimal: einmal physisch im Speicher, einmal logisch zur Verfügung des Anwenders. Nehmen wir dazu ein Beispiel: Eine grosse wissenschaftliche Bibliothek will ihren Katalog über ein Datenbanksystem verwalten. Der Kataloginhalt mit den Angaben über Autoren, Titel, etc. ist nun der logische Datenbestand, dessen Aufzeichnung auf Platten der physische. Es ist klar, dass für die Bibliothek langfristig der logische Datenbestand zählt, während dessen physische Aufzeichnung mit jedem Systemwechsel ändert.

Nun betrachten wir in Fig. 7-3 drei Hauptgruppen von Komponenten:

- *Datenbank- und Computersystem,* als auf dem Markt erhältliche Produkte für verschiedenartigen Einsatz, umfassend Geräte, Betriebssystem und Datenbankverwaltungssystem (DBMS).

- *Ein Paket von Anwenderprogrammen* zur Lösung der speziellen Anforderungen einer Anwendung.

- *Die Daten* für den Betrieb dieser Anwendung.

Am Beispiel unserer Grossbibliothek haben sich nun in einem konkreten Fall folgende Kostenverhältnisse ergeben: Die Entwicklung der Anwenderprogramme war dreimal so teuer wie die Beschaffung des ganzen käuflichen Datenbank- und Computersystems. (Man weiss heute, dass Anwendersoftware teuer sein kann!). Was für uns aber noch interessanter ist: Die *Anwenderdaten*, hier der Katalog, stellen noch einen viel grösseren Wert dar; in unserem Bibliotheksbeispiel ist ihr Wert 15 mal grösser als der Anschaffungswert für Computer- und Datenbanksystem und dominiert somit die gesamte Kostenstruktur dieser Anwendung (Fig. 7-4).

Figur 7-4: Beispiel einer Kostenverteilung

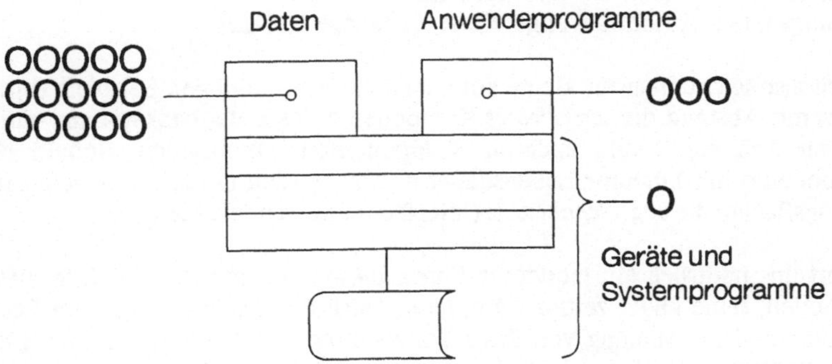

Mancher Leser wird diesem Beispiel "Grossbibliothek" skeptisch gegenüberstehen. Er hat andere Probleme, vielleicht eine Lagerkontrolle oder eine kleine Buchhaltung. Sind da die Verhältnisse nicht ganz anders? Und hat sich mit den Mikrocomputern und den kleinen zugehörigen DBMS nicht alles gewandelt?

Interessanterweise gelten aber folgende Regeln ziemlich für jede Art von Datenbanken:

- Die Entwicklung spezieller Anwenderprogramme ist eine aufwendige Angelegenheit. Wenn verfügbar, sollten geeignete *Anwendersysteme* (z.B. von ähnlichen Anwendungen, Branchenlösungen) übernommen werden.

- Noch viel teurer ist aber der eigentliche Betrieb des Systems, wo normalerweise bezahltes Personal die *Daten* bereitstellen muss (Datenpflege). Durch geeignete, gute Anwenderprogramme kann dieser Aufwand vermindert werden. Wenn irgend möglich, sollen aber auch Daten von anderen Stellen übernommen werden. (Die direkte *Datenübernahme* in jeder Form wird in Zukunft eine noch viel grössere Rolle als heute spielen.)

Nach diesen Kostenüberlegungen, die die Bedeutung der *Daten* so herausgestrichen haben, wenden wir uns einem zweiten zentralen Beurteilungskriterium zu, der *Lebensdauer* der verschiedene Komponenten. Diese ist für die einzelnen Komponenten recht unterschiedlich. Während die Geräte in einem Zeitraum von 4-10 Jahren ersetzt werden (Lebenszyklus), muss das Betriebssystem oft schon in kürzeren Schritten jeweils auf einen neuen Stand gebracht werden (sog. Release). Anwenderprogramme können natürlich auch kurzlebig sein, erreichen aber gerade bei grossen Anwendungen häufig ein "hohes Alter" von 10 bis 20 Jahren. Und die Daten? In Datenbanken ist die Permanenz der Daten ein zentrales Anliegen. Beispiele:

- Katalog einer wissenschaftlichen Bibliothek: Lebensdauer der aktuell zu haltenden Daten: 50 Jahre.
- Datenbank für Zwecke des Grundbuches: Lebensdauer unbeschränkt, Planungsziel für Datenerfassungsarbeiten 50 Jahre.
- Pensionskasse: Nutzungsdauer der Daten bis 70 Jahre.
- Buchhaltungsdaten: Aufbewahrungspflicht für Belege 10 Jahre.

Es lassen sich also leicht auch für kleine kommerzielle Anwendungen Beispiele finden, wo die *Daten* mit Abstand die *längstlebige* Komponente des Datenbanksystems bilden. Darauf haben sich somit alle anderen Komponenten auszurichten. Sobald eine Systemkomponente mit kürzerer Lebensdauer ersetzt werden muss, sollte wenigstens die Berührungsfläche, die sog. *Schnittstelle* (interface) unverändert bleiben.

Dabei kommt uns natürlich ein modernes *Datenbankverwaltungssystem* zu Hilfe. Wenn sein Datenmodell, seine DDL, zeitlos wäre, liessen sich die Daten (in logischer Form) echt auf Dauer und unabhängig von ihrer Verwendung (Anwenderprogramme) und von Computersystemen definieren und verwalten. Leider sind aber die heutigen DBMS und ihre Datenmodelle noch weniger ausgereift und stabil als die heutigen Programmiersprachen und ihre Compiler. Wer ein auf Dauer ausgerichtetes Datenbanksystem betreibt, muss daher damit rechnen, vielleicht alle 10-20 Jahre auch das verwendete Datenmodell ersetzen zu müssen. Bisher war es aber in manchen Fällen viel schlimmer. Wer etwa alte Daten in physischer Form archivierte (Beispiel: Magnetbandarchiv mit Bändern aus der Zeit um 1970), hat heute weder Bandstationen noch Programme, um diese Bänder zu lesen und zu interpretieren. Ihr Inhalt ist praktisch verloren, ihre Belegfunktion unerfüllbar. Archive dieser Art sind wertlos geworden. Nur wenn der *logische* Inhalt von Daten in die Zukunft mitgenommen werden kann, nützt er auch in Zukunft etwas. Es ist zu erwarten, dass in den nächsten Jahren die Entwicklung von langfristig nutzbaren Datenbanksystemen (Archivsysteme) grosse Fortschritte machen wird. Anzeichen sind dafür vorhanden.

All diese Überlegungen führen aber dazu, alle Entwurfsarbeiten für Datenbanksysteme auf *logischer Ebene* zu beginnen und zwar für die Datenstruktur (Abschnitt 2.9) wie für die Anwendungsprogramme (damit auch diese wenn nötig die Lebensdauer der darunterliegenden Systemkomponenten überleben können). Erst nach diesem logischen Entwurf folgt die Realisierung, der wir uns jetzt zuwenden wollen.

7.3 Vorbereitungsphase

7.3.1 Standard-Datenbank-System oder Eigenentwicklung

Sobald der grundsätzliche Entscheid für den Einsatz von Datenbank-Methoden zur Verwaltung der Daten gefallen ist (vgl. dazu die Überlegungen in Abschnitt 1.2), stellt sich den Verantwortlichen das Problem, dafür geeignete Betriebsmittel, vor allem Software zu beschaffen.

Dabei kommen verschiedene Stufen der Fremdbeschaffung, bzw. Eigenentwicklung in Frage (Fig. 7-5; die *eingerahmten* Teile sind fremdbeschafft).

Figur 7-5: Mögliche Fremdbeschaffung von Datenbankkomponenten

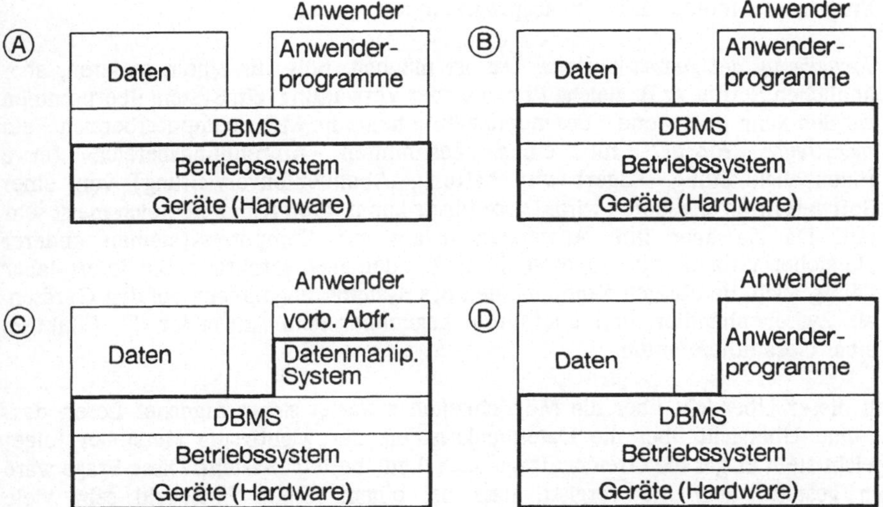

Wir wollen die vier Fälle von Fig. 7-5 mit ihren Eigenheiten betrachten.

A. *Eigenentwickelte Datenbanksysteme:* Sowohl DBMS wie auch Anwenderprogramme werden selber entwicklelt. Dies ist der Zustand vieler älterer, heute im Betrieb stehender Systeme. Solange die Schnittstelle zwischen Datenbankteil (DBMS) und Anwenderprogrammen nach den Grundsätzen der Datenbanktechnik sauber gestaltet ist (logische Datenstrukturen und -manipulationen), kann auch in Zukunft in bestimmten Fällen so verfahren werden. Bei älteren Systemen ist diese Schnittstelle aber oft verwischt.

B. *Standard-Datenbanksystem mit eigenen Anwenderprogrammen:* Durch die Wahl des Standard-Datenbanksystems sind im wesentlichen das Datenmodell (DDL) und die Datenmanipulationssprache (normalerweise eingebettet in einer höheren Programmiersprache wie COBOL, FORTRAN, PL/I, Pascal, etc.) vorgegeben. Dieser Weg ist heute bei grossen Datenbankanwendungen der Normalfall, besonders wenn anspruchsvolle Transaktionen zu verarbeiten sind.

C. *Standard-Datenbanksystem mit eigenem Datenmanipulationssystem:* Zu vielen Standard-Datenbanksystemen wird neuerdings eine spezielle Datenmanipulationskomponente angeboten, welche aus einem recht leistungsfähigen und flexiblen DML-Modul sowie zusätzlichen Dienstprogrammen (etwa für Sicherheitsfunktionen, Präsentations- und Druckhilfen) besteht. Die Entwicklung von Anwenderprogrammen beschränkt sich in diesem Fall auf einfache Parameterfestlegungen, solange sich der Datenverkehr im Rahmen der Möglichkeiten dieser Abfragesprache bewegt, sonst müssen einzelne Programm-Module zusätzlich ausprogrammiert werden.

D. *Fremdbezug des ganzen Systems:* Das ist möglich, falls aus einem anderen, aber ähnlichen Betrieb (z.B. gleiche Branche oder Verwaltung) ein System übernommen werden kann oder wenn - besonders häufig heute im Mikrocomputerbereich - ein *marktreifes Produkt* für einen bestimmten Anwendungsbereich (etwa Finanzbuchhaltung, Lagerbewirtschaftung, Abonnentenverwaltung) von einer Softwarefirma angeboten wird. Diese Firma kennt ihren Kundenbereich meist sehr gut. Da sie aber ihre Anwendersoftware auf Computerssystemen anderer Hersteller aufbaut, muss sie diese ihrem Kunden auch vermitteln. Sie liefert daher häufig auch die übrigen Komponenten des Systems, angefangen bei den Geräten, als Zwischenhändler, und übernimmt gegenüber dem Anwender die Funktion eines Gesamtlieferanten.

Nach dieser Übersicht über die Möglichkeiten erwartet sicher mancher Leser, dass jetzt eine Übersicht über die Datenbanksysteme der wichtigsten Hersteller folge; vielleicht stellt er gar die Gretchenfrage nach dem "besten" System. Diese Frage wäre falsch gestellt, denn sie vergisst, dass bei einem sichen Entscheid sehr viele Randbedingungen mitspielen, mitspielen müssen.

Die Tabelle in Fig. 7-6 hat eine andere Funktion. Sie soll zeigen, *von welcher Art* das Marktangebot ist. Weil grosse Datenbanken auch in Zukunft ein wichtiges und noch zunehmendes Arbeitsgebiet für Grossrechner sind, ist die ganze Gruppe der Hersteller von Grosscomputern (main frames) natürlicherweise bei den Anbietern. Die entsprechenden Beispiele in Fig. 7-6 sind repräsentativ für den Zeitpunkt ihrer Ankündigung als Produkt. Auf der anderen Seite gibt es heute bei den Arbeitsplatzrechnern eine deutliche Tendenz, *einfache* Datenbanksysteme sehr benutzerfreundlich zu gestalten und damit einen neuen Markt zu öffnen. Solche Systeme werden dann etwa in kleinen Unternehmen (Autogarage, Treuhandbüro, Schule etc.) für Lagerkontrollen und Verzeichnisse jeder Art eingesetzt. Datenbanksysteme für Kleincomputer, von denen einige allerdings diesen Namen nur mit Vorbehalt verdienen, gibt es bereits zu Dutzenden oder Hunderten. Wir geben aus diesem grossen Angebot mit dBASE II ein typisches Beispiel [Townsend 84].

Fig. 7-6 Beispiele angebotener Datenbanksysteme und Komponenten

Lieferant	Hardware + Betriebssystem	Datenbanksystem			Datenmanipulationssystem		
		Bez.	Datenmodell	Jahr	Bezeichnung	Typ	Jahr
IBM	IBM	IMS	hierarchisch	65	IMS	prozedural	65
Honeywell-(GE)-Bull	Honeywell	IDS-I	Netzwerk	67	(CODASYL)	prozedural	73
Sperry (Univac)	Sperry (Univac)	DMS-11	Netzwerk	72	Mapper	deskriptiv	82
ICL,Siemens,DEC,CDC,etc.		....	Netzwerk	73-78	(CODASYL)	prozedural	
IBM	IBM	DB2	relational	83	SQL	deskriptiv	79/83
Software AG	...	ADABAS	konstruktiv	69	NATURAL	deskriptiv	79
Ashton-Tate (kleine Firma)	beliebig, sofern Betriebssystem CP/M-80, CP/M86 oder MS-DOS	dBASE II	relational	80	dBASE II	deskriptiv	80

Die Jahreszahlen in der Fig. 7-6 zeigen dem Leser, seit wann ungefähr derartige Systeme im Einsatz stehen. Sie deuten auch an, mit welchen Problemen der Übergang auf neue Systeme für die grossen Hersteller verbunden ist. Ganz besonders deutlich wird dies für den Marktführer IBM, der erst 1983 in seiner Hauptproduktelinie wagte, neben dem wohlerprobten, aber vom Datenmodell her überholten IMS (von 1965 !) ein neues, relationales Produkt, nämlich DB2/SQL als Standardprodukt anzubieten, obwohl das relationale Datenmodell von E.F. Codd 1969 im IBM-Labor in San Jose entwickelt wurde. (Der Leser gewinnt einen guten Einblick in diese Problematik in der umfassenden DB2/SQL-Beschreibung [Date 84].)

Diese konkreten Hinweise auf Produkte sollen in diesem Buch über grundsätzliche Methoden genügen. Wir wenden uns jetzt wieder dem Vorgehen zu. Wer sich mit dem Entwurf und dem Aufbau einer Datenbank konkret zu befassen hat, wird sich vorerst eine Reihe von Fragen zur lokalen Problemstellung (Anwendung) und Situation (vorhandene Informatik-Betriebsmittel) stellen, etwa:

- Handelt es sich um eine langfristige, für den Betrieb des Unternehmens zentrale Problemstellung oder um eine Vorstudie, eine isolierte Arbeit oder eine kleinere Sache?
- Ist bereits ein geeignetes Datenbank-System vorhanden? Falls nein, ist ein derartiges System innert nützlicher Frist beschaffbar?
- Von welcher Komplexität sind die vorgesehenen Datenstrukturen?
- Spielt die betriebliche Leistungsfähigkeit (Anzahl Transaktionen pro Sekunde) eine

grosse Rolle?
- Handelt es sich um extrem grosse Datenbestände?
- Ist die langfristige Benützung (Archivierung) gegenüber dem laufenden Betrieb von grosser Bedeutung?
- Welche Kenntnisse sind betriebsintern für Wartung, Anpassung oder gar Neuerstellung eines Datenbanksystems verfügbar?

Wenn unsere groben Überlegungen zeigen, dass für unsere Zwecke Kleinsysteme genügen (sei es wegen der wenig umfangreichen Anwendung oder weil es erst um Pilotstudien und Prototypen geht), so können wir uns diesem Thema direkt zuwenden (Unterabschnitt 7.3.2). *Für grössere Datenbanken* ist aber auch heute noch zu überlegen, ob wir uns mit oder ohne Standard-Datenbanksysteme an unser Datenbankprojekt heranwagen wollen.

Die Vorteile von käuflichen Standard-DB-Systemen sind offensichtlich. Dennoch werden aus verschiedenen Gründen, vor allem wegen der betrieblichen Leistungsfähigkeit, im Datenbank-Bereich auch heute oft noch Eigenentwicklungen benützt.

In der Figur 7-7 wird tendenziell angezeigt, wo schwergewichtig
- Standard-DB-Systeme (Varianten B, ev. C, D)
- eigenentwickelte DB-Systeme (Variante A)
- einfachere EDV-Programme
eingesetzt werden.

Bei wenig strukturierten Daten mit begrenzter Lebensdauer und/oder klar umrissenem, eingeschränktem Verwendungsbereich drängen sich oft einfache Programm-Eigenentwicklungen ohne den Einsatz von DB-Software auf. In solchen Fällen wäre es zwar einfach, das Datenproblem auf ein Datenbank-System zu übertragen, aber der vom Datenbankverwaltungssystem verursachte Aufwand an Rechenzeit und Speicherplatz zur Aufrufzeit macht sich nicht bezahlt, und man zieht deshalb den Einsatz einfacherer Methoden vor.

Sind sehr grosse Datenmengen zu verwalten, ev. gar in Echtzeitsystemen, so stellen sich bei käuflichen Datenbank-Systemen oft Effizienzprobleme. Steht Effizienz im Zentrum der Überlegungen (hohe Transaktionsraten, Bildverarbeitung, automatische Regelfunktionen etc.), so werden, besonders wenn die Daten einfach strukturiert sind, oftmals massgeschneiderte Eigenentwicklungen von Datenbanksystemen eingesetzt. Auch in solchen Fällen ist aber zu empfehlen, die Logik und die wichtigsten architektonischen Grundsätze von Datenbankverwaltungssystemen (vgl. Kapitel 8) für den Entwurf mitzuberücksichtigen und bei der Programmierung in hohem Masse auf die Modularität zu achten.

Für den allfälligen Entscheid, welches konkrete Standard-DB-System zu wählen ist, müssen die zum entsprechenden Zeitpunkt verfügbaren Systeme nach den wesentlichen Kriterien (Datenmodell, Datenmanipulationsmöglichkeiten, Leistung,

Figur 7-7: Wirtschaftlicher Einsatzbereich von Standard-DB-
Systemen in Abhängigkeit von Komplexität und Grösse
des Datensystems

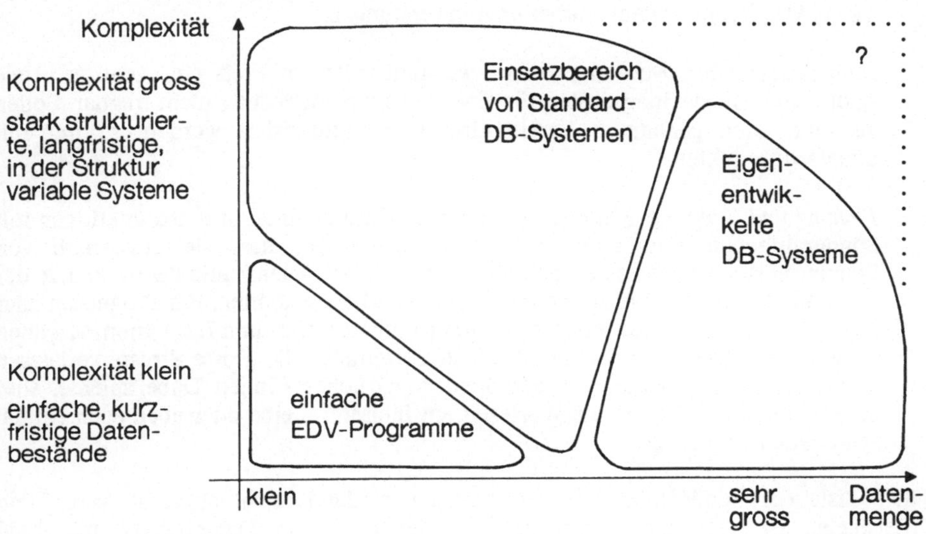

Preis etc.) ausgewertet werden, wozu Berater und aktuelle Literatur beigezogen werden können.

7.3.2 Kleinsysteme

Wer für irgend einen konkreten Zweck, etwa für die Verwaltung seiner Vereinsadressen, ein einfaches Datenbanksystem sucht und gerade samt Kleincomputer einkauft, wird kaum dieses Buch bis an diese Stelle durchgearbeitet haben. Dieser Unterabschnitt wendet sich daher auch nicht an diese Leute. Er will vielmehr dem allgemein an Datenbanken Interessierten deutlich machen, dass er heute die einfachen Lösungen mit Kleinsystemen nicht mehr ausser Acht lassen darf. Welchen Zwecken dienen diese?

- *Pilotsysteme, Prototyping:* Der Aufbau und Betrieb grosser Datensysteme ist derart aufwendig und greift so stark in zentrale Betriebsabläufe ein (man denke an Banken, Verwaltungen jeder Art, technische Büros etc.), dass jede Form von Vorabklärungen erwünscht ist. Daher muss an Einzelarbeitsplätzen ausgetestet werden, wie der neugeplante Arbeitsablauf optimal gestaltet werden kann (vgl. "Vorbereitete Abfragen" und "Angelernte Benutzer" in Abschnitt 4.1).

- *Expertensysteme:* Wo das ganze Fachwissen von Spezialisten in Computersysteme eingebracht und den Nicht-Fachleuten verfügbar gemacht werden soll (Abschnitt 4.4), gilt die Notwendigkeit zum Ausprobieren und Überprüfen noch weit stärker als bei klassischen Datenverarbeitungsanwendungen.

- *Billiglösungen:* Für Massenprodukte, wo anderseits der Preis eine zentrale Rolle spielt, sind Entwicklungskosten für eine Massschneiderlösung nicht tragbar. Sollen also die oben genannten Vereinsadressen computerisiert werden, so nur mit Standardprodukten.

- *Planung und Kontrolle:* Mitarbeiten grösserer Unternehmen in Stabsfunktionen mit Sonderaufgaben sind sehr oft darauf angewiesen, dass sie ausserhalb von Standardlösungen, also ausserhalb der vorbereiteten Datenmanipulationskanäle der Grossanwendungen, ihre speziellen Fragen bearbeiten können. Für Prognosen aller Art, für technische Berechnungen, aber auch für Kontroll- und Inspektionsaufgaben müssen sie gelegentlich und meist nur in Einzelfällen die grosse Strasse verlasssen können und ohne grossen Aufwand Sonderwege gehen können. Dabei spielt es aber eine sekundäre Rolle, ob die Wartezeit am Bildschirm eine oder eben auch einmal zehn Sekunden beträgt.

Die Liste der Bedürfnisse für Kleinlösungen ist damit nicht abgeschlossen. Allen Beispielen ist aber gemeinsam, dass es hier nicht um Datenbanken mit 1000 gleichartigen Arbeitsplätzen geht und nicht um Arbeitsplätze, wo ein Maximum an Anpassung an Betriebsabläufe, Mitarbeiter, Kunden etc. verlangt wird. Dafür sollen die Lösungen mit geringem Entwicklungsaufwand, möglichst ohne Spezialisteneinsatz und rasch verfügbar sein.

Und dazu gibt es heute Kleinsysteme auf jeder Ebene. Beispiele:

- Für *Pilotsysteme und Prototyping,* ja sogar für *Expertensysteme,* sind selbständige Datenbanksysteme auf leistungsfähigen Arbeitsplatzrechnern einsetzbar. Wir haben ein solches Beispiel in den Abschnitten 2.10 und 2.11, nämlich LIDAS-Gambit, kennengelernt. Systeme für diesen Zweck gibt es aber auch in Form von Softwarepaketen als interaktive Einzeldatenbanksysteme auf grösseren Rechnern.

- *Billiglösungen* sind nur als Massenprodukt möglich. Bei der grossen Zahl von Hardware-Anbietern auf dem Mikrocomputermarkt muss daher die Standardisierung auf der Betriebssystemebene (etwa mit CP/M und MS-DOS) gesucht werden. Alles, was "darüber" liegt (Fig. 7-3 und 7-5), wird als Paket geliefert, also DBMS und Anwenderprogramme. Bereits haben sich besonders wichtige Standardanwendungstypen herausgebildet, von Statistikprogrammen über die Buchhaltung bis zu "Spreadsheets" (Planungshilfe).

- *Planung und Kontrolle* sind beides Funktionen, die in einem grösseren Unternehmen nicht losgelöst von den *echten* Daten, also von der operationellen betrieblichen Datenbank, ausgeführt werden können. Daher müssen entsprechende Mitarbeiter flexiblen Zugang zu diesen Daten haben. Dabei dürfen sie aber den Datenbestand weder zerstören noch verfälschen können, und der Zugang darf nicht mit grossem Aufwand verbunden sein. Für solche Zwecke sind die modernen Datenmanipulationssysteme wie Mapper oder DB2 (vgl. Fig. 7-6) eine Ideallösung und eine sehr grosse Erleichterung. Die Stabsmitarbeiter in Planung und Kontrolle müssen zwar die entsprechende Datenmanipulationssprache lernen. Das ist meist eine freie, deskriptive Sprache, welche ein paar Mengenoperationen umfasst. Damit steht ihnen aber der ganze reale Datenbestand für Abfragen zur Verfügung, ja sie können auf lokalen Arbeitskopien sogar experimentieren (für Prognosen etc.). In diesem Fall ist das "Kleinsystem" nur eine Software-Komponente der ganzen Datenbanklösung, die aus anderen Gründen bereits existiert.

Wo Kleinsysteme verfügbar und zweckmässig sind, ist ihr Einsatz der Eigenentwicklung (gemäss 7.3.3) normalerweise klar vorzuziehen.

7.3.3 Aufbau einer Datenbank als Eigenentwicklung

Wenn keine einfachere Lösung zur Verfügung steht, so muss die Datenbankanwendung wie jede andere Computerlösung im Rahmen eines Projektes entwickelt werden. Wir wollen hier nicht auf alle Einzelheiten der Informatik-Projektentwicklung eintreten (vgl. [Bauknecht/Zehnder 83] und [Zehnder 85]), sondern nur auf Besonderheiten im Zusammenhang mit Datenbanken. Eine zentrale Rolle spielt dabei der *Datenbankadministrator* (DBA).

Der DBA hat während des Systemaufbaus nebst den bekannten technischen Aufgaben (Schema-Entwurf, Definition von Benutzer-Schnittstellen etc.) auch mannigfaltige organisatorische und führungstechnische Probleme zu lösen, welche mit seiner Rolle als *Projektleiter* (ev. Mitglied des Projektleitungs-Teams) zusammenhängen. Die datenbankspezifischen Funktionen (a) - (f) aus Figur 7-1 dürfen folglich nicht isoliert betrachtet werden. Sie sind vielmehr innerhalb des Gesamtprojekts zu sehen und diesem klar unterzuordnen. Aus diesem Grunde wollen wir die Entwicklung einer Datenbank nun noch aus der Sicht der *Projektführung* diskutieren und verwenden dafür das Phasenkonzept aus [Zehnder 85]:

Die folgende *Aktivitätenliste* gliedert die schon früher erwähnten DB-spezifischen Aufgaben nach Phasen aus dem Bereich der Projektführung. Sie soll einen Eindruck geben von der anspruchsvollen Verzahnung technischer und organisatorischer Aufgaben während des Projektablaufs *bei Datenbanken.*

Figur 7-8: Die Projektphasen im zeitlichen Ablauf

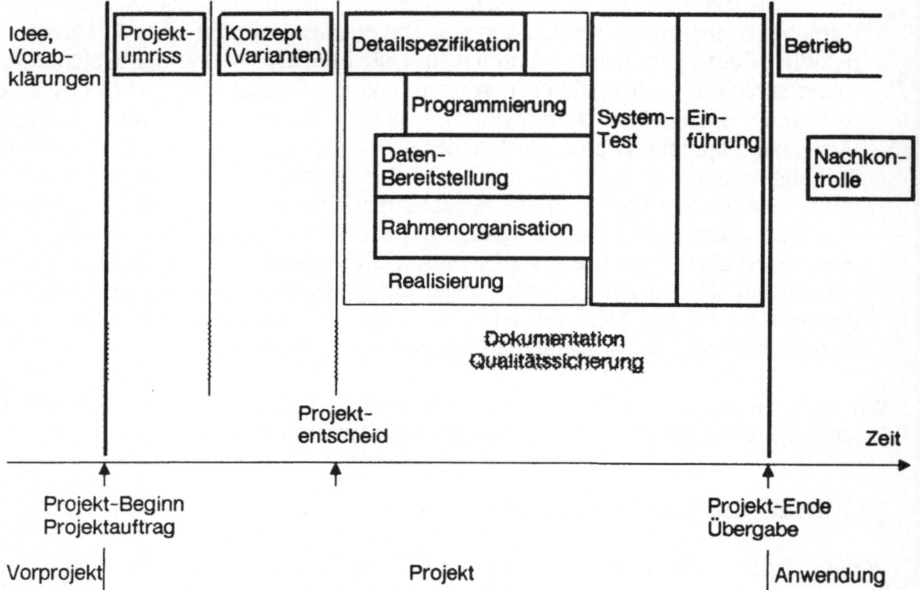

Projektumriss
- Projektziele umreissen und Pflichtenheft erstellen
- Entitätsmengen zusammentragen und Identifikationsschlüssel (Ordnungsbegriffe) bestimmen (vgl. Abschnitt 2.9)
- Gegenwärtige und zukünftige Datenmengen abschätzen (Mengengerüst)
- Qualitäts- und Sicherheitsanforderungen bezüglich Fehler und Vertraulichkeit festlegen (inkl. Abklärung, welche Datenschutzvorschriften massgebend sind)
- Erste Wirtschaftlichkeitsüberlegungen (Kosten/Nutzen)

Konzept
- Entwurf des *konzeptionellen Schemas* und der wichtigsten externen Schemata und Datenmanipulationen
- Systemunabhängige Überlegungen zur physischen Datenorganisation
- Grundsatzüberlegungen zu Datensicherung, Zugriffsbefugnissen und Reorganisation
- Entwurf sinnvoller Varianten von Datenbanklösungen
- Bewertungssystem für die Variantenauswahl entwickeln

- Auswahl der geeignetsten Variante (gemeinsam mit Anwendern, Auftraggeber, unbeteiligten Fachleuten)
- Ausschreibung für Hard- und Software sowie anschliessende Evaluation (Standard-DB-System oder Eigenentwicklung des DBMS)
- Vorgehenspläne für die folgenden Phasen erstellen (Aktivitäten mit ihren Abhängigkeiten, Termine, Personalbedarf)

Detailspezifikation
- *Bei Verwendung eines Standard-DB-Systems:* Ausbildung des Projektteams, Entwurf der modellspezifischen Datenstrukturen, Festlegen der Benutzerschnittstellen (vorbereitete Abfragen), Definition der Transaktionen und der Abläufe für die Datensicherung
- *Bei Eigenentwicklung des DB-Systems zusätzlich:* Konzipierung des Datenbankverwaltungssystems durch die Spezifikation der Module und ihrer Schnittstellen, Beschaffung verfügbarer Standard-Software für einzelne Module (Datenorganisation), etc.
- Umsetzen des konzeptionellen Schemas in einen *Datenkatalog (Data dictionary)*, siehe Ende dieses Unterabschnitts.
- Festlegen der Programmiervorgaben für Anwendungsprogramme und -programmpakete (-Module) immer auf Grund des konzeptionellen Schemas und des darauf aufbauenden Datenkatalogs.
- Datenein- und Ausgabe (Mengen, Periodizitäten, Datenträger, Formate) exakt festlegen
- Organisation der Datenübernahme (Übernahme, ev. mit Konversionen, Neuerfassung)
- Programmierrichtlinien, Festlegen gemeinsamer Hilfsfunktionen (Dienstprogramme)
- Testkonzept (Einzel- und Systemtests, Funktions- und Leistungstests)
- Einführungsplanung
- System-Handbuch mit allen vorgesehenen System-Funktionen aufbauen

Programmierung
- Zugriffspfade bei prozeduralen Schnittstellen

Rahmenorganisation
- Datensicherheit realisieren (Sicherheitskopien, Katastrophenhandbücher und -verhalten)

Systemtest und Einführung:
- Bereitstellen der Daten und Ermitteln der Soll-Ergebnisse für den Systemtest, stufenweise Durchführung. (Besondere Beachtung muss den DB-spezifischen Sicherheitsanforderungen geschenkt werden)
- Einüben von kritischen Systemereignissen (Zusammenbruch/Rekonstruktion des Datensystems, Reorganisation)

Nachkontrolle:
- Vergleich des Soll-Konzepts mit dem Ist-Zustand bezüglich Datenmengen, Transaktionsraten
- Integritäts-Gesichtspunkte

Diese (unvollständige) Übersicht soll zeigen, dass sich beim Einsatz von Datenbank-Systemen die Methoden der Informatik-Projektorganisation praktisch unverändert einsetzen lassen. In den Anfangsphasen des Projekts ermöglicht der systematische *logische Schema-Entwurf* eine frühzeitige und übersichtliche Festlegung des permanenten Datenbestandes, während gegen Ende der Entwicklung nur noch wenig ausschliesslich datenbankspezifische Aufgaben anfallen. Bei grösseren Projekten sind die Anforderungen an die Projektleitung derart gross, dass auch ein universell qualifizierter DBA die Führungsaufgaben nicht mehr allein wahrnehmen kann: Er wird in die Projektleitung integriert.

Der Datenkatalog (data dictionary)

Grosse, datenbankgestützte Computeranwendungen umfassen in der Praxis oft Tausende von einzelnen Programmen und Hunderttausende von Zeilen an Programmcode. Entwicklung und Unterhalt dieser Programme erfordern die Mitarbeit vieler Analytiker, Programmierer und weiterer Fachleute über viele Jahre. Die Koordination dieser Tätigkeiten stellt somit ihrerseits eine beachtliche Aufgabe dar.

Schon in den sechziger Jahren hat man daher angefangen, über die in den verschiedenen Programmen verwendeten Daten (Variablen-Namen, Datentypen) zentrale Verzeichnisse anzulegen. Diese Datenkataloge (data dictionaries) dienen mehreren Zwecken:
- Arbeitserleichterung bei neuen Programmen durch Übernahme der Datendeklarationen bereits vorhandener Programme,
- Fehlerreduktion durch Übernahme ausgeprüfter Originaldeklarationen,
- Hilfe beim Fehlersuchen durch Referenz aller verwendeten Aufrufe bestimmter Variablen,
- Hilfe beim Programmunterhalt durch ebensolche Referenzen.

Nun ist in einer grösseren Anwendung der Datenkatalog allerdings selber wieder eine Datensammlung von derartigem Umfang, dass sich zu seiner Verwaltung wiederum Datenbankmethoden aufdrängen. Es gibt daher auf dem Markt sog. "Data dictionary-Systeme", welche im wesentlichen nichts anderes sind als spezialisierte Datenbankanwendungen für Datenkataloge. Wir werden im nächsten Kapitel unter dem Begriff der "Metadatenbank" noch einmal auf diese Problemstellung zurückkommen (Abschnitt 8.3). An dieser Stelle ist es aber wichtig zu erwähnen, dass der Datenkatalog viel mehr sein kann als ein blosses technisches Instrument. Er dient der Projektleitung eines grossen Projekts als Führungsinstrument. Und in neueren

Datenkatalogsystemen werden nicht bloss reine Datenbeschreibungen verwaltet, sondern vermehrt auch datenkonsistenzrelevante Aufgaben, also Konsistenz- bedingungen und ganze Transaktionsbeschreibungen, sowie Zugriffsbefugnis- tabellen, Betriebsstatistiken und andere Führungsinformationen [Marti 84].

7.4 Betriebsphase

Während in der Aufbauphase einer Datenbank ein "dynamischer Architekt" den idealen Typ eines Datenbankadministrators darstellen mag, wird in der Betriebsphase eher ein sorgfältiger "Konservator" benötigt. Dieser *"DBA auf Dauer"* muss sicherstellen, dass die Datenbank auch im Falle von nachträglichen Änderungen im Konzept klar und sauber bleibt und dass nicht systemwidrig daran herumgeflickt wird, womöglich unter Umgehung von Konsistenzsicherungen. Der DBA darf dabei nicht mit einem Datenbanktechniker verwechselt werden, der alle Details der oft komplizierten Datenbanksystem-Handbücher kennt und findet. Der DBA - oft auch besser nur *Datenadministrator* statt Daten*bank*administrator genannt - muss dafür die Informationsflüsse des gesamten Unternehmens kennen und bei allfälligen Umorganisationen die Geschäftsleitung oder Oberbehörde auf allfällige Konsequenzen für den Betrieb wichtiger Datenbanken aufmerksam machen. Für eine solche DBA-Funktion eignen sich daher nur Personen mit sehr gutem und auf Dauer ausgerichtetem Überblick über den Betrieb und mit ausgesprochenen Koordi- nationsfähigkeiten.

Oft wird für die Entwicklungsphase auch qualifiziertes Personal von Beratungsfirmen beigezogen, weil für den Entwurfsprozess auswärtiges Know-how besonders wertvoll und wichtig ist. Bei wichtigen Datenbanksystemen darf aber der Entwurf nicht ausschliesslich auswärtigen Spezialisten überlassen werden; betriebseigene Leute gehören dazu. In der Entwurfsgruppe kann sich der für den späteren Betrieb vorgesehene eigene DBA auf seine Aufgaben im Betrieb systematisch vorbereiten.

Systembetreuung und -überwachung

Einer der wichtigsten Grundsätze im Datenbank-Bereich ist die strikte Trennung der konzeptionellen und kontrollierenden von den benützungsorientierten Funktionen: Während administratives Personal die Daten-Ein- und -Ausgabe besorgt (Funktionen (b), (c) und (d) in Fig. 7-1), ist der DBA neben den konzeptionellen Belangen (a) und (f) auch für die Überwachung (e) des Datenbank-Betriebs zuständig.

Die wichtigsten Tätigkeiten in diesem Zusammenhang sind etwa

- Nachführen der Datenbank-*Dokumentation* mit Datenkatalog und Verwendungs- nachweis für die Daten. Diese Aufgaben werden von moderneren Systemen systematisch unterstützt, indem der Datenkatalog (data dictionary) durch das Datenbanksystem oder ein zusätzliches Hilfssystem automatisch nachgeführt wird.

- Überwachen von *Betriebsstatistiken* betreffend Zugriffszeitverhalten und Platzbedarf. Auch diese Funktionen werden von Dienstprogrammen unterstützt, die sich auf Informationen abstützen, welche im Datenkatalog laufend gesammelt werden. Für eine wirksame Überwachung schutzbedürftiger Daten sind präzise Angaben über deren erfolgte oder versuchte Verwendung notwendig. In diesem Zusammenhang ergeben insbesondere auch Protokolle über *erfolglose* Zugriffe (z.B. mit falschen Passwörtern) wertvolle Hinweise auf allfällige Missbräuche.

- Zugänglichmachen der Datenbank für *neue Benutzer.* Das kann durch die Definition geeigneter *externer Schemata* geschehen, womit der Bereich der zugänglichen Daten klar geregelt wird. Dem Benutzer sind aber auch die notwendigen Abfragemittel (vorbereitete Programme oder freie DML-Sprachen) anzubieten.

- Verwaltung und Zuteilung von *Zugriffsbefugnistabellen, Passwörtern* und ähnlichen Datenintegritätsmassnahmen.

- Verwaltung und Zuteilung *betrieblicher Ordnungsbegriffe* (Numerierungssysteme) wie Abteilungsnummern, Artikelnummern etc. Diese letztere Aufgabe betrifft den DBA natürlich nicht im Einzelfall, sondern nur bezüglich der Systematik solcher Ordnungsbegriffe. Schlechte Numerierungssysteme, wo z.B. die gleiche Nummer nach gewisser Zeit einer anderen Entität neu zugeteilt werden kann, können die Funktionsfähigkeit von Datenbanken wesentlich beeinträchtigen.

Systemänderungen

Auch nach abgeschlossener Systeminstallation stellt die Tätigkeit des DB-Administrators hohe Anforderungen bezüglich System-Überblick, Kenntnis der Anwendungen und Verständnis für die Auswirkung datenorganisatorischer Massnahmen. Ein Datenbanksystem, das 10 und mehr Jahre im Einsatz steht, muss anpassungsfähig bleiben, weil äussere Bedürfnisse und technische Rahmenbedingungen ändern können. Systemänderungen erfordern von allen Ausführenden, vor allem aber vom dafür verantwortlichen Datenbank-Administrator Präzision und Sorgfalt. Zur Erhaltung einer sauberen Systemarchitektur müssen eigene Ideen oft zurückgestellt werden.

Ein paar der wichtigsten Aufgaben in diesem Zusammenhang sind folgende:

- *Nachführung der Systembeschreibung,* immer angefangen bei der konzeptionellen Ebene (konzeptionelles Schema).

- *Planung und Koordination der notwendigen Hardware:* Datenbanken haben die

Tendenz, mit der Zeit zu wachsen, was entsprechende Speichermedien bedingt.

- *Koordination des Software-Unterhalts:* Haben Änderungen des Betriebssystems Auswirkungen auf die Datenbank-Software? Kontrolle der Installation neuer Versionen von beschafften Standard-DB-Systemen.

- *Erweiterung des konzeptionellen Schemas:* Nicht alle neuen Anwendungen lassen sich bloss mit neuen Anwenderprogrammen und neuen externen Schemata erledigen. In gewissen Fällen muss das konzeptionelle Schema *erweitert* (in besonders unangenehmen Fällen sogar *eigentlich abgeändert*) werden. Obwohl verschiedene moderne Datenbanksysteme solche *Schemamodifikationen* mehr oder weniger stark unterstützen, müssen wir uns hier keinen Illusionen hingeben. Während bei Kleinsystemen (Pilotstudien, Prototypen) solche Änderungen im Sinne der Entwicklungsarbeiten liegen können, ist jede Änderung von Grosssystemen eine kritische Angelegenheit, weil ja nicht nur das System, sondern auch alle betroffenen *Daten* mitgeändert werden müssen.

- *Änderungen des internen Schemas:* Während die Änderungsbedürfnisse hier von der technischen Seite her kommen oder optimierungsbedingt sind, gelten ähnliche Vorbehalte wie beim konzeptionellen Schema.

- *Projektleitung bei Systemänderungen:* Der DBA hat grössere Änderungsaufgaben nicht primär selber auszuführen, dafür kann er Mitarbeiter erhalten. Seine besondere Aufgabe bleibt aber die Koordination, damit die Datenbank nicht als Ganzes durch Modifikationen gefährdet wird.

Der Betrieb grosser Datensysteme ist auf Dauer ausgerichtet - das wurde schon oft betont. Aber so wie sich die Welt und mit ihr die Anwendung entwickelt, so muss auch der stabilste Teil von Datenverarbeitungssystemen, nämlich die Datenbank, eine gewisse Entwicklungsfähigkeit aufweisen. Diese beruht auf sauberen logischen Entwurfskonzepten.

8 Architektur von Datenbankverwaltungssystemen

8.1 Anforderungen und Hauptvarianten

Die Systemübersicht in Kapitel 1 (vgl. Fig. 1-10) vermittelte einen ersten Eindruck über Aufbau und Zusammenhänge in einem vollständigen Datenbanksystem. Das *Datenbankverwaltungssystem* (DBMS = Data Base Management System) ist, vor allem während des Betriebs, das eigentliche Kernstück des Systems; es wird auch als *Laufzeitsystem* bezeichnet. Die vorangehenden Kapitel haben (mit Ausnahme des Kapitels über physische Datenorganisation) wenig auf dessen Aufbau Bezug genommen; sie definierten im wesentlichen bloss einen *Anforderungskatalog* für das DBMS. Diese Anforderungen lassen sich etwa wie folgt klassieren:

- *Operationen auf den Daten*:
  Das DBMS stellt Abfrage- und Mutationsoperationen zur Verfügung, welche sich entweder auf einzelne Datensätze (Tupel, Records) oder auf Mengen von Datensätzen beziehen. Im letzteren Fall muss das DBMS die Mengen-Operationen vor der eigentlichen Ausführung auf Tupel-Operationen abbilden und hinsichtlich der Anzahl notwendiger Sekundärspeicherzugriffe optimieren. Neben der Verwaltung des verfügbaren Speicherplatzes für die eigentlichen Benutzerdaten obliegt dem DBMS das ständige (automatische) Nachführen der Hilfsdaten.

  Dieser Problemkreis wird in Abschnitt 8.2 behandelt.

- *Datenintegrität*:
  Das DBMS hat dafür zu sorgen, dass die zur Definitionszeit für die Datenbank formulierten Konsistenzbedingungen eingehalten werden. Daneben bieten viele Systeme die Möglichkeit eines Mehrbenutzerbetriebes, dessen korrekte und zügige Abwicklung zumindest teilweise ebenfalls dem Datenbankverwaltungssystem übertragen ist. Bei eingetretenen Fehlersituationen (z.B. Verklemmungen, Programmabbruch, Hardware-Ausfall etc.) muss zudem für die Wiederherstellung eines konsistenten Zustandes der Datenbank gesorgt werden.

  Ein Teil der zu treffenden Massnahmen (Konsistenztests, Synchronisation, etc.) wurde in Kapitel 6 skizziert und wird in Abschnitt 8.4 nochmals aufgegriffen.

- *Schemaverwaltung*:
  Das DBMS muss nicht nur Benutzerdaten verwalten, sondern auch deren Beschreibung. Die Schemacompiler analysieren die Information aus dem konzeptionellen, dem internen und den externen Schemata und schreiben diese Angaben auf Systemtabellen. Dazu werden mit Vorteil dieselben Routinen verwendet, mit welchen das DBMS normalerweise Benutzerdaten manipuliert. Das

DBMS stellt aber auch den Anwendungsprogrammcompilern Informationen aus den Systemtabellen bereit.

Dieses Zusammenspiel kommt in Abschnitt **8.3** zur Darstellung.

Jedes DBMS umfasst ein Sortiment von Basisroutinen, welche bei allen Datenbank-Anwendungen in identischer Art und Weise gebraucht werden (Dateiorganisation auf dem Sekundärspeicher, Pufferverwaltung im Arbeitsspeicher). Darüber hinaus gibt es aber für die Gestaltung des Datenzugriffs grundsätzlich mehrere Möglichkeiten, insbesondere:

- *Variante 1*: Aus den Angaben in den einzelnen Schemata werden *bei der Übersetzung durch den DDL-Compiler*, d.h. bereits bei der Verarbeitung der Datendefinitionen, für alle vorhandenen Daten spezifische Datenbankverwaltungsroutinen *generiert.* Dem Benutzer stehen somit nach der Definitionsphase nicht nur die Datendefinitionen, sondern auch schon die (konsistenzerhaltenden) Grundoperationen für Manipulationen auf diesen Daten zur Verfügung.

- *Variante 2*: Der *Anwendungsprogramm-Compiler* (als voller DML-Compiler oder in Kombination mit einem Wirtssprachen-Übersetzer als DML-Precompiler realisiert) *generiert anwendungsspezifische Zugriffsmodule,* welche diejenigen DBMS-Komponenten enthalten, die das Anwendungsprogramm konkret benötigt. Ein zentrales, unabhängiges DBMS, das zur Laufzeit aufgerufen wird, gibt es dann nicht (z.B. System R, [Astrahan et al. 76]).

- *Variante 3*: Es wird mit einem festen Sortiment von *parametergesteuerten Prozeduren* gearbeitet, wobei die erforderlichen Parameter von den Compilern erzeugt und in den *Systemtabellen* abgelagert werden, wo sie dem DBMS *zur Laufzeit* zur Verfügung stehen. Es handelt sich dabei um ein interpretatives Verfahren.

Parametergesteuerte Datenbankverwaltungssysteme sind einfacher zu implementieren, sind hingegen in der Ausführung nicht so effizient wie ein (für die spezielle Anwendung "massgeschneidertes") generiertes System. Man kann übrigens innerhalb eines Datenbanksystems mehrere dieser Techniken nebeneinander einsetzen, indem z.B. einerseits ein parametrisiertes Abfragesystem angeboten wird (Evaluation der deskriptiven Abfragen zur Ausführungszeit, Variante 3), während anderseits der DML-Compiler auf Grund der Systemtabellen und des Anwenderprogramms konsistenzerhaltende Transaktionen erzeugt (konsistenzerhaltende Massnahmen generiert zur Übersetzungszeit des Anwenderprogramms, Variante 2).

Wer sich mit Entwurf und Entwicklung von Datenbankverwaltungssystemen befasst, findet in der Fachliteratur verschiedentlich Hinweise auf die verwendeten Architekturen. Es kann an dieser Stelle nicht um eine umfassende Darstellung der verschiedenen Möglichkeiten und ihrer Vor- und Nachteile gehen. Hingegen soll gezeigt werden, auf welche Weise wichtige Aspekte der Datenbanktechnik, die in diesem Buch immer wieder aufgegriffen worden sind, konkret realisiert werden können. Dazu gehören die Konsistenzerhaltung, die flexible externe Schemagestaltung und der interaktive Datenbankentwurf (logischer Schemaentwurf). Einige der zugehörigen Überlegungen können dabei allgemein formuliert werden, die konstruktiven Beispiele und Figuren beziehen sich aber auf das schon früher erwähnte Datenbanksystem LIDAS ([Rebsamen et al. 83], [Zehnder 83]), das speziell auch für Zwecke des Unterrichts auf einem Arbeitsplatzrechner (Lilith, [Wirth 81]) geschaffen wurde.

8.2 Das Zugriffssystem

8.2.1 Funktionsebenen

Das Zugriffssystem eines Datenbankverwaltungssystems baut intern meist direkt auf dem Betriebssystem bzw. dessen Sekundärspeicher-Steuerprogrammen auf. Auf dieser "tiefen" Ebene werden physische Datenblöcke transferiert. Der Benutzer hingegen erwartet vom DBMS gerne, dass es imstande ist, deskriptive Abfragen zu behandeln, wobei logisch definierte Mengen von Tupeln angesprochen sind (Mehrtupel-Schnittstelle). Es ist evident, dass ein Zugriffssystem dieser Leistungsklasse nur dann vernünftig implementiert werden kann, wenn *mehrere Funktionsebenen* getrennt konzipiert und realisiert werden.

Ein solches System (Fig. 8-1) lässt sich auffassen als eine Hierarchie *abstrakter Maschinen*, wobei jede Maschine jeweils der nächst höheren Ebene eine Menge von Objekten und Operatoren zur Verfügung stellt. Sie stellt gleichsam die Basismaschine für die Programme der nächst höheren Stufe dar und verbirgt Implementationsdetails

Figur 8-1: Funktionsebenen und Schnittstellen in einem Zugriffssystem

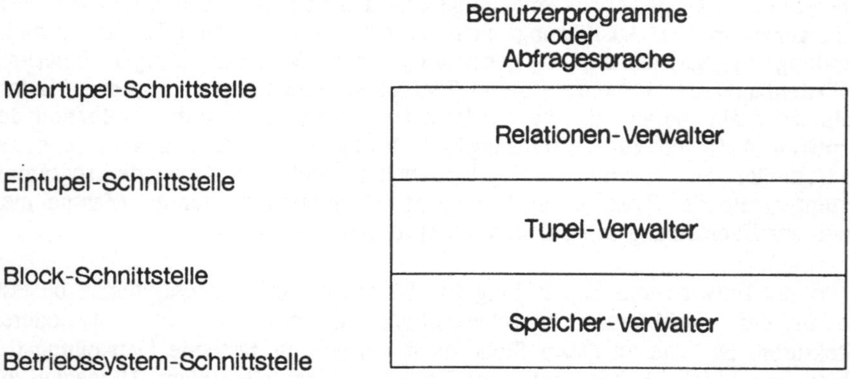

Benutzerprogramme
oder
Abfragesprache

Mehrtupel-Schnittstelle

Relationen-Verwalter

Eintupel-Schnittstelle

Tupel-Verwalter

Block-Schnittstelle

Speicher-Verwalter

Betriebssystem-Schnittstelle

der darunterliegenden Hierarchiestufen. Diese Grundsätze haben sich im Datenbank-
bereich relativ stark durchgesetzt ([Härder 78], [Astrahan et al. 76]) und werden auch
von modularen Programmiersprachen wie Modula-2 [Wirth 83b] systematisch unterstützt.

Im folgenden werden von unten nach oben die Funktionen der einzelnen
Systemkomponenten erläutert.

8.2.2 Speicher-Verwalter

Der Speicher-Verwalter basiert auf dem Betriebssystem, welches meistens mindestens
primitive Funktionen für den Zugriff auf Sekundärspeicher anbietet. In gewissen
Systemen enthält aber bereits das Betriebssystem zusätzliche Funktionen für die
Datenorganisation, oder gar ein virtuelles Speicherkonzept. In solchen Fällen wird der
Speicherverwalter des DBMS entsprechend reduziert. Das Zusammenspiel eines
Betriebssystems, das virtuelle Speicherkonzepte unterstützt, mit einem unabhängigen
Speicher-Verwalter (der ebenfalls einen internen Puffer mit etlichen Blöcken
unterhält) führt sonst nämlich leicht zu unnötigen Datentransfers ("Double Paging").

Der Speicher-Verwalter offeriert seinem Auftraggeber, dem Tupel-Verwalter,
Funktionen zur *Bereitstellung* oder *Freigabe* von identifizierten *Daten-* oder
Hilfsdaten-Blöcken. Innerhalb des Zentralspeichers hält der Speicher-Verwalter *Puffer*
bereit, damit Datenblöcke, welche ständig oder in kurzen Abständen wiederverwendet
werden, nicht jedesmal einen Zugriff auf den Sekundärspeicher verursachen. Befindet
sich der angeforderte Block bereits im Zentralspeicher, kann der aufrufenden
Systemkomponente aus dem Tupel-Verwalter sofort dessen Adresse zurückgeliefert
werden. Ist der gewünschte Block nicht verfügbar, so muss ein anderer (z.B. der am
längsten nicht mehr bearbeitete Block) seinen Platz räumen: Er wird auf den
Sekundärspeicher zurückgeschrieben, falls er während seines Aufenthaltes im
Zentralspeicher verändert wurde, sonst überschrieben. Nun kann der benötigte Block
in den Zentralspeicher transferiert und seine Adresse bekanntgegeben werden.
Werden nicht mehr benötigte Blöcke freigegeben oder neue verlangt, so muss das
Speichersystem die frei gewordenen Bereiche im Zentralspeicher und auf dem
Sekundärspeicher verwalten oder bei Bedarf die entsprechenden Bereiche erweitern
können.

8.2.3 Tupel-Verwalter

Diese nächste Schicht bietet nun bereits einfache Datenbankfunktionen an, wie sie von
einer *prozeduralen Abfragesprache* benötigt werden. Da werden nämlich ganz bestimmte
Tupel angesprochen (vgl. Unterabschnitt 4.2.2 mit der Sprache LIDAS-RDS; diese
Funktionen müssen hier abgedeckt werden). Das Modul "Tupel-Verwalter" liefert

seinem übergeordneten System (d.h. dem Relationen-Verwalter oder direkt einem Benutzerprogramm mit einem prozeduralen Ein-Tupel-Aufruf) Manipulationsmöglichkeiten auf einzelnen Tupeln. Das übergeordnete System muss dazu dem Tupel-Verwalter zusammen mit dem Befehl (Insert, Delete, Replace, Obtain, Find) folgende Parameter übergeben:

- Die *Identifikation* der zu bearbeitenden Relation.

- *Verweis auf das zugehörige Tupel*: Einerseits holt sich der Tupel-Verwalter von dort die benötigten Informationen (den Schlüsselwert für Delete und für Abfrageoperationen mit absoluter Positionierung, resp. das ganze Datentupel für Insert und Replace), anderseits wird bei Abfrageoperationen das gesuchte Tupel an jener Stelle dem Benutzer zur Weiterverarbeitung übergeben.

- Bei Abfrageoperationen (Obtain, Find) wird meistens eine ganze Palette von *Zugriffsmöglichkeiten* (first, next etc.) zur Auswahl angeboten. Bei gewissen Systemen wird dabei die Angabe des *logischen Suchschlüssels* erwartet. Damit kann spezifiziert werden, bezüglich welchen Attributs (ev. Attributskombination) z.B. das erste (first) oder das nächste gleichwertige (nextequal) Tupel gewünscht wird.

Wie aus den Beispielen A und B in Kapitel 4 (Sprachen LIDAS-RDS und CODASYL-DBTG) hervorgeht, ist diese obere Schnittstelle des Tupel-Verwalters bei eingebetteten tupel-orientierten Datenmanipulationssprachen bereits die Schnittstelle zum Anwenderprogramm. Datenbankverwaltungssysteme dieser Art bewältigen die eigentlichen Datenoperationen im wesentlichen also mit einem Speichersystem und einem Tupel-Verwalter.

Die recht komplexen Operationen auf der Eintupel-Schnittstelle legen eine weitere Modularisierung innerhalb des Tupel-Verwalters nahe. Wir skizzieren die im System LIDAS benützte Lösung und verweisen für detailliertere Betrachtungen auf [Härder 78], wo eine ähnliche Strukturierung vorgenommen wird. Der Zweck dieser detaillierten Darstellung liegt darin, dass der Leser verfolgen kann, wie die verschiedenen Funktionen des Tupelverwalters modularisiert werden können.

Notwendige Steuerinformationen können von den einzelnen Komponenten des Tupel-Verwalters beim gegenseitigen Aufruf mittels Parameter oder über gemeinsame Beschreibungstabellen ausgetauscht werden.

Der *Primärdaten-Verwalter* arbeitet mit den Grunddaten, d.h. er verwaltet die Datensätze. Mehrere Tupel werden in einem Datenblock abgespeichert, wobei sich für die Adressierung verschiedene Möglichkeiten ergeben:
- Der Tupel-Verwalter kann mit einer Tupelidentifikation arbeiten, welche sich aus der physischen Adresse der Tupel ergibt: Datenblocknummer und Adresse des Tupels innerhalb des Datenblocks. Diese Art der Adressierung ist einfach zu implementieren, ist im Zugriff nicht aufwendig, aber sehr umständlich bei

Reorganisationen innerhalb eines Datenblocks, weil sämtliche externen Referenzen auf diese Tupel nachgeführt werden müssen.
- Der Tupel-Verwalter kann von jedem Tupel eine adressenunabhängige, logische Blocknummer und eine zusätzliche blockinterne Nummer als Referenz benützen; die physische Adresse des Tupels ergibt sich dann über eine blockinterne Organisation. Diese Verfahren sind nicht ganz so effizient, dafür haben interne Reorganisationen lediglich lokale Auswirkungen.

Figur 8-2:   Komponenten eines Tupel-Verwalters

Eintupel-Schnittstelle

Prozeduraler DML-Verwalter		
Primär- Daten- Verwalter	Such- schlüssel- Verwalter	Beschreibungs- tabellen- Verwalter

Block-Schnittstelle

Der Primärdaten-Verwalter kann
- bei gegebener Tupelidentifikation einzelne Tupel verfügbar machen,
- für ein neues Tupel Platz anfordern und das Tupel anschliessend dort abspeichern,
- bestehende Tupel löschen und eine Organisation für die Verwaltung von freien Tupelplätzen unterhalten.
Für diese Aufgaben stützt sich der Primärdaten-Verwalter direkt auf den Speicher-Verwalter.

Der *Suchschlüssel-Verwalter* verwaltet Indizes, invertierte Tabellen und andere Hilfsorganisationen zu Einzelattributen oder Attributskombinationen (vgl. Abschnitt 5.2). Die Einträge in diesen Tabellen bestehen aus Attributswerten und den Identifikationen derjenigen Tupel, welche diese Attributswerte enthalten. Der Hilfsdaten-Verwalter stellt dem Prozeduralen DML-Verwalter Prozeduren zum Auffinden, Einsetzen und Löschen von Paaren von Attributswerten und Tupelidentifikationen zur Verfügung.

Der *Prozedurale DML-Verwalter* nimmt die tupelweisen Aufrufe für Zugriffs- und Mutationsoperationen an der Eintupel-Schnittstelle entgegen.
- Bei einer Abfrageoperation speichert die übergeordnete Komponente (d.h. der

Relationen-Verwalter oder der Benutzer der Eintupel-Schnittstelle) die Suchschlüsselwerte in der Tupelvariablen. Der Prozedurale DML-Verwalter nimmt den Befehl entgegen, überprüft die Parameter und überträgt dem Suchschlüssel-Verwalter die Suche nach der Tupelidentifikation. Der Primärdaten-Verwalter bringt dann das gewünschte Tupel in die Tupelvariable.

- Ist eine Mutationsoperation auszuführen, müssen zunächst die Konsistenz-bedingungen überprüft werden (vgl. Abschnitt 8.4). Beim Einfügen eines neuen Tupels muss vom Primärdaten-Verwalter ein freier Tupelplatz verlangt und das Tupel aus der Tupelvariablen dorthin kopiert werden. Zu jedem Attribut, zu dem eine Hilfsorganisation existiert, führt der Hilfsdaten-Verwalter diese nach. Beim Ändern eines bestehenden Tupels werden die geänderten Attributswerte in das vom Primärdaten-Verwalter in den Puffer gebrachte Tupel eingesetzt. Betrifft die Änderung ein Attribut, zu dem eine Hilfstabelle existiert, wird der Suchschlüssel-Verwalter veranlasst, den alten Tabelleneintrag zu löschen und einen neuen einzufügen. Beim Löschen eines Tupels wird der Tupelplatz dem Primärdaten-Verwalter zurückgegeben, und alle Einträge in den invertierten Tabellen werden durch den Hilfsdaten-Verwalter gelöscht.

Zur Laufzeit ist die Beschreibung der Datenbank in Systemtabellen unter der Kontrolle des *Beschreibungstabellen-Verwalters* abgespeichert. Diese Komponente liest beim Eröffnen der Datenbank die Beschreibungstabellen vom Sekundärspeicher in den Arbeitsspeicher. Alle anderen Komponenten des Tupel-Verwalters greifen während der Zugriffs- und Mutationsoperationen direkt auf die Beschreibungstabellen zu, indem sie Informationen daraus lesen oder auch verändern können.

8.2.4 Relationen-Verwalter

Der Relationenverwalter setzt Beschreibungen von Relationen (also von Mengen von Tupeln) in Einzeltupelaufrufe an den Tupelverwalter um und setzt wiederum die gelieferten Tupel zu Relationen zusammen. Diese Funktion verlangt gleichzeitig die Fähigkeit, auch komplizierte Ausdrücke zur Datenauswahl (vgl. Modula/R, Bsp. D in 4.2.4) in den *aufrufenden Anwenderprogrammen* interpretieren zu können. Zu diesen Programmen gehören zwei Hauptgruppen:

- Ausprogrammierte Anwenderprogramme (mit eingebetteten DML-Aufrufen) und dementsprechende DML-Compiler,
- Aufrufe aus einer selbständigen DML über einen DML-Interpreter.

Diese Ausdrücke, welche die zu manipulierenden Datenmengen charakterisieren, können nur in den wenigsten Fällen bereits zur *Übersetzungszeit* in fertig parametrisierte Aufrufe von Prozeduren des Relationen-Verwalters umgewandelt werden. Enthält die DML nämlich Prädikate (wie etwa Modula/R), können diese erst zur Ausführungszeit endgültig ausgewertet werden.

Figur 8-3: Einsatz eines Compilers zur Uebersetzung des Anwenderprogramms

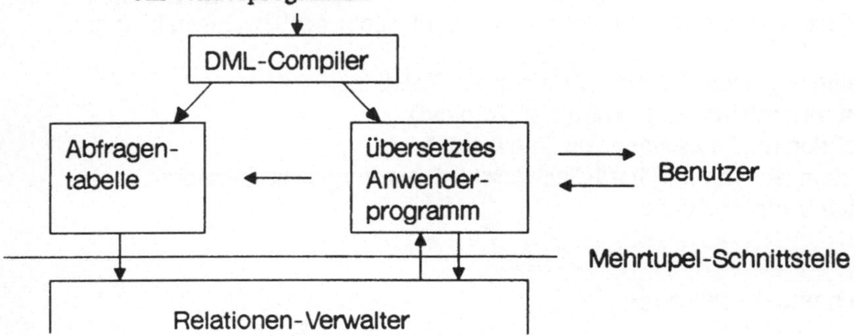

Dennoch können zur *Übersetzungszeit* (Fig. 8-3) bereits gewisse Optimierungen der Ausdrücke vorgenommen werden: Teilweise handelt es sich dabei um rein algebraische Umformungen, teilweise werden die Ausdrücke so umgestellt, dass zur Ausführungszeit durch gute Ausnützung der vorhandenen Hilfsorganisationen die zu manipulierenden Datenmengen möglichst rasch reduziert werden können (vgl. Abschnitt 5.4 und [Härder 78]). Die analysierten und optimierten Ausdrücke werden vom DML-Compiler in einer sog. Abfragentabelle abgelegt, während in den Programmcode lediglich der Aufruf einer "Auswerteprozedur" und ein Verweis auf die entsprechende Abfragentabelle aufgenommen werden.

Figur 8-4: Direkte Interpretation von DML-Operationen

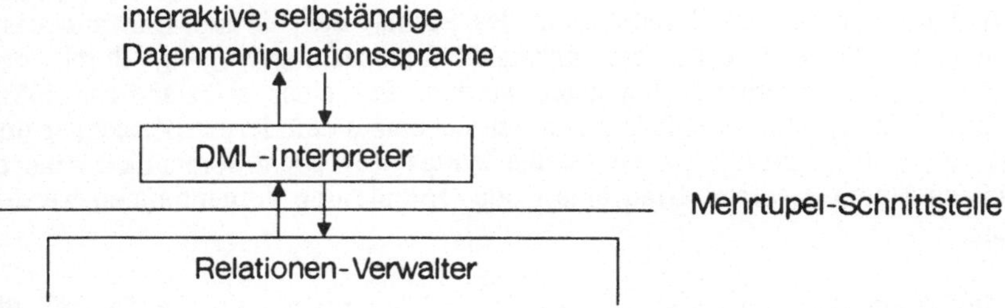

Der zweite Fall betrifft Abfragen über eine selbständige deskriptive DML. Eine selbständige Sprache basiert jedoch normalerweise nicht direkt auf dem Relationen-Verwalter. Zumindest die syntaktische Analyse und meistens auch die Umformung der Benutzeranfragen werden von einem separaten Modul, dem DML-Interpreter, vorgenommen. Als "Zwischensprache" kommen häufig algebraische Formulierungen zur Anwendung.

Die Mehrtupel-Schnittstelle des Relationen-Verwalters muss zur Ausführungszeit, sei es für Prozedur-Aufrufe eines Interpreters oder auf Grund von Befehlen in einer Abfragentabelle, Datenmanipulationen etwa folgender Art bewältigen können:

- Vereinigung, Durchschnitt, Differenz von Relationen
- Verbund (insbesondere natürlicher Verbund)
- Projektion (inkl. Löschung von Duplikaten)
- Selektion (Restriktion) bezüglich verschiedener Vergleichsoperatoren
- Sortieren von Relationen

8.3 Schema-Verwaltung

8.3.1 Verwendung der Datendefinitionen

Ein wichtiges Charakteristikum vieler Datenbanksysteme ist die logische und zeitliche Trennung von Datendefinition und -manipulation. Dies bedingt eine systematische Verwaltung der in der Definitionsphase anfallenden Daten (also der Benutzer-Schemata), denn diese Informationen werden zu späteren Zeitpunkten wiederholt benötigt:

- Die *DML-Compiler* benötigen für die Übersetzung der Benutzer-Programme Informationen des konzeptionellen und eines bestimmten externen Schemas (vgl. Figur 1-10). Ist (bei einer eingebetteten DML) lediglich eine Precompilation vorzunehmen, so müssen die entsprechenden Datendefinitionen ins Quellprogramm eingefügt und ev. die DML-Befehle an das Format der Wirtssprache angepasst werden. Anschliessend kann ein normaler Übersetzungsvorgang durch den Compiler der Wirtssprache eingeleitet werden. Bei einer selbständigen DML benötigt der Interpreter ebenfalls die in den Schemata definierten Bezeichner und Datenstrukturen, damit eine wirkungsvolle Syntax- (ev. sogar Semantik-) Analyse und bis zu einem gewissen Grad eine Code-Optimierung vorgenommen werden können.

- Zur *Ausführungszeit* greift das *Datenbankverwaltungssystem* sehr häufig auf die Informationen aus den Schemata zurück. Wir beschränken uns an dieser Stelle auf die Aufzählung einzelner der Informationsbedürfnisse zur Ausführungszeit, und zwar aufgeteilt nach den einzelnen Schemata, in denen die entsprechenden Definitionen vom Benutzer geliefert wurden:
  - *konzeptionelles Schema*: Identifikationsschlüssel, Wertebereiche für Attribute, Konsistenzbedingungen
  - *internes Schema*: vorhandene Zugriffspfade, Speicherorganisation
  - *externes Schema*: Datenformate im Benutzerbereich, erlaubte Operationen

- *Dienstprogramme* zur Dokumentation, Reorganisation oder zur Wiederherstellung im Fehlerfall verwenden die Daten aus den Schemata einerseits wie normale Anwenderprogramme (über das Datenbankverwaltungssystem), machen aber zusätzlich auch direkten Gebrauch von diesen Informationen.

Eine Auswahl der im System LIDAS *pro Relation benötigten Information* gibt einen Eindruck von der Art der gespeicherten Daten:

- Name der Relation,
- Anzahl Datentupel zu dieser Relation,
- Nummer des ersten Datenblocks (diese Blöcke sind unter sich linear verkettet),
- Nummer des ersten Datenblocks mit freiem Platz,
- Länge eines ganzen Tupels,
- Adresse des aktuellen Tupels,
- Adressen der Beschreibungen des ersten Attributs und des Identifikationsschlüssels,

Im folgenden werden zwei Möglichkeiten für die Speicherung der Schemadaten aufgezeigt.

8.3.2 Verwaltung der Definitionen in Beschreibungstabellen

Jeder Compiler für eine höhere Programmiersprache hat Definitionen von Datentypen und Variablen-Vereinbarungen zu verwalten. Die Problemstellung ist bei der Verwaltung von Datenbank-Schemata aber schwieriger, weil die analysierten Informationen auf eine weit grössere Lebensdauer als jene der Programme ausgerichtet sein müssen und die typisch programminternen Strukturarten (arrays, pointers etc.) dafür ungeeignet sind. (Compiler für Programmiersprachen wie etwa Modula-2, welche die separate Übersetzung einzelner Programmodule erlauben, müssen auch externe Symboltabellen anlegen!) Da diese Beschreibungstabellen einen beträchtlichen Umfang annehmen, aber dennoch schnell und flexibel gehandhabt werden müssen, brauchen sie eine angemessene Speicherverwaltung. Man kann für ihre Speicherung denselben Speicher-Verwalter wie für die Benutzerdaten (vgl. 8.2.2) verwenden.

8.3.3 Einsatz einer Datenbank für die Schemaverwaltung (Metadatenbank)

Aus der obigen (unvollständigen!) Aufzählung der zu verwaltenden Daten ist ersichtlich, dass man es bei der Schema-Verwaltung mit einem stark strukturierten Datenbestand mittleren Umfangs zu tun hat. Es ist nun naheliegend, dieses spezielle, system-orientierte Datenproblem mit adäquaten Hilfsmitteln zu bearbeiten, indem man nämlich die Schema-Verwaltung wiederum als Datenbank organisiert. Wir nennen diese Datenbank der Datenbankbeschreibungen im folgenden *Metadatenbank*

(MDB), die zugehörigen Beschreibungsdaten Metadatenbasis.

Mit diesem Ansatz kann die System-Architektur folgendermassen dargestellt werden, wobei (wie in Figur 1-10) die zum Betrieb notwendigen Systemkomponenten dick ausgezogen sind:

Figur 8-5: Hauptsystemkomponenten beim Einsatz einer Metadatenbank

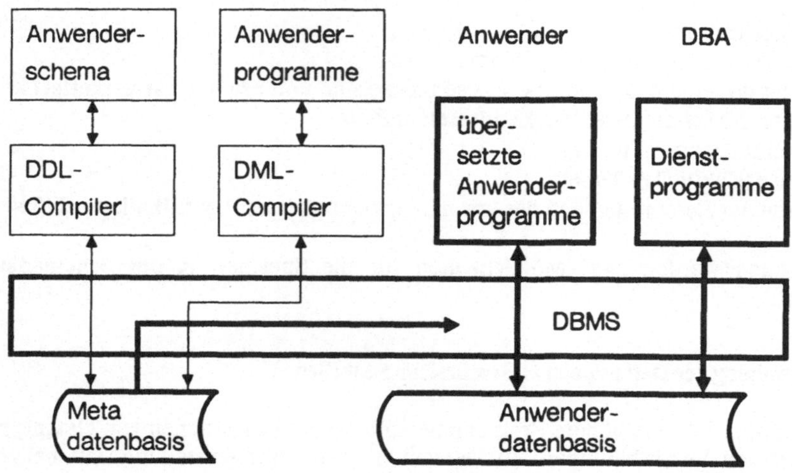

Für oder wider den Einsatz einer systemeigenen Datenbank für die Schema-Verwaltung sind folgende Argumente vorzubringen:

- Eine MDB erlaubt eine ausgezeichnete *Strukturierung* der aus den einzelnen Schemata extrahierten Daten. Insbesondere ist deren spätere Wiederverwendung z.B. für Schema-Modifikationen, Herstellung von Datenverzeichnissen etc. durch die Strukturierungshilfen eines Datenbanksystems sehr gut vorbereitet.
- DDL-Compiler und DML-Compiler können das gesamte *Datenbankverwaltungs-system* mitsamt allen Hilfsorganisationen für die Verwaltung der bei ihnen anfallenden Daten *verwenden.*
- Die Schema-Verwaltung mittels einer MDB bedingt zumindest zur Ausführungszeit der Programme eine *Doppelspeicherung* gewisser Informationen, da die Beschreibung der benutzten Datenbank zur Ausführungszeit direkt im Zentralspeicher in *Beschreibungstabellen* vorhanden sein muss. (Man könnte zwar vor jeder Datenbank-Operation die erforderlichen Angaben aus der MDB holen. Dies ist aber sehr ineffizient, und zudem verschiebt man das Problem nur um eine Stufe, denn in diesem Fall braucht man analoge Beschreibungstabellen für die MDB, um aus der MDB die Angaben zur Benutzerdatenbank holen zu können...)

Über diese Gründe hinaus ist die integrierte Verwaltung der Datenbeschreibungen nur ein erster Schritt in Richtung unterhaltsfreundlicher Software-Systeme. Moderne *Datenkatalog-Systeme* (data dictionary systems) können auch bereits Teile der Datenmanipulation miterfassen [Marti 84].

Metaschema

Das Metaschema zeigt die Datenstruktur der Metadatenbank: Die Strukturierungsmöglichkeiten, welche der Einsatz einer MDB systemintern bietet, werden gut illustriert an folgendem Entitäten-Blockdiagramm, das einen Ausschnitt aus dem Metaschema des Systems LIDAS wiedergibt. Die Struktur der MDB ist natürlich abhängig vom benützten Datenmodell und dem zugehörigen Datenbankverwaltungssystem: Das Beispiel in Fig. 8-6 verwendet das in Kapitel 2 eingeführte konzeptionelle Modell und die in Abschnitt 4.4 besprochenen Möglichkeiten bei der Formulierung von externen Schemata.

Figur 8-6:   Schema einer Metadatenbank (Ausschnitt)

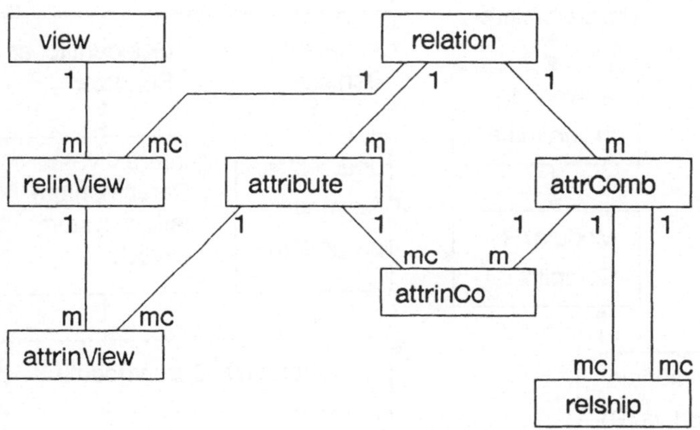

Ein konzeptionelles Schema einer Datenbank umfasst mehrere Relationen (relation) mit jeweils mehreren Attributen (attribute), die zu Attributskombinationen (attrComb) zusammengefasst sein können. Eine hierarchische Beziehung (relship) zwischen zwei Relationen wird durch je eine Attributskombination in beiden Relationen festgelegt. Eine externe Sicht (view) kann aus mehreren Relationen (relinView) zusammengesetzt sein, wobei auch nur ein Teil der Attribute dieser Relationen in der Sicht vorkommen kann (attrinView).

Dieser Entwurf nach Fig. 8-6 muss für die konkrete Benützung als Systembeschreibung noch in vielen Hinsichten verfeinert und präzisiert werden. Unter anderem ist in diesem ersten Ansatz weder über Wertebereiche und Zugriffsschlüssel, noch über vorhandene Hilfsorganisationen und die interne Datenorganisation etwas ausgesagt. Das volle Metaschema für LIDAS ist aber auf dieser Grundlage entwickelt worden; es ist eine äusserst stark vernetzte Datenstruktur und umfasst im ganzen etwa 25 Relationen.

8.4. Gesamtaufbau mit Konsistenzüberprüfungen

Nach diesen Einzelbetrachtungen zum Zugriffsmechanismus und zur Beschreibung der Datenbank selber (Metaschema) soll als Abschluss des Kapitels über Systemarchitektur der Aufbau des Systems LIDAS als mögliche Lösung kurz dargestellt werden (Fig. 8-7).

Figur 8-7:   Struktur des Datenbanksystems LIDAS

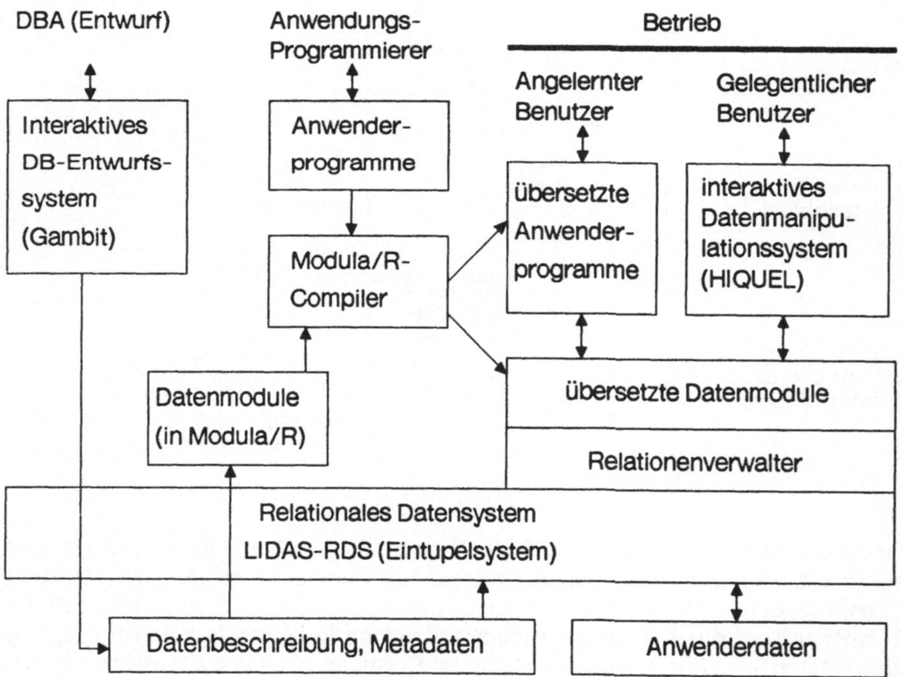

Viele der Komponenten haben wir im Laufe früherer Abschnitte schon kennengelernt:

- Das interaktive *Entwurfssystem Gambit* (Abschnitt 2.10) steht am Anfang, seine Ergebnisse sind einerseits die Datenbeschreibung, anderseits die konsistenzerhaltenden Datenmodule.

- Diese *Datenmodule* werden ebenso wie die Anwenderprogramme vom Modula/R-Compiler (DML-Compiler) übersetzt und als Konsistenzsicherung dem Datenbanksystem aufgesetzt. Das ist die Variante 2 der Konsistenzgewährleistungstechniken aus Unterabschnitt 6.2.3.

- Das *Datenbankverwaltungssystem* besteht aus drei Schichten. Die unterste Schicht (Tupel-Verwalter und Speicher-Verwalter) mit Namen LIDAS-RDS wird von allen Systemkomponenten, auch zur Entwurfszeit (Gambit, Modula/R-Compiler), benützt. LIDAS-RDS verwaltet *Metadaten* und *Anwenderdaten* in gleicher Weise. Der Relationen-Verwalter und die Datenmodule stehen nur für den Anwenderbetrieb im Einsatz.
- Für den Betrieb steht ein interaktives *Datenmanipulationssystem* HIQUEL (Beispiel H in 4.2.5) zur Verfügung, während Anwenderprogramme in *Modula/R* (Abschnitt 2.11) formuliert werden können.

Das Beispiel LIDAS mit seinen Komponenten zeigt, dass mit einer geeigneten Systemarchitektur einem DBMS wesentliche Vorteile eingebaut werden können. Für weitere Einzelheiten des Beispiels LIDAS muss aber auf die Spezialliteratur verwiesen werden [Rebsamen 83], [Marti 84], [Reimer 84], [Zehnder 83].

9 Verteilte Datenbanken

Dezentralisierung und verteilte Datenbanken sind beides Begriffe, welche zu der zentralistischen Tendenz mancher herkömmlicher Computerlösungen in Kontrast stehen. Das folgende Kapitel zeigt technische und organisatorische Zusammenhänge auf, welche für die Beurteilung der Datendezentralisierung wesentlich sind.

9.1 Gründe zur Dezentralisierung

Bis anhin haben wir eine Datenbank als ein einheitliches System verstanden, worin strukturierte Daten sicher und auf Dauer gespeichert und abgerufen werden können. In vielen Fällen ist die Datenbank auf einem einzigen Computersystem aufgebaut, wie die Architekturbetrachtungen in Kap. 8 gezeigt haben. Das ist aber keinesfalls notwendig.

> Ein Datenbanksystem heisst verteilt (distributed database system, DDBS), wenn die zugehörige Datenbasis koordiniert auf mehrere Computersysteme (Netzknoten) aufteilbar ist.

Das kann natürlich auf sehr verschiedene Arten und eher locker oder eher integriert geschehen, angefangen mit einer Kopie gewisser Teile eines zentralen Datenbestandes auf einem kleinen Arbeitsplatzrechner bis zum Betrieb des Datenbanksystems eines grossen Unternehmens in mehreren verbundenen Rechenzentren. Auch können die verschiedenen Rechner im gleichen Raum oder 1000 km auseinanderstehen, und die Gründe für die Verteilung sind möglicherweise sehr unterschiedlich:

- *Dezentralisierte Organisationsformen*: Wenn ein Unternehmen oder eine Verwaltung dezentrale *Verantwortliche* kennt, äussert sich dies oft auch in deren Bedürfnis, über lokale Datenbestände verfügen zu können. Solch lokale Autonomie kann zusätzlich in Datenschutzüberlegungen ("Datenföderalismus", Abschnitt 6.4) begründet sein.
- *Sicherheitsüberlegungen, Verfügbarkeit*: In Organisationen, die regional verteilt sind, vielleicht sogar über grosse Distanzen, soll bei allfälligen Problemen in einem fremden Netzknoten wenigstens ein reduzierter lokaler Betrieb möglich bleiben; dazu sind lokale Datenbestände nötig.
- *Flexibilitätswünsche*: An dezentralen Systemen bedeutet die Zufügung oder Wegnahme eines weiteren Netzknotens meist einen geringeren Eingriff als wesentliche Änderungen am einzigen System einer zentralen Datenbank.
- *Leistungsanforderungen*: Die Datenmenge oder das Transaktionsvolumen können die Leistungsfähigkeit eines einzelnen Rechners übersteigen.
- *Kostenaspekte*: In regional verteilten Organisationen konzentrieren sich die Datenzugriffe an jedem Standort häufig auf einen bestimmten Teil der Daten (Bsp.: lokale Bankkonten einer Bankfiliale). Durch entsprechende Dezentralisierung können Datenübertragungskosten eingespart werden.

- *Koordinationsbemühungen*: Diese Begründung ist komplementär zum Argument der Dezentralisierung der Verantwortung. Vielfach entstehen heute nämlich kleine, isolierte, unabhängige Datenbanken, z.B. auf Arbeitsplatzrechnern, irgendwo im Betrieb (Bsp.: Sekretariate, Planungsstellen). Sollen diese in sinnvoller Weise wieder in den grösseren Rahmen eines unternehmensweiten Datensystems "zurückgeholt" und eingegliedert werden, so ist dies nur möglich mit dem Angebot einer gewissen lokalen Autonomie. Zentralistische Lösungen sind dafür untauglich.

Diese Gründe sind keineswegs alle widerspruchsfrei. Und schon diese Gründe - es gibt noch weitere - zeigen, dass mit der Dezentralisierung viele neue Aspekte auf die Datenbankorganisation zukommen, darunter vor allem die *Datenkommunikation*. Wir müssen uns daher zuerst einmal ganz global mit diesem wichtigsten Partner der Datenbanktechnik befassen. Wer die Angebote der Computerindustrie kennt, weiss auch von der Partnerschaft von Datenbank- und Datenkommunikationssystemen (DB/DC systems). [Date 83], [Peebles/Manning 78], [Rothnie et al. 80].

9.2 Kommunikationssystem und Datenbanksystem

Analog zur Trennung der Daten von ihrer Verwendung bei Datenbanken werden bei Datennetzen die zu verbindenden Partner und das Kommunikationssystem je als *eigenständige* Komponenten betrachtet (Figur 9-1). Wie das Kommunikationssystem *intern* aufgebaut ist, etwa als Ring oder als Bus, und wie es die Daten vermittelt (Leitungen oder Pakete), ist für die Datenbanküberlegungen unwichtig [Bauknecht/Zehnder 83].

Figur 9-1: Datennetzwerk mit 4 Netzknoten

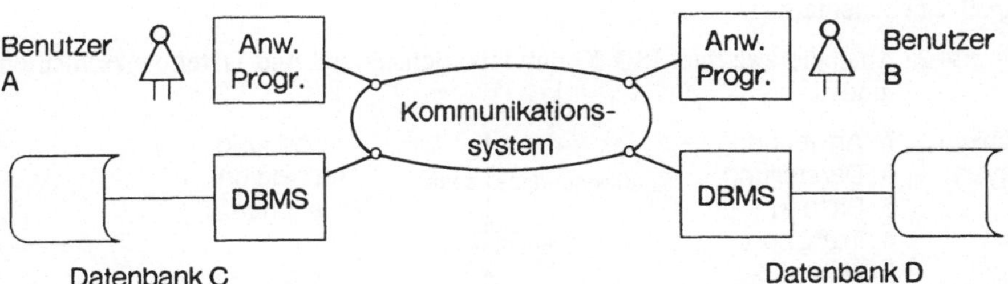

Im Datennetz von Figur 9-1 kann also etwa der Benutzer A mit der Datenbank C ganz ähnlich verkehren, wie das aus nicht verteilten Datenbanksystemen bekannt ist. Die einzelnen Transaktionen verlangen zusätzlich nur den Aufbau einer geeigneten Verbindung zwischen den Knoten A und C über das Kommunikationssystem. Allerdings muss der Benutzer A in dieser Situation wissen, dass seine Daten in C (und nicht etwa in D) gespeichert sind, und er muss die lokalen Verhältnisse der Datenbank C (insbesondere deren externes Schema) kennen.

Damit wird die zentrale Problemstellung verteilter Datenbanken offenbar. Können mehrere Datenbanken über ein Kommunikationssystem so zusammengeschlossen werden, dass sie dem Benutzer als ein *Ganzes* erscheinen und dieser sich nicht um die interne Aufteilung auf verschiedene Teildatenbanken kümmern muss? Ist es möglich, dem Benutzer ein einheitliches externes Schema der Gesamtdatenbank zu zeigen, während die verschiedenen Teildatenbanken ev. auf verschiedenen Rechnern unterschiedlich organisiert sind (interne Schemata)?

Bevor wir uns im nächsten Abschnitt 9.3 verschiedenen solchen Organisationsformen im einzelnen zuwenden, wollen wir noch kurz an der *Schnittstelle* (interface) zwischen dem Kommunikationssystem und seinen Kunden verweilen. Das Kommunikationssystem vermittelt Verbindungen zwischen beliebigen seiner Anschlussstellen - sofern die Schnittstellenregeln eingehalten werden! Ein Satz solcher Regeln heisst bei Kommunikationssystemen *Protokoll*, an das sich alle drei Partner einer Übermittlung, nämlich Kommunikationssystem, Absender und Empfänger, strikte zu halten haben. (Bsp. Telefonverbindung: A hebt Hörer ab, wartet auf Summton, wählt Nummer von B, wartet; System läutet bei B; B hebt Hörer ab, sagt Namen oder Hallo; Gespräch findet statt, Abschied; A und B hängen Hörer auf.) Damit ein Kommunikationssystem von möglichst grossem Nutzen sein kann, muss es natürlich über ein entsprechend *standardisiertes* Protokoll verfügen.

Vom Datenbankstandpunkt aus ist es nun interessant zu sehen, dass die internationale Standardisierungsorganisation ISO für die Definition von Protokollen ein Schichtenmodell des Kommunikationsprozesses aufbaut, das Ähnlichkeit mit unseren Datenbankfunktionsebenen (Fig. 7-3 und 8-1) aufweist. Das ISO-Modell (vgl. [ISO 81], [Bauknecht/Zehnder 83]) unterscheidet 7 Schichten (layers), auf denen ein Kommunikationsprotokoll vereinbart werden kann, angefangen bei den elektrischen Signalen für ein Bit (Schicht 1) bis zur anwenderorientierten Beschreibung der Kommunikationsschnittstelle (Schicht 7). Wir stellen die beiden Schichtenmodelle in Fig. 9-2 nebeneinander.

Figur 9-2: Analogie zwischen ISO-Kommunikationsmodell und Datenbankschichten-
modell

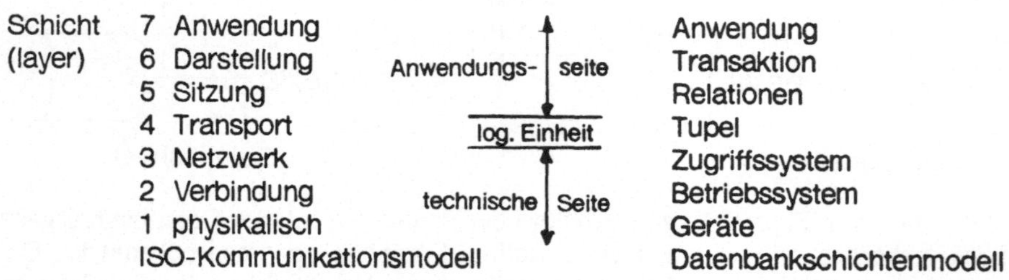

Sicher können die Schichten links und rechts in Fig. 9-2 nicht alle direkt aufeinander abgebildet werden. Es ist aber sinnvoll und möglich, in der Definition *höherer* Kommunikationsprotokolle (die sehr anwendungsnahe und damit auch speziell sein können) die Strukturelemente der Datenbankseite, also etwa Relationen und

Transaktionen, mitzuberücksichtigen.

Und noch ein letzter wichtiger Kontaktbereich zwischen Kommunikation und Datenbank: die Integrität der Systeme. Im Kommunikationsbereich wurden früher als anderswo Fragen des Informationsverlusts, der Redundanz, der Rekonstruktionsfähigkeit einer verstümmelten Nachricht untersucht. Als eines der Ergebnisse stehen heute Kommunikationsprotokolle hoher Sicherheit mit verschiedenen Phasen (bis zur Rückbestätigung) zur Verfügung. Ein verteiltes Datenbanksystem mit entsprechenden Sicherheitsanforderungen muss von diesen Methoden Gebrauch machen.

9.3 Grundformen und Begriffe der Dezentralisierung

Technische Lösungen setzen eine begriffliche Klärung voraus. Allerdings werden in der technischen Literatur noch nicht alle Begriffe der "Verteilung" einheitlich verwendet [Bayer et al. 84], [Schneider 82], [Steel 82].

9.3.1 Sichtbarkeit der Dezentralisierung für den Benutzer

Die beiden Extremfälle von dezentralen Lösungen sind offensichtlich (Fig. 9-3):
- *Mehrere verbundene Datenbanken*: Der Benutzer verkehrt primär mit dem Kommunikationssystem und über dieses mit jeder angeschlossenen Datenbank einzeln.
- *Datenbank mit mehreren Datenbasen*: Der Benutzer verkehrt primär mit *einem* Datenbanksystem, das seinerseits und für den Benutzer unsichtbar die Daten auf mehreren Computersystemen verwaltet.

Die erste Form haben wir schon zu Beginn dieses Kapitels (Fig. 9-1) angetroffen; dieser Fall kann nur mit Vorbehalten als *eine* Datenbank betrachtet werden. Die zweite Form ist die Maximalvariante, die man von einer "verteilten Datenbank" erwarten kann. Die Kontenführung grosser Banken etwa wird auf diese Weise gelöst, indem jede Transaktion (z.B. Zahlungsanweisung von X an Z) korrekt auf die richtigen Konten verbucht wird, unabhängig davon, *wo* diese gespeichert sind und ob der Bankbeamte das überhaupt weiss.

Zwischen diesen beiden Extremen gibt es nun verschiedene *Zwischenformen*, wobei der Benutzer mehr oder weniger Kenntnisse darüber haben muss, auf welchem Teilsystem seine Daten gespeichert sind und welche besonderen Bedingungen mit einem Zugriff auf diesem Teilsystem verbunden sind (z.B. Zugriffsbefugnisse, verwendetes Datenmodell, Abfragesprache).

Das verteilte Datenbanksystem kann diese Aspekte der Teilsysteme koordinieren und dem Benutzer in einheitlicher Form präsentieren, womit für den Benutzer der Verteilungsmechanismus nicht mehr sichtbar (also voll durchsichtig = transparent) ist.

Figur 9-3: Voll sichtbare und unsichtbare Dezentralisierung

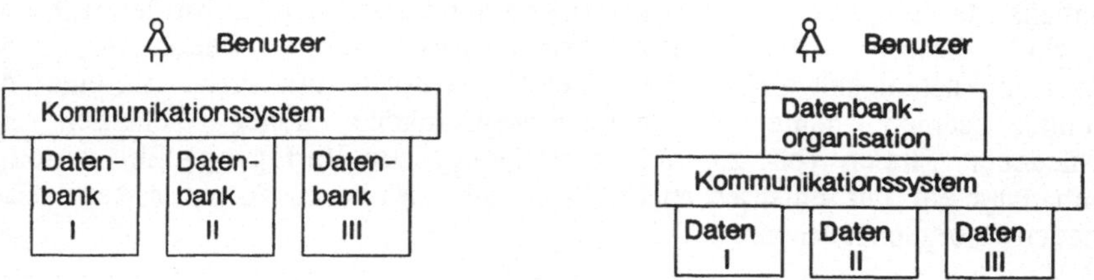

Ein verteiltes Datenbanksystem heisst *ortstransparent* (location transparent), wenn der Verteilungsmechanismus nicht sichtbar wird.

Das Bankbeispiel der obigen Maximalvariante zeigt ein voll ortstransparentes verteiltes System, während bei *teilweise ortstransparenten* Systemen der Benutzer sich mit einzelnen Aspekten der Verteilung noch selber befassen muss.

Auf jeden Fall verbleibt dem System wegen der Verteilung und der damit notwendigen Koordination der Teildatenbanken eine neue Aufgabe, die als *Transaktionsverwaltung* bezeichnet wird.

Der *Transaktionsverwalter* (transaction manager) ist jene Komponente des verteilten Datenbanksystems, die sich mit den Aspekten der Verteilung befasst; dazu gehören einerseits die Lokalisierung und allfällige Duplizierung (Redundanz) der Daten, andererseits die Analyse von Anwendertransaktionen, deren Aufteilung in Teiltransaktionen für die Teildatenbanken sowie die Zusammensetzung von Teilergebnissen zu einem gesamten Transaktionsergebnis für den Benutzer.

Der *Datenverwalter* (data manager) ist jene Komponente des verteilten Datenbanksystems, die für eine Teildatenbank die normalen DBMS-Funktionen erfüllt.

Zusammen mit dem Kommunikationssystem ergeben sich so mehrere zusätzliche Komponenten in unserem Gesamtsystem. Eine mögliche Architektur zeigt Fig. 9-4.

Aus der Definition des Transaktionsverwalters geht hervor, dass dieser in einem voll oder wenigstens stark ortstransparenten System sehr komplizierte Aufgaben haben kann. Wir wollen dies am schon mehrfach benützten *Beispiel* der Bankbuchhaltung erläutern. Ein Kunde X mit Konto in der Teildatenbank (TDB) I zahlt den Betrag 100 einem anderen Kunden Z mit Konto in TDB II. Eine Transaktion auf der Stufe des Gesamtsystems verlangt gemeinsame Ausführung von
"Konto (A in I) belasten mit 100" und
"Auf Konto (Z in II) gutschreiben 100".
Nun soll durch die Einführung verteilter Datenbanken die Integrität des Systems im

Figur 9-4: Möglicher Aufbau eines verteilten Datenbanksystems

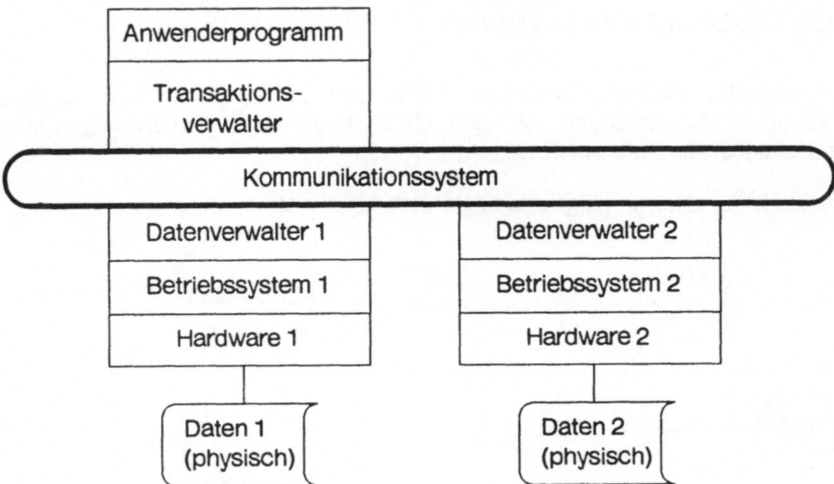

allgemeinen eher verbessert als verschlechtert werden. Somit müssen wir dafür sorgen, dass sowohl die TBD I als auch die TDB II wichtige Konsistenzprüfungen je unabhängig und selbständig durchführen können. Dazu müssen beide ein zusätzliches Sammel-Gegenkonto aufweisen (Redundanz), damit sie in den jeweiligen Teiltransaktionen keine Konsistenzverletzungen begehen. Es ist nun Aufgabe eines Transaktionsverwalters, im Beispiel der Bankbuchhaltung

- bei der *Generierung* des verteilten Systems solche interne Zusatzkonti (und vielleicht weitere Datenduplikate) als Verteilungskonsequenz im konzeptionellen Schema einzurichten und die lokalen Grundtransaktionen der TDB entsprechend vorzubereiten, bzw. zu ergänzen,

- bei der *Ausführung* von Transaktionen
  - diese aufzuteilen in zwei Teiltransaktionen und an die zwei TDB I und II zu leiten (unter dem Vorbehalt der definitiven Freigabe),
  - nach der Ausführung *beider* Teiltransaktionen (also wenn die Ausführung der Gesamttransaktion konsistenzerhaltend möglich ist) den Vorbehalt freizugeben und beide Teiltransaktionen zu bestätigen,
  - das Ergebnis gesamthaft dem Benutzer weiterzuleiten.

Dieses Beispiel zeigt, dass insbesondere die Datenintegritätsforderungen ein verteiltes System und damit den Transaktionsverwalter massiv belasten können. Sobald Transaktionen nicht auf verschiedene Teilsysteme aufgeteilt werden müssen (weil z.B. keine Konsistenzbedingungen über die einzelnen TDB hinausgreifen), wird die Verteilung bedeutend einfacher.

9.3.2 Gleichwertigkeit der Teilsysteme

In verteilten Datenbanksystemen findet man in der Praxis sehr ungleichartige Lösungen, je nachdem, ob alle Teilsysteme eine gleichwertige oder eine unterschiedliche Rolle spielen.

Figur 9-5: Gleichwertige und ungleichwertige Partner

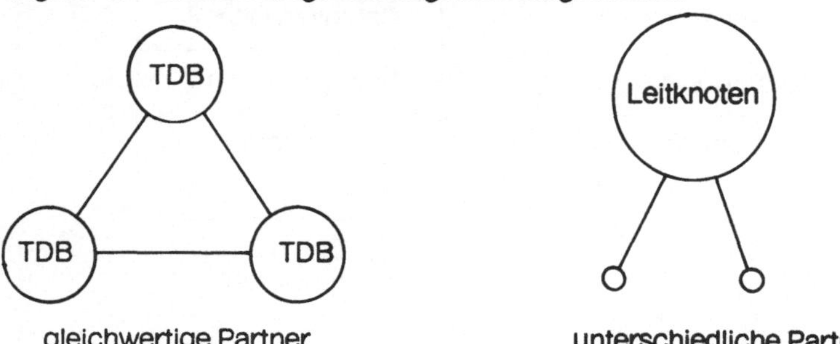

Bei grossen Systemen mit mehreren *gleichwertigen Partnern* stehen als Begründung für verteilte Systeme meist Sicherheitsaspekte im Vordergrund. Bei dieser Lösung soll also auch im Falle eines Systemzusammenbruchs mit den übrigbleibenden Systemteilen rasch ein reduzierter Betrieb wieder aufgenommen werden können. Da ein Zusammenbruch natürlich jede Komponente treffen kann (oder z.B. bei Unterhaltsarbeiten auch gezielt trifft), muss jedes Teilsystem insofern vollständig und selbständig sein, dass es mindestens seine eigenen Daten in eigener Kompetenz verwalten kann und darüber hinaus auch jene Systemteile, die nicht ausgefallen sind, ansprechen kann. Das heisst, dass auf *jedem* Systemteil sowohl eine vollständige Software (samt Transaktionsverwalter) wie auch Kopien aller lebenswichtigen Daten (samt Systemtabellen für die Lokalisierung und Beschreibung der Anwenderdaten) vorhanden oder zumindest rekonstruierbar sein müssen. Im weiteren muss die Systemarchitektur gewährleisten, dass die gleichwertigen Partner (z.B. mit entsprechenden unglücklichen Transaktionen oder anlässlich eines Systemausfalls bei einem Partner) einander nicht gegenseitig in eine *Verklemmung* hineinmanövrieren können. Die Entwicklung solcher Systeme hat bereits einen sehr hohen Stand erreicht, was Beispiele im Bereich der Luft- und Raumfahrt, der Fernmeldetechnik, des Gesundheitswesens, der Banken und Versicherungen, und auch anderer Gebiete zeigen.

Ganz anders ist die Situation meist bei Systemen mit *unterschiedlichen Partnern,* wo ein Hauptsystem die Rolle des Leitknotens und oft auch der Hauptdatenbank übernimmt, während die anderen Partner eher eine Satellitenrolle spielen. Hier übernimmt das Hauptsystem ganz klar auch die Hauptfunktionen des Transaktionsverwalters und damit die Koordination. Diese Lösung drängt sich überall dort auf, wo die übrigen Partner aus irgendeinem Grund sowieso nicht die volle Systemverantwortung tragen können oder wollen, so etwa weil sie

- nur über Kleinsysteme (Arbeitsplatzrechner) verfügen,
- reduzierte Betriebszeiten haben (etwa nur während der Büro- oder Anwesenheitszeit),
- nur an Teilen des Systems interessiert sind,
- primär andere Aufgaben haben (z.B. Planung, Überprüfung).

Die Leitknotenfunktion ist in diesem Falle eine Dienstleistung der Zentrale, die den dezentralen Partnern angeboten wird. Wenn diese Dienstleistung gut ist (inkl. Archiv, Unterhalt der Betriebs- und Datenbanksoftware, Anschluss an attraktive, auch externe Datenbestände, wenig Administration), so wird sie auch von autonomiebewussten Partnern innerhalb eines Betriebs anerkannt und gerne benützt.

Neben diesen zwei Haupttypen kann es für Sonderzwecke und in Sondersituationen (etwa bei einem Systemwechsel) noch weitere Partnerschaftsverhältnisse geben. Die konkrete Situation verlangt immer überlegte, angemessene Lösungen.

9.3.3 Homogene und heterogene Dezentralisierung

Je nach Art der verwendeten DBMS, Betriebssysteme und Geräte ist natürlich ein Zusammenschluss von Teildatenbanken nicht immer gleich kompliziert.

Ein verteiltes Datenbanksystem heisst *homogen* (voll homogen), wenn der Datenverwalter (und das Computersystem) an allen Netzknoten identisch ist (sind).

Ein verteiltes Datenbanksystem heisst *heterogen*, wenn unterschiedliche Datenverwalter an den Netzknoten verwendet werden.

In heterogenen verteilten Datenbanksystemen werden normalerweise zwischen Datenverwalter und Kommunikationssystem *Umsetzer* (translators) eingefügt, damit es auf der Ebene des Kommunikationssystems und oberhalb davon ein einheitliches (logisches) Datenmodell gibt. Die Anwenderprogramme und die Transaktionsverwalter können damit auch in einem heterogenen verteilten Datenbanksystem (Figur 9-6) über ein einheitliches Datenmodell und über die entsprechenden externen Schemata auf die Daten zugreifen; analog wird die ganze Datenbank in einem einheitlichen konzeptionellen Schema definiert.

Dieser Aufbau gestattet, Datenbanken verschiedener Art miteinander zu koppeln. Die Gründe für die Verschiedenartigkeit sind vielfältig. Vielleicht ist ein Grosssystem mit einem Spezialsystem (etwa für Graphik oder Prozesssteuerung) zu verbinden, oder mehrere bereits vorhandene Datenbanken sind über einen gemeinsamen Überbau nachträglich zusammenzuschliessen. Allerdings muss man sich keine Illusionen machen. Jede zusätzliche Schicht - besonders wenn sie grosse Veränderungen an den Daten und ihren Strukturen vornehmen muss (verschiedene Datenmodelle!) - ist

Figur 9-6:   Heterogenes verteiltes Datenbanksystem mit Umsetzern

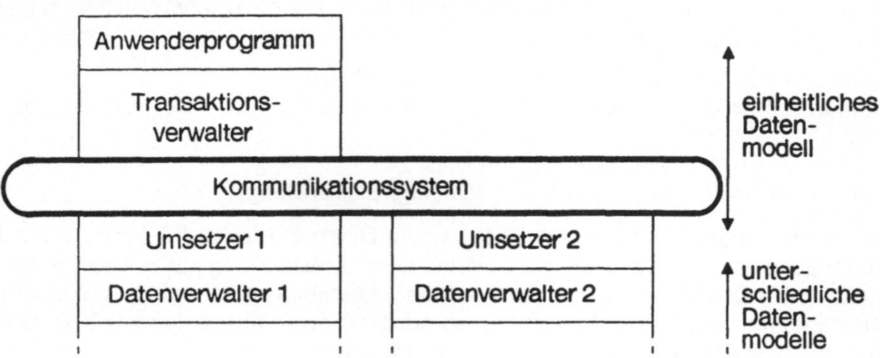

aufwendig; die Antwortzeiten solcher Systeme übersteigen für den Normalbetrieb leicht das Mass des Zumutbaren.

Noch wesentlich wichtiger - und kritischer! - im Zusammenhang mit dem *nachträglichen Zusammenschluss heterogener Systeme* ist aber nicht die Frage nach dem automatischen Umsetzen, sondern die Frage nach der *Korrektheit* solcher Zusammenschlüsse. Wenn z.B. zwei verschiedene Personenregister in der gleichen Verwaltung eine "Postadresse" enthalten, so heisst das noch längst nicht, dass die Inhalte problemlos gleichwertig sind. (So ist es denkbar, dass Steuer- und Militärangelegenheiten durchaus an unterschiedliche Adressen geleitet werden sollen.) Auch die Definitionen der Begriffe (Semantik) können voneinander abweichen und manch anderes mehr. In der Praxis ist diese *datenmässige* (nicht datenbanksystemmässige) Umsetzung meist die weitaus dornenvollere und aufwendigere Arbeit bei Systemzusammenschlüssen (vgl. "Semantische Modelle", Abschnitt 3.3; und technische Umsetzungshilfen [Landers/Rosenberg 82]). Bevor sie aber ausgeführt ist, kann das übergeordnete integrierte, zusammengeschlossene System nicht logisch konsistent betrieben werden.

9.4 Aufbau verteilter Datenbanken

9.4.1 Redundante Daten, Systemkoordination

Eine Grundfrage bei verteilten Datenbanken besteht darin, ob die gespeicherten Daten nur einmal oder redundant vorhanden sein sollen. Im Fall redundanter Daten folgt die Anschlussfrage nach einem allfälligen *Original,* das im Falle unterschiedlicher Werte ʻvon Kopien zum *gleichen* Sachverhalt gültig sein soll. (Anmerkung: Auch nichtverteilte Datenbanken enthalten meist mindestens von einem Teil der Daten redundante Kopien, z.B. für Zugriffshilfen als invertierte Dateien. In diesen Fällen ist es aber meist einfach, das Original zu definieren, mindestens einfacher als in verteilten Systemen).

Besonders interessant ist die Frage nach der Redundanz im Zusammenhang mit den Metadaten, also mit der *Beschreibung* der eigentlichen Benutzerdatenbank. Wir betrachten dazu als Beispiel den sog. *Index*, das sind jene Hilfstabellen, welche für die Lokalisierung der Daten in verteilten Datenbanken benötigt werden. Dieser Index kann selber auf verschiedene Art auf die beteiligten Rechner (Netzknoten) verteilt sein:

- *zentral*: Ein Netzknoten führt den Index der gesamten Datenbank.
- *lokal*: Jeder Netzknoten führt den Teilindex nur für die eigenen Daten.
- *voll redundant*: Jeder Netzknoten führt den gesamten Index.
Im weiteren sind verschiedene Zwischenlösungen möglich.

Alle Varianten haben ihre Vor- und Nachteile in bezug auf Zugriffszeiten, Mutationsaufwand, Sicherheit usw. So schafft ein zentraler Index leicht einen neuen Engpass, weil alle Transaktionen zuerst den Index ansprechen müssen. Eine völlig lokale Lösung hingegen bedingt einen grossen Suchaufwand. Die voll redundante Variante ist nur vertretbar, wenn der Anteil der Mutationen an der Gesamtheit der Transaktionen klein ist, sonst sind zentrale Lösungen günstiger.

Auf ähnliche Weise müssen nun auch für die übrigen Metadaten, besonders aber auch für die Anwenderdaten Überlegungen gemacht und klare Entscheide getroffen werden, wie die Redundanz geregelt wird. Dabei darf diese Frage nicht allein aus der Sicht der Datenbanktechnik angegangen werden. Die Bedürfnisse der künftigen Anwendungen müssen von allem Anfang an mitberücksichtigt werden. Die Frage der *Zuständigkeit und primären Verantwortung* für einen lokalen Datenbestand hängt natürlich auch mit der Art der Festlegung der "Originaldaten" und der Lösung allfälliger Differenzprobleme zusammen. Oftmals hängt die Bereitschaft bestimmter Abteilungen eines Unternehmens oder einer Verwaltung, sich an einer gemeinsamen Datenbank zu beteiligen, gerade von der Lösung solcher - eben nicht bloss technischer - Zuständigkeitsfragen ab (*"Föderative* Systeme", [Diener et al. 83])

Erst wenn diese Fragen geklärt sind, kann sich der Entwerfer einer dezentralen Datenbank wieder den technischen Problemen zuwenden. Dabei sind sowohl die verfügbaren technischen Mittel (siehe auch 9.4.2) wie auch das Mengengerüst der Anwendung (7.3.3) zu berücksichtigen. Sicher ist bloss, dass es sich beim Entwurf lohnt, Datenverkehr und Datenverteilung so aufeinander abzustimmen, dass möglichst viele Transaktionen lokal, d.h. vollständig auf einem einzigen Netzknoten abgewickelt werden können.

Die Lokalisierung der verteilten Daten und die Regelung allfälliger Redundanz ist aber nur eines der Koordinationsprobleme, welche für den Betrieb verteilter Datenbanken gelöst werden müssen. Durch den Zusammenschluss mehrerer Netzknoten zu einer neuen, übergeordneten Gesamtdatenbank müssen zusätzliche Sondersituationen geregelt werden, etwa

- wenn ein Netzknoten ausfällt (besonders kritisch: der Knoten mit einem allfälligen zentralen Index oder mit Koordinationsfunktionen);
- wenn ein Netzknoten neu zugeschaltet wird;
- wenn (bei redundanten Daten) Widersprüche zwischen zwei Netzknoten festgestellt werden;
- wenn ein Netzknoten oder ein ganzer Netzteil allein (autonom) betrieben werden muss, weil das Kommunikationssystem oder ein Teil davon ausfällt.

Das alles sind Fragen der *Systemkoordination.* Sie ist für Effizienz und Sicherheit der gesamten Datenbank ausschlaggebend.

9.4.2 Bausteine und Hilfsmittel

Eine *grosse* verteilte Datenbank, welche wesentliche Tätigkeiten eines Unternehmens oder einer Verwaltung operationell unterstützen muss, ist eine anspruchsvolle Angelegenheit in allen Beziehungen; sie beeinflusst die tägliche Arbeit vieler Mitarbeiter, sie erfordert grosse Investitionen (Daten *und* Systeme), sie prägt auf viele Jahre hinaus das Informationsgeschehen des ganzen Betriebs. Solche Grosslösungen kann man nicht von der Stange kaufen, aber Komponenten dazu. (Auf Kleinlösungen kommen wir in 9.4.3. zurück.)

Vorher, und bei verteilten Systemen erst recht, muss aber der logische Entwurf der gesamten Datenstruktur des Betriebs erfolgen (Kap. 2, aber auch [Vetter 82]). Anschliessend ist diese logische Struktur in einem zusätzlichen Schritt so zu gliedern, dass eine sinnvolle *Aufteilung* der Anwenderdaten nach Netzknoten (und allfällige Redundanz) ermöglicht wird.

Bei einfachen Datenbankentwicklungen folgt auf den logischen Entwurf meist die Übertragung auf ein Standarddatenbanksystem (vgl. Abschnitte 1.7 und 7.3). Gibt es aber solche für verteilte Datenbanken?

Lösungen der lockersten Art (gemäss Figur 9-1) lassen sich natürlich schon heute mit käuflichen Kommunikationssystemen und Datenbanksystemen aufbauen. Sobald aber ein *Transaktionsverwalter* eingesetzt werden muss, stossen wir an die Grenze der Standardlösungen, obwohl auch hier Ansätze bei gewissen Softwarelieferanten sichtbar sind.

Das heisst aber keineswegs, dass nichtverteilte Datenbanksysteme für verteilte Datenbanken nutzlos seien! Die *Datenverwalter* haben nämlich Funktionen, die weitgehend mit denjenigen *klassischer DBMS* übereinstimmen. Im weiteren kann das *Kommunikationssystem* ebenfalls extern beschafft werden. Somit konzentriert sich die eigene Entwicklungsarbeit im Systemsoftwarebereich normalerweise auf den Transaktionsverwalter sowie auf Anpassungen der übrigen Komponenten. Dies sind die typischen Systemprogrammieraufgaben von Grossanwendern, die schon heute mit verteilten Datenbanken arbeiten.

9.4.3 Arbeitsplatzrechner und verteilte Datenbanken

Das Aufkommen des Mikrocomputers hat bereits viele Arbeitsplätze verändert. (Wir sprechen hier nicht vom Hobby- und Spielgerät.) Der "persönliche Computer" übernimmt dabei eine Reihe von lokalen Aufgaben, für welche er genügend leistungsfähig ist, also etwa als Textverarbeitungsmaschine (mit Texteditor) oder Registrierkasse (mit optischem Artikelcodeleser). Was der Arbeitsplatzrechner aber *nicht* selber erledigen kann, gibt er über ein Kommunikationssystem weiter an ein (zentrales) Grosssystem.

Zu den wichtigsten Aufgaben des Grosssystems gehört dabei die Funktion der Datenbank. Nehmen wir nochmals das Beispiel der Registrierkasse.

Ein zentraler Computer enthält das gesamte Lagersortiment des entsprechenden Supermarkts, während die einzelne Registrierkasse als eine Art *Terminal* zu dieser Datenbank funktioniert. Wer aber schon einmal eine moderne Registierkasse mit automatischem Leser in Betrieb gesehen hat, wo der Registrierstreifen für den Kunden laufend mit Volltext zu jedem gekauften Artikel bedruckt wird, sieht rasch, dass die lokale Registrierkasse mindestens einen Teil dieser Daten lokal speichert. Und damit haben wir eine verteilte Datenbank! Ähnliche Partnerschaften mit zentralem Grossspeicher und lokalen Arbeitskopien existieren heute auf vielen Gebieten, im Textverarbeitungsbereich (Sekretariate) so gut wie für Planungsbüros.

Es ist daher selbstverständlich, dass auch das Marktangebot für Datenbanksysteme heute solche Lösungen direkt unterstützt. Besonders folgende Kombination ist standardmässig vielfach erhältlich:

- Grosssystem: Standard-Datenbanksystem (vgl. Fig. 7-6)
- Arbeitsplatzrechner: tabellenartiger ("relationaler") Zugang zu den Daten des Grosssystems, wobei ein Teildatenbestand des Grosssystems in das Kleinsystem kopiert wird und für lokale Bearbeitungen (mit einfacher DML) zur Verfügung steht.

Das ist keine vollständig integrierte Lösung, sicher nicht. Aber es ist eine praktische Lösung, und die Verantwortlichkeiten für die Daten sind klar geregelt.

Daneben existieren noch weitere vereinfachte Formen verteilter Datenbanken, etwa für lokale Netzwerke von Arbeitsplatzrechnern mit gemeinsamer, *föderativ* organisierter *Datenbank*. Das kann bedeuten, dass einerseits auf den einzelnen Arbeitsplatzrechnern, anderseits im gemeinsamen Datenbankrechner (database server) je bestimmte Originaldaten, beim Partner(-rechner) aber Kopien davon existieren. Solche föderativen Systeme können auch eine betrieblich verteilte Verantwortung oft leichter und besser abdecken als zentrale Systeme. Gleichzeitig entsprechen sie den technischen Möglichkeiten des Mikrocomputermarktes in flexibler Art. (vgl. [Diener/Dudler 85]). Der Benutzer von Arbeitsplatzsystemen wird sich auf jeden Fall in Zukunft noch mehr als bisher mit Daten und nicht bloss mit Programmen befassen müssen. Dabei sind Datenbanken eine grosse Hilfe.

10. Ausblick

10.1 Die Technik kommt zum Anwender

In manchen Abschnitten dieses Buches sind Methoden beschrieben worden, wie der Benutzer einer Datenbank oder gar eines allgemeinen Informationssystems mit solch technischen Systemen verkehren kann. Und oft wurde dabei auf die Bedeutung der Benutzerfreundlichkeit hingewiesen. Dabei stehen wir aber keineswegs am Ende der Entwicklung. Wir betrachten dazu zwei Schlagworte, welche die Fachpresse beschäftigen, nämlich die "Systeme der 4. und der 5. Generation".

Für solche Schlagworte gibt es natürlich keine ISO-anerkannten Standarddefinitionen, sie werden auch nicht immer gleich verwendet. Unseren weiteren Überlegungen seien daher folgende Definitionen zugrundegelegt:

> Ein *Datensystem der 4. Generation* erlaubt dem Anwender die flexible Datenspeicherung und -abfrage ohne vorherige Programmierungsarbeit in einer höheren Programmiersprache.

> Ein *Informationssystem der 5. Generation* macht dem Anwender das Fachwissen von Experten für seine Probleme in verständlicher Form zugänglich.

Und nun vergleichen wir diese Konzepte, die beide ganz offensichtlich dem Anwender entgegenkommen wollen, mit der Realität, wie wir sie in diesem Buch angetroffen haben.

Die *4. Generation* ist bereits konkret angebrochen mit dem Angebot von Systemen mit freien Datenmanipulationssprachen. Die *Sprache SQL* (Bsp. F in 4.2.5) zeigt Ansätze, die Rolle eines de-facto-Standards für derartige Systeme zu übernehmen. Es gibt entsprechende Datenbanksysteme auf Grosssystemen so gut wie auf Arbeitsplatzrechnern. Wer also will, kann heute mit diesem Werkzeug sehr leicht seine eigene Datenbank organisieren und benützen, und zwar ohne Programmierung in COBOL oder Pascal. (Allerdings sei ein Vorbehalt angebracht: Solche Systeme eignen sich (noch?) nicht für grosse, anspruchsvolle und sicherheitsempfindliche Anwendungen.)

Für Informationssysteme der *5. Generation*, auch *Expertensysteme* genannt, werden in den nächsten Jahren laufend neue Bausteine angekündigt und auch auf den Markt gebracht werden. Bereits heute sind Stichworte dazu bekannt, etwa

- Wissensdatenbanken (knowledge bases) [Appelrath 85],

- Künstliche Intelligenz (artificial intelligence),

- Natürliche Sprachen (natural languages).

Bestimmt macht die wissenschaftliche Forschung auf diesen Gebieten grosse Fortschritte, die dem Anwender direkt oder indirekt zugutekommen werden. Aber: Nicht jede Neuerung ist auch unmittelbar sinnvoll in Anwendungen. Wir betrachten dazu als Beispiel die "natürlichen Sprachen" - also geschriebenes oder gesprochenes Deutsch oder Englisch mit der entsprechenden Grammatik - und deren Eignung als Datenbanksprache.

Die Experimente sind beeindruckend. Jemand tippt auf einem Terminal ein: "Wie heisst mein Vater?" Das System frägt zurück: "Wer bist Du? Nenne Deine Identifikationsnummer." Den Rest des Dialogs können wir uns vorstellen. Aber ist das die Arbeitsweise eines Bürobetriebs? Die "natürliche Sprache" spielt bei den so häufigen *Tabellenarbeiten* eben gerade *keine* substantielle Rolle. Viel wichtiger sind Definitionen von Tabellen, präzise Angaben von Identifikationen (z.B. über automatisch lesbare Ausweise!) und ähnliches. Sicher werden Systeme der 5. Generation mit neuen Benutzerschnittstellen (Sprachen) auch den Bürobetrieb an sich beeinflussen, aber auch dann wird nicht jedermann auf die Kompaktheit von Tabellen generell zu gunsten der "natürlichen Sprache" verzichten wollen.

Die neuen Gebiete, natürliche Sprache, künstliche Intelligenz etc. sind somit als Ergänzung, nicht einfach als Ersatz heutiger Methoden zu bezeichnen. Unbestritten ist, dass in Zukunft dem Anwender noch mehr Aufmerksamkeit zuteil wird.

10.2 Die Bedeutung der Daten steigt

Im Kapitel 7 hat ein Kostenvergleich (Fig. 7-4) bei einer Bibliotheksdatenbank gezeigt, dass bereits heute die Kosten für die *Daten* alle anderen Kosten einer Computerlösung bei weitem übertreffen können. Diese Bedeutung der Daten wird in Zukunft noch zunehmen. Einige Gründe sind offensichtlich:

- *Menge und Qualität* der Daten: Aus verschiedensten Gründen werden mindestens vorläufig laufend *mehr* Daten und Texte produziert (typisches Beispiel: Anzahl der Fachartikel und Fachzeitschriften). Diese können typischerweise auch von Fachleuten nicht mehr alle gelesen werden, sie benötigen also eine separate Aufarbeitung als Dienstleistung spezieller Dokumentationsdienste, welche ihrerseits diese aufgearbeiteten Referenzdaten (oft kommerziell) anbieten.

- *Komplexität* der Daten: Bei den Informationssystemen der 5. Generation wird das

"Fachwissen von Experten", also etwa von Ärzten, Rechtsanwälten, Ingenieuren etc., angesprochen, das systematisch gespeichert und anderen Leuten verfügbar gemacht werden soll, damit der Endbenutzer einfachere Probleme mit Hilfe der "Expertensysteme" selbständig lösen kann. Solche Daten sind von hoher Komplexität und gleichzeitig in manchen Fällen von relativ kurzer Lebensdauer (Bsp. Marktdaten und -empfehlungen). Das macht sie gleichzeitig wertvoll und kostspielig.

Anderseits darf davon ausgegangen werden, dass sich mit der Zeit eine eigentliche *Erneuerung* unserer Art des Umgangs mit Daten und Informationen ergeben wird. Gelegentlich wird schon heute das Schlagwort vom "Informationszeitalter" herumgeboten. Wir sind aber - besonders auch im kontinental-europäischen Raum - noch weit entfernt von diesem Zeitalter. Obwohl heute bereits Dokumentationsdatenbanken für fast alle Wissensgebiete existieren, wissen viele nicht, wie sie diese Systeme für ihren praktischen Vorteil nutzen können. Das ist natürlich nicht nur der Fehler der Anwender, sondern auch der Systeme, die noch nicht genügend anwenderfreundlich sind.

In einer zukünftigen Informationsgesellschaft wird sich aber auch für das Fachwissen ein offenerer *Informationsmarkt* etablieren, ähnlich wie er heute bei den Massenmedien mit ihren einfacheren oder allgemeiner interessierenden Informationen (Sport, Tagesaktualitäten) bereits existiert. Damit wird die Voraussetzung für einen Markt- und Handelswert der Information geschaffen, was wiederum zu einer Kostensenkung beitragen dürfte.

Es ist die ganz spezielle Eigenschaft von Daten und Information, dass sie sehr billig reproduziert werden können. Daher sollten mehr Stellen, sofern irgend möglich, bei der Beschaffung von Daten *gemeinsam* vorgehen (Verbunderfassung), die Qualität der Daten hoch halten und sie gemeinsam nutzen.

10.3 Grosse Datensysteme müssen übersichtlich bleiben

In einer frühen Euphorie wurden Ende der sechziger Jahre verschiedenenorts sehr grosse Projekte zum Aufbau von sogenannten Management-Informationssystemen (MIS) oder gar von "Integrierten MIS" (IMIS) gestartet. Einige dieser Projekte führten zu Teillösungen, andere wurden gänzlich und mit grossen Verlusten aufgegeben. In der Zwischenzeit hat die Datentechnik sehr grosse Fortschritte gemacht. Die Frage ist daher berechtigt, ob deshalb heute die Zeit der MIS und IMIS gekommen sei.

Die Probleme der frühen Supersysteme lagen aber nicht primär in der Begrenzung der damaligen Computersysteme, sondern im Anspruch, "alles" eines Grossbetriebs in *einem* Datensystem integrieren zu wollen. Das ist jedoch aus verschiedenen Gründen nicht sinnvoll:

- *Verschiedene Führungsebenen* und Feinheitsgrade der Information: Der tägliche Betrieb (die operationelle Ebene) braucht mehr, aber einfachere Angaben als die mittlere oder obere Führungsebene (taktische oder strategische Ebene), welche mit verdichteter Information arbeiten muss.

- *Verschiedene Verantwortungsbereiche:* Gerade dynamische und erfolgreiche Chefs lassen sich nur sehr ungern Vorschriften über ihre Arbeitsweise und ihre Informationswege machen. Wer also die Aufteilung einer Organisation in echte Kompetenz- und Verantwortungsbereiche ernst nimmt, muss flexible Informationsdienste anbieten können.

- *Dynamik des Gesamtbetriebs:* Wer sich einen Grossbetrieb als stabile Hierarchie mit klar verteilten und kaum veränderlichen Informationsflüssen vorstellt, wird wirtschaftlich aktiven Unternehmen sowie modernen Verwaltungen keinesfalls gerecht. Projektorientierte Organisationsformen, Stabsgremien, die gelegentlich eine Linienfunktion übernehmen, und ähnliche Strukturen müssen in einem Informationskonzept auch Platz finden.

All diese Hinweise zeigen, dass starre Supersysteme einer solcher Wirklichkeit nicht angemessen und zeitgerecht entsprechen können. Nun ist aber die Informationswelt wie kaum etwas anderes ein Abbild der betrieblichen Organisationsstrukturen. Dort befiehlt jedoch der oberste Chef auch nicht direkt an seine sämtlichen Mitarbeiter. Geeignete Teilbereiche werden abgegrenzt und Abteilungsleitern mit eigener, wenn auch beschränkter Verantwortung unterstellt. Genauso müssen einzelne *Informationsbereiche* abgegrenzt werden, die dann sinnvoll automatisiert werden können.

Gerade im operationellen Bereich können allerdings einzelne solcher Informationsbereiche sehr gross werden und viele Gigabytes von Daten umfassen. Solange sie selber überblickbar und strukturell einfach genug bleiben, ist dagegen nichts einzuwenden. Auch Übergänge zwischen verschiedenen Informationsbereichen sind durchaus zulässig, oft sogar unbedingt nötig. Das Zusammenspiel hingegen sollte mehr als bisher als *föderatives System* verstanden werden, wo sich Verantwortungsbereiche und nicht einfach nur technische Systemkomponenten begegnen.

Literatur

Die Literaturangaben mit Stern * betreffen Bücher und Artikel mit Übersichts-, einführendem oder anwendungsorientiertem Charakter.

[Abrial 74]
Abrial,J.R.: Data Semantics. In: Data Base Management (Klimbie/Koffeman eds.), North Holland, Amsterdam, 1974

[ANSI/SPARC 75]
ANSI/X3/SPARC Study Group on Data Base Management Systems. Interim Report 75-02-08. FDT (Bull. of ACM SIGMOD) 7, 1975

[Appelrath 85]
Appelrath,H.-J.: Datenbanken und Expertensysteme. Informatik Fachbericht, Springer-Verlag, Berlin, 1985

[Astrahan et al. 76]
Astrahan,M.M. et al.: SYSTEM R: Relational Approach to Database Management. ACM TODS Vol.1, No.2, 1976, p. 97-137

[Bauknecht/Zehnder 83]
*   Bauknecht,K., Zehnder,C.A.: Grundzüge der Datenverarbeitung. 2. Aufl., Teubner, Stuttgart, 1983

[Bayer et al. 84]
*   Bayer,R., Elhardt,K., Kiessling,W., Killar,D.: Verteilte Datenbanksysteme - Eine Übersicht über den heutigen Entwicklungsstand. Informatik-Spektrum, 7, 1984, p. 1-19.

[Bracchi et al. 76]
Bracchi,G., Paolini,P., Pelagatti,G.: Binary Logical Associations in Data Modelling. In: Proc. of IFIP-TC-2 Working Conference, Freudenstadt, 1976, p. 125-148

[Brodie et al. 84]
Brodie,M.L., Mylopoulos,J.L., Schmidt,J.W. (Eds.): On Conceptual Modelling: Perspectives from Artificial Intelligence, Databases, and Programming Languages. Springer Verlag, 1984

[Buneman/Frankel 79]
Buneman,C.W., Frankel,R.E.: FQL - A Functional Query Language. Proc. ACM
SIGMOD Conf., Boston (MA), 1979, p. 52-58

[Chamberlin et al. 76]
Chamberlin,D.D. et al.: SEQUEL 2: A Unified Approach to Data Definition,
Manipulation and Control. IBM Journal of Research and Development, Vol.20,
No.6, 1976

[Chen 76]
Chen,P.P.: The Entity-Relationship Model - Toward a Unified View of Data.
ACM TODS, Vol.1, No.1, 1976, p. 9-36

[Chen 80]
Chen,P.P. ed.: Entity-Relationship Approach to Systems Analysis and Design.
North Holland, Amsterdam, 1980

[Chen 81]
Chen,P.P. ed.: Entity-Relationship Approach to Information Modeling and
Analysis, ER Institute, 1981

[CODASYL 71 etc.]
CODASYL Data Base Task Group:
- April 1971 Report. IFIP Adm. Data Processing Group, Amsterdam 1971
- June 1973 Report; January 1978 Report. CODASYL DDL Journal of
  Development

[Codd 70 etc.]
Codd,E.F.:
- A Relational Model for Large Shared Data Banks. Comm. ACM, Vol.13, No.6,
  1970, p. 377-387
- Further Normalization of the Data Base Relational Model. In: Data Base
  Systems (Rustin,R. ed.), Courant Computer Science Symposium 6, 1971,
  Prentice Hall, Englewood Cliffs (NJ), 1972, p. 33-64
- Relational Completeness of Data Base Sublanguages. In: Data Base Systems
  (Rustin,R. ed.), Courant Computer Science Symposium 6, 1971, Prentice Hall,
  Englewood Cliffs (NJ), 1972, p. 65-98
- A Data Base Sublanguage Founded on the Relational Calculus. In: 1971
  SIGFIDET Workshop on Data Description, Access and Control (Codd and
  Dean eds.), San Diego (CA), 1971

[Codd 79]
  Codd,E.F.: Extending the Relational Model to Capture More Meaning. ACM TODS, Vol.4, No.4, 1979, p. 397-434

[Date 72]
  Date,C.J.: Relational Data Base Systems: A Tutorial. Proc. Int. Symp. Computer Inform. Sci. 4th, Plenum Press, New York, 1972, p. 37-54

[Date 81]
* Date,C.J.: An Introduction to Database Systems. 3rd ed., Addison-Wesley Publishing Company, Reading (MA), 1981

[Date 83]
* Date,C.J.: An Introduction to Database Systems, Vol. II. Addison-Wesley Publishing Company, Reading (MA), 1983

[Date 84]
* Date,C.J.: A Guide to DB2. Addison-Wesley Publishing Company, Reading (MA), 1984

[Deen 82]
* Deen,S.M.: Distributed Databases - An Introduction. In: [Schneider 82] p.239-246

[Diener et al. 83]
  Diener,A., Brägger,R., Dudler,A., Zehnder,C.A.: Database Services for Personal Computers Linked By a Local Area Network. Proceedings of the 1983 ACM Conference on Personal and Small Computers, San Diego, 1983, p. 217-221

[Diener/Dudler 85]
  Diener,A., Dudler,A.: The Integrity Subsystem of a Distributed Database System for Workstations. Proc. 1985 ACM Computer Science Conference, New Orleans, 1985

[Eswaran et al. 76]
  Eswaran,K.P., Gray,J.N., Lorie,R.A., Traiger,I.L.: The Notions of Consistency and Predicate Locks in a Database System. Comm. ACM, Vol.19, No.11, November 1976

[Frei/Jauslin 83]
  Frei,H.P., Jauslin,J.-F.: Graphical Presentation of Information and Services - A User-Oriented Interface. Information Technology; Research and Development, Vol.2, No.1, 1983, p. 23-42

[Gray 78]
Gray,J.N.: Notes On Database Operating Systems. Operating Systems, Lecture Notes in Computer Science, Vol.60, Springer-Verlag, Berlin, 1978, p. 393-481

[Hammer/McLeod 78]
Hammer,M.M., McLeod,D.J.: The Semantic Data Model: A Modelling Mechanism for Data Base Applications. Proc.of the ACM SIGMOD Int.Conf.on the Management of Data, Austin (TX), 1978, p. 26-35

[Härder 78]
*   Härder,T.: Implementierung von Datenbank-Systemen. Carl Hanser Verlag, München, 1978

[Härder 83]
Härder,T., Reuter,A.: Principles of Transaction-Oriented Database Recovery. ACM Computing Surveys, Vol. 15, No. 4, 1983

[Hayes-Roth et al. 83]
Hayes-Roth,F., Waterman,D.A., Levrat,D.B.: Building Expert Systems. Addison-Wesley Publishing Company, Reading (MA). 1983

[ISO 81]
Data processing - open systems interconnection - basic reference model. Computer Networks 5, April 1981, p. 81-118

[Kent 73]
Kent,W.: A Primer of Normal Form. IBM Technical Report, TR 02.600, 1973

[Kerschberg et al. 76]
*   Kerschberg,L., Klug,A., Tsichritzis,D.: A Taxanomy of Data Models. In: Systems for Large Data Bases, (Lockemann and Neuhold eds.), North Holland, Amsterdam, 1976

[Koch et al. 83]
Koch,J., Mall,M., Putfarken,P., Reimer,M., Schmidt,J.W., Zehnder,C.A.: Modula/R Report. Lilith Version. ETH Zürich, Institut für Informatik, Februar 1983

[Kuhlen 79]
*   Kuhlen,R. (Ed.): Datenbasen, Datenbanken, Netzwerke. Band 1: Aufbau von Datenbasen. K.G. Saur Verlag, München, 1979

[Lamersdorf 84]
Lamersdorf,W.: Recursive Data Models for Non-Conventional Database Applications. In: Proc. International Conference on Data Engineering. IEEE Computer Society, Los Angeles (CA), 1984, p. 143-150

[Landers/Rosenberg 82]
Landers,T., Rosenberg,R.L.: An Overview of Multibase. In: [Schneider 82] p. 153-184

[Lockemann/Mayr 78]
* Lockemann,P.C., Mayr,H.C.: Rechnergestützte Informationssysteme. Springer-Verlag, Berlin, 1978

[Lutz 76]
* Lutz,T.: Die Mathematik der Datenbank. 6 Folgen in: IBM Nachrichten, Hefte 225-230, 1975/76

[Mall et al. 84]
Mall,M., Reimer,M., Schmidt,J.W.: Data Selection, Sharing, and Access Control in a Relational Scenario. In: [Brodie et al. 84]

[Marti 84]
Marti,R.W.: Beschreibung von Datenbanken und Anwendungsprogrammen in einem erweiterten Datenkatalog. Diss. ETH Nr. 7567, Zürich, 1984

[Mresse 84]
* Mresse,M.: Information Retrieval - Eine Einführung. Teubner, Stuttgart, 1984

[Mylopoulos et al. 80]
Mylopoulos,J., Bernstein,P.A., Wong,H.K.T.: A Language Facility for Designing Database-Intensive Applications. ACM TODS, Vol.5, No.2, 1980, p. 185-207

[Nievergelt et al. 84]
Nievergelt,J., Hinterberger,H., Sevcik,K.C.: The Grid File: An Adaptable, Symmetric Multikey File Structure. ACM TODS, Vol. 9, No. 1, 1984, p. 38-71

[Nievergelt/Ventura 83]
Nievergelt,J.,Ventura,A.: Die Gestaltung interaktiver Programme. Teubner, Stuttgart, 1983

[Nijssen 77]
Nijssen,G.M.: On the Gross Architecture for the Next Generation Data Base
Management Systems. In: Information Processing 77, IFIP Congress, Toronto,
1977, p. 1-43

[Peebles/Manning 78]
Peebles,R., Manning,E.: System Architecture for Distributed Data Management.
Computer, IEEE, 1978, p. 351-358

[Rebsamen/Zehnder 82]
Rebsamen,J., Zehnder,C.A.: Automatische Erzeugung von konsistenzerhaltenden
Transaktionen: Ein Hilfsmittel zur Datenmanipulation auf Arbeitsplatzrechnern.
In: 12. Jahrestagung der Gesellschaft für Informatik, Informatik-Fachberichte
57, Springer, 1982, p. 595-606

[Rebsamen 83]
Rebsamen,J.: Datenbankentwurf im Dialog - Integrierte Beschreibung von
Strukturen, Transaktionen und Konsistenz. Diss. ETH Nr. 7325, Zürich, 1983

[Rebsamen et al. 83]
Rebsamen,J., Reimer,M., Ursprung,P., Zehnder,C.A., Diener,A.: LIDAS - The
Database System for the Personal Computer Lilith. Proc. INRIA Workshop on
Relational DBMS Design / Implementation / Use on Micro-Computers,
Toulouse, 1983, p. 291-316

[Reimer 84]
Reimer,M.: Transaktionen in Datenbankprogrammiersprachen. Semantische
Integration und prädikative Implementierungsstrategien. Diss. ETH Nr. 7553,
Zürich, 1984

[Reuter 81]
* Reuter,A.: Fehlerbehandlung in Datenbanksystemen. Carl Hanser Verlag,
München, 1981

[Rothnie et al. 80]
Rothnie,J.B., Bernstein,P.A., Fox,S., Goodman,N., Hammer,M., Landers,T.A.,
Reeve,C., Shipman,D.W., Wong,E.: Introduction to a System for Distributed
Databases (SDD-1). ACM TODS VOL.5, No 1, 1980, p. 1-17

[Salton/McGill 83]
* Salton,G., McGill,M.J.: Introduction to Modern Information Retrieval.
McGraw-Hill Book Company, New York, 1983

[Schek/Scholl 83]
Schek,H.J., Scholl,M.: Die NF^2 Relationenalgebra zur einheitlichen Manipulation externer, konzeptueller und interner Datenstrukturen. In: Sprachen für Datenbanken - Fachgespräch auf der 13. GI-Jahrestagung (J.W.Schmidt, ed.), Informatik-Fachberichte 72, Springer, 1983, p. 113-133

[Schlageter/Stucky 77]
* Schlageter,G., Stucky,W.: Datenbanksysteme: Konzepte und Modelle. Teubner, Stuttgart, 1977

[Schmidt 77]
Schmidt,J.W.: Some High Level Language Constructs for Data of Type Relation. ACM TODS, Vol.2, No.3, 1977, p. 247-261

[Schneider 82]
Schneider,H.-J. (ed.): Distributed Data Bases. Proc. of 2nd Int. Symp. on Distributed Data Bases, Berlin. North Holland, Amsterdam, 1982

[Senko77]
Senko,M.E.: Conceptual Schemas, Abstract Data Structures, Enterprise Descriptions. In: International Computing Symposium 1977 (Morlet and Ribbens eds.), North Holland, Amsterdam, 1977, p. 1-18

[Shipman 81]
Shipman,D,W.: The Functional Data Model and the Data Language DAPLEX. ACM TODS, Vol.6, No.1, 1981, p. 140-173

[Smith/Smith 77]
Smith,J.M., Smith,D.C.P.: Database Abstractions: Aggregation and Generalization. ACM TODS, Vol.2, No.2, 1977, p. 105-133

[Steel 82]
Steel,T.B.: International Standardization and Distributed Data Bases. In: [Schneider 82], p. 1-7

[Stonebraker et al. 76]
Stonebraker,M., Wong,E., Kreps,P., and Held,G.: Design and Implementation of INGRES. ACM TODS, Vol.1, No.3, 1976, p.189-222

[Thurnherr/Zehnder 79]
Thurnherr,B., Zehnder,C.A.: Global Data Base Aspects, Consequences for the Relational Model and a Conceptual Schema Language. ETH Zürich, Institut für Informatik, Bericht No.30, 1979

[Thurnherr 80]
Thurnherr,B.: Konzepte und Sprachen für den Entwurf konsistenter Datenbanken. Diss. ETH Nr. 6526, Zürich, 1980

[Todd 76]
Todd,S.J.P.: Peterlee Relational Test Vehicle - A System Overview. IBM Systems Journal, Vol.15, No.4, 1976, p. 285-308

[Townsend 84]
Townsend,C.: Using dBASE II. Osborne/McGraw-Hill, Berkeley (CA), 1984

[Tsichritzis/Lochovsky 77]
*   Tsichritzis,D.C., Lochovsky,F.H.: Data Base Management Systems. Academic Press, New York, 1977

[Ullman 80]
*   Ullman,J.D.: Principles of Database Systems. Computer Science Press, Potomac (MD), 1980

[Ursprung 83]
Ursprung,P., Zehnder,C.A.: HIQUEL: An Interactive Query Language to Define Hierarchies. In: Entity Relationship Approach to Software Engineering (Ng,P.A. et al., Eds.), North Holland, Amsterdam, 1983, p. 299 -314

[Ursprung 84]
Ursprung,P.: Benutzernahe Sicht von Datenbanken - Entwurf und Manipulation von Datenhierarchien. Diss. ETH Nr. 7566, Zürich, 1984

[Van Rijsbergen 79]
*   van Rijsbergen,C.J.: Information Retrieval. 2nd ed. Butterworths, London, 1979

[Vetter 82]
*   Vetter,M.: Aufbau betrieblicher Informationssysteme. Teubner, Stuttgart, 1982

[Wasserman/Botnick 80]
Wasserman,A.I., Botnick,K.: Annotated Bibliography on Data Design. In: Infotech State of the Art Report on Data Design, (Murray ed.), Infotech Int. Ltd, Maidenhead, England, 1980

[Weck 84]
*   Weck,G.: Datensicherheit. Teubner, Stuttgart, 1984

[Wedekind 74/81]
* Wedekind,H.: Datenbanksysteme I, 2., neu bearbeitete Auflage. Bibliographisches Institut, Mannheim, 1974/1981

[Wedekind/Härder 76]
* Wedekind,H., Härder,T.: Datenbanksysteme II. Bibliographisches Institut, Mannheim, 1976

[Wedekind/Ortner 80]
* Wedekind,H., Ortner,E.: Systematisches Konstruieren von Datenbankanwendungen. Applied Computer Science, 16, Carl Hanser Verlag, München, 1980

[Wirth 81]
Wirth,N.: Lilith: A Personal Computer for the Software Engineer. Proc. of 5th Int. Conf. on Software Engineering, San Diego (CA), 1981, p. 2-15

[Wirth 83a]
Wirth,N.: Algorithmen und Datenstrukturen. 3. Auflage. Teubner, Stuttgart, 1983

[Wirth 83b]
Wirth,N.: Programming in Modula-2. 2nd ed. Springer-Verlag, Heidelberg, 1983

[Zehnder 83]
Zehnder,C.A. (Ed.): Database Techniques for Professional Workstations. ETH Zürich, Institut für Informatik, Bericht No. 55, 1983

[Zehnder 85]
* Zehnder,C.A.: Informatik-Projektentwicklung. ETH Zürich, Institut für Informatik, 1985

[Zloof 75]
Zloof,M.M.: Query By Example. Proc. AFIPS NCC 44, 1975, p. 431-438

Stichwortverzeichnis

(Aufgeführt sind nur Seitenzahlen, wo eine Einführung, Definition oder Verdeutlichung des Begriffes erfolgt. f = Fortsetzung über mehreren Seiten)

Abfrage 25, 98, 105, 130, 144
- freie 99
- vorbereitete 101, 128
Abhängigkeit 43
ADABAS 95, 201
ALPHA 121
Anwenderprogramme 20, 197
Arbeitsplatzrechner 203, 237
Assoziation 37
Attribut 18, 39, 41,42
- globales 49, 61
- lokales 49, 66
Aufwand 13, 150, 158, 196f, 199f
Baum 146
Benutzer 104, 134
- angelernter 104
- gelegentlicher 104
- Spezialist 104
Betrieb 209
Beziehung 37, 54f
- hierarchische 56
- konditionelle 56f
- netzwerkförmige 57f
- rekursive 58
CODASYL-DBTG 27, 90, 111, 201
Data dictionary s. Datenkatalog
Daten 9, 197, 239
- formatierte 39
- unformatierte 40
Datenadministrator 209
Datenauswahl 100
Datenbank 9, 19
Datenbankadministrator 11, 16, 193f, 209
Datenbanksystem 19, 27, 199, 201
- historische Entwicklung 198, 201
Datenbankverwaltungssystem 20, 212f
Datenbasis 19, 42
Datenblock 142, 215

Datendefinition 20, 70, 220
Datendefinitionssprache (DDL) 20, 26
- DDL-Compiler 20
Datenföderalismus 190
Datenintegrität 11, 157
Datenkatalog 208, 223
Datenkonsistenz 11, 26, 157, 160f, 180
Datenmanipulation 25, 98f
Datenmanipulationssprache (DML) 26, 105, 107
- deskriptive 100, 106
- eingebettete 105
- prozedurale 100, 106
- selbständige 105
- DML-Compiler 20, 220
Datenmengen 106, 112
Datenmodell 16
- hierarchisches 17, 84
- logisches 16
- Netzwerk- 17, 87
- relationales 18, 27, 34f, 50
Datenorganisation 144f
- Bäume 146
- Hashing 146
- indexsequentielle 145
- sequentielle 12, 150
Datenschutz 11, 134, 158, 187f
Datensicherung 11, 158, 174f
Datenstruktur 16
- logische 15, 34f, 83f
- physische 15, 142f
Datenunabhängigkeit 10
Datenverwaltung 9
Daten-Vorkommen 16
DB2 201
dBASE II 201
DBMS s. Datenbankverwaltungssystem
DDL s. Datendefinitionssprache

Dienstprogramm 21
DML s. Datenmanipulationssprache
Dokumentationssysteme 137f
Entität 35
Entitätenblockdiagramm 64, 66
Entitätsmenge 35
- überlappende 36, 49, 60
Entity-Relationship-Modelle 34
Entwurfssystem 28, 63, 69
erweitertes Relationenmodell 34
Expertensystem 141, 238
Flexibilität 10, 14, 226
Gambit 69, 168
Generalisierung 59
Graphische Sprachen 124, 126
Hash-Organisation 146
Hierarchie 17, 84, 126, 152
Hilfsdaten 21, 215
Hilfsorganisation 24, 145, 148
HIQUEL 126
Identifikationsschlüssel s. Schlüssel
Identifikationssystem 22
IMS 87, 201
Information 30, 240
Informationssystem 31f, 136, 238f
Invertierte Datei 147
Kommunikationssystem 227f
Konsistenz s. Datenkonsistenz
Konsistenzbedingung 61f, 67, 160f,
    165, 224
- modellinhärente 61, 166
- modellexterne 62, 75, 167
LIDAS 70, 108, 168
logischer Entwurf 28, 68, 193
Massenarbeiten 150
Mengenoperationen 112
Metadatenbank 221
Modula/R 27, 77, 118, 167
Mutation 25, 98, 130, 144
Mutationsanomalie 44
Navigieren 100
Netzknoten 226f
Netzwerk 17, 87, 153

Normalformen
- 1. Normalform 45, 50
- 2. Normalform 46, 51, 52
- 3. Normalform 47, 52
Normalisierung 44f, 48, 65
optimistische Verfahren 175, 182
Parallelität 185
Plattenzugriff 142
Prädikatenkalkül 118, 121
Primärschlüssel s. Schlüssel
Projekt 206
Projektion 113
Puffer 143
Query by Example 124
Reale Welt 14
Redundanz 10, 31, 44f, 186, 234
Rekonstruktion 184
Rekursion 58, 65
Relation 18, 41, 218
Relationenalgebra 112
Relationenkalkül 121
Relationenmodell s. Datenmodell,
    relationales
Schema 20
- externes 16, 130, 135
- internes 16, 155
- konzeptionelles 15, 69
- Schemaverwaltung 221
- 3-Schema-Konzept 15
Schlüssel 21, 43
- Identifikationsschlüssel 22, 42, 51
- Primärschlüssel 24, 147
- Sekundärschlüssel 24, 147
- Sortierschlüssel 23
- Suchschlüssel 23, 144, 217
Sequentieller Zugriff 150
Sicht 15, 131, 133
Sperre 175
- exklusiv 175
- Sperrprotokoll 177f
- Teilsperre 175
SQL 122, 201, 238
Subschema 134

Synchronisation 174f
System R 169
Systemtabellen 20, 218
Tabelle 18
Teildatenbanken 230
Transaktion 25, 67, 134, 160, 163,
     174f
Transaktionsverwalter 230
Tupel 18, 41, 42, 215
Unterhalt 194, 209f
Verbund 114
- natürlich 114
- hierarchisch 127
Verklemmung 182
verteilte Datenbanksysteme 226, 229
- heterogene 233
- homogene 233
- ortstransparente 230
Wertebereich 39, 50
- dynamischer 54
- statischer 54
Wirtschaftlichkeit s. Aufwand
Zugriffsbefugnis 189
Zugriffspfad 152f, 214

Informatik

Berstel: **Transductions and Context-Free Languages**
278 Seiten. DM 38,– (LAMM)

Beth: **Verfahren der schnellen Fourier-Transformation**
316 Seiten. DM 34,– (LAMM)

Bolch/Akyildiz: **Analyse von Rechensystemen**
Analytische Methoden zur Leistungsbewertung und Leistungsvorhersage
269 Seiten. DM 29,80

Dal Cin: **Fehlertolerante Systeme**
206 Seiten. DM 24,80 (LAMM)

Ehrig et al.: **Universal Theory of Automata**
A Categorical Approach. 240 Seiten. DM 24,80

Giloi: **Principles of Continuous System Simulation**
Analog, Digital and Hybrid Simulation in a Computer Science Perspective
172 Seiten. DM 25,80 (LAMM)

Kandzia/Langmaack: **Informatik: Programmierung**
234 Seiten. DM 24,80 (LAMM)

Kupka/Wilsing: **Dialogsprachen**
168 Seiten. DM 21,80 (LAMM)

Maurer: **Datenstrukturen und Programmierverfahren**
222 Seiten. DM 26,80 (LAMM)

Oberschelp/Wille: **Mathematischer Einführungskurs für Informatiker**
Diskrete Strukturen. 236 Seiten. DM 24,80 (LAMM)

Paul: **Komplexitätstheorie**
247 Seiten. DM 26,80 (LAMM)

Richter: **Betriebssysteme**
Eine Einführung. 152 Seiten. DM 28,80 (LAMM)

Richter: **Logikkalküle**
232 Seiten. DM 24,80 (LAMM)

Schlageter/Stucky: **Datenbanksysteme: Konzepte und Modelle**
2. Aufl. 368 Seiten. DM 34,– (LAMM)

Schnorr: **Rekursive Funktionen und ihre Komplexität**
191 Seiten. DM 25,80 (LAMM)

Spaniol: **Arithmetik in Rechenanlagen**
Logik und Entwurf. 208 Seiten. DM 24,80 (LAMM)

Vollmar: **Algorithmen in Zellularautomaten**
Eine Einführung. 192 Seiten. DM 23,80 (LAMM)

Weck: **Prinzipien und Realisierung von Betriebssystemen**
299 Seiten. DM 34,– (LAMM)

Wirth: **Compilerbau**
Eine Einführung. 3. Aufl. 117 Seiten. DM 17,80 (LAMM)

Wirth: **Systematisches Programmieren**
Eine Einführung. 4. Aufl. 160 Seiten. DM 23,80 (LAMM)